曾胡治兵语录

蔡锷◎著
明志◎编译

中国长安出版社

图书在版编目(CIP)数据

曾胡治兵语录/蔡锷著;明志编译. —北京:中国长安出版社,2012.7

ISBN 978-7-5107-0546-5

Ⅰ.①曾… Ⅱ.①蔡… ②明… Ⅲ.①曾国藩(1811~1872)-语录②胡林翼(1812~1861)-语录③兵法-中国-清后期 Ⅳ.①Z425.2②E892.52

中国版本图书馆 CIP 数据核字(2012)第 155350 号

曾胡治兵语录

蔡锷 著　明志 编译

出版:中国长安出版社

社址:北京市东城区北池子大街 14 号(100006)

网址:http://www.ccapress.com

信箱:ccapress@yahoo.com.cn

发行:中国长安出版社　全国新华书店经销

电话:010-85099947　85099948

印刷:三河市航远印刷有限公司

开本:710 毫米×1000 毫米　1/16

印张:17

字数:249 千字

版次:2012 年 10 月第 1 版　2012 年 10 月第 1 次印刷

书号:ISBN 978-7-5107-0546-5

定价:32.00 元

前言

在介绍本书之前，先来简单了解一下与本书相关的3个人：

蔡锷(1882～1916)，原名艮寅，字松坡，汉族，湖南宝庆（即今邵阳市）人。蔡锷曾经响应辛亥革命，发动反对袁世凯洪宪帝制的护国战争。中国近代史上著名的民主革命家和杰出的军事家。遗著被编为《蔡松坡集》。

曾国藩(1811～1872)，原名子城，字伯涵，号涤生，谥文正，湖南湘乡人，清末著名的军事家、理学家、政治家、书法家、文学家，晚清散文“湘乡派”创立人。是镇压太平天国起义的湘军的创立者和统帅者。与左宗棠、胡林翼、彭玉麟并称晚清“中兴四大名臣”。

胡林翼(1812～1861)，字贶生，号润芝，谥文忠，湖南益阳人，晚清中兴名臣之一，湘军重要首领。

曾国藩、胡林翼是中国近代史上的风云人物，对于他们的是非功过，后世因阶级立场不同而有截然相反的评价：统治者赞之为“中兴名臣”、“民族英雄”，革命者则斥之为“屠夫”、“汉奸”。然而，不论是褒是贬，在军事才干方面，却公认他们是擅于用兵的将帅。

《曾胡治兵语录》成书于1911年夏，是蔡锷辑录曾国藩、胡林翼有关治军、用兵方面的言论而编成的一部中国近代语录体兵书，共12章，1.4万余字。

1911年春，蔡锷自广西赴云南担任新军训练工作。数年的军中生活，使他亲身体会到：所谓的“新军”依然是风气败坏、纪纲废驰。面对这

种现状，他就从湘军统帅曾国藩、胡林翼的奏章、函牍和日记中，摘取曾、胡有关治军、用兵方面的大量有价值的内容，编成《曾胡治兵语录》一书，作为云南新军的“精神讲话”文稿。全书共分12章，前10章围绕置将、整军、训练等方面，论述治军中的种种问题；后两章则专门论述战略战术中的一些重要问题。全书系统地概括反映了曾国藩、胡林翼的军事思想。

蔡锷在每章之末，都附有一段简略的按语，这些按语或是对本章大意概括归纳，或是对曾、胡言论加以评述，或是借题发挥，阐述自己的军事思想和对时局的看法。尤其是在第十一章、等十二章的按语中，蔡锷根据新的时代特点，在战略战术方面提出了许多重要的见解，并对曾、胡的某些言论做了修正，很有参考价值。

《曾胡治兵语录》汇集了曾国藩、胡林翼兵学思想的精华，又溶进了编辑者蔡锷将军的一些心得体会，所以，问世之后，深受后世官兵的喜爱，成为了著名的兵法著作，对后来的军事实践和军事理论都产生了较大的影响。《曾胡治兵语录》虽然是一部兵书，但其中的道理并不局限于行军打仗，对今天的人们来说也具有借鉴和学习意义，尤其对于领导者和管理者来说更是值得学习和借鉴。对此，本书结合曾、胡两人的治兵实例和当今的管理实践，进行了系统的延展解读。

《曾胡治兵语录》不仅值得对兵法感兴趣的读者一读，也值得所有对领导艺术和管理之道感兴趣的读者一读，相信大家必会获益匪浅。

梁启超代序

松坡既死于国事，越一年，国人刊其遗著《曾胡治兵语录》行于世。世知松坡之事功，读此书，可以知其事功所由来矣。自古圣贤豪杰，初未尝求见事功于当世也。惟其精神积于中，著于外，世人见之，以为事功耳。阅世以后，事功或已磨灭，而精神不敝。传之后世，遭际时会，此精神复现为事功焉。松坡论曾、胡二公之事，谓其为良心血性二者所驱使，则松坡之事功，亦为此良心血性所驱使而已。曾、胡二公，一生竞竞于存诚去伪，松坡于此，尤阐发不遗余力。精神所至，金石为开，二公屡言之，松坡亦屡述之。二公之言，不啻诏示松坡，使其出生死，冒危难，掬一诚以救天下之伪。则虽谓松坡之事功，皆二公之事功可也。松坡自谓身膺军职，非大发志愿，以救国为目的，以死为归属，不足渡同胞于苦海，置国家于坦途。今松坡得所归矣，而救国志愿，曾未达其万一。护国军之起，仅使民国生死肉骨。如大病方苏，元气已伤，将养扶持，所需于事功者，正复无限。来者不可见，惟恃此耿耿精神，常留存于吾国民隐微之间，可以使曾、胡复生，使松坡不死，以解除日后之千灾百难，超苦海而入坦途。而此语录十余章，实揭吾国民之伟大精神以昭兹来许者也。

民国六年四月新会梁启超序

蔡锷自序

辛亥之春，余应合肥李公之召，谬忝戎职。时片马问题纠葛方殷，瓜分之谣诼忽起，风鹤频惊，海内骚然。吾侪武夫，惟厉兵秣马，赴机待死已耳，复何暇从事文墨，以自溺丧。乃者统制钟公有嘱编精神讲话之命，余不得不有以应。窃意论今不如述古，然古代渺矣。述之或不适于今。曾、胡二公，中兴名臣中铮皎者也，其人其事，距今仅半世纪，遗型不远，口碑犹存，景仰想像，尚属匪难。其所论列，多洞中窾要，深切时弊。爰就其治兵言论，分类凑辑，附以按语，以代精神讲话。我同胞列校，果能细加演绎，身体力行，则懿行嘉言，皆足为我师资，丰功伟烈，宁独让之先贤！

宣统三年季夏，邵阳蔡锷识于昆明

第一章　将才

——治兵先需治将，天下强兵在将

本章主要论述军队高级将领应具备的一些基本素质。曾、胡治兵，首重选将。他们对将领的选择近乎苛严，提出了种种要求，概括起来，是要求将领做到文武兼备。值得注意的是，在各种要求中，曾、胡最为注重的似乎不是军事才能，而是道德品质，一再强调为将者要“有良心，有血性”。这与曾、胡所处的时代背景极为有关。

第二章　用人

——善用其长，重在培养

本章主要论述的是对中下级军官的选择，曾国藩与胡林翼两人对中下级军官虽重选拔，但更重培养。他们一再强调，用人不可求全责备，而要善于用其所长，并在实践中对之进行培养和熏陶。这一用人思想，时至今日对领导者和管理者来说仍有很大的指导作用。

第三章　尚志

——立志高远，才堪大用

曾、胡强调，做人要有志气，做军人，更要胸怀宽广，志存高远，淡泊名利。胡氏所谓“兵事以人才为根本，人才以志气为根本”，可以视为本篇的要旨。蔡锷在评语中，把曾、胡的意思讲得更为简明，提出军人“非大发志愿，以救国为目的，以死为归宿，不足渡同胞于苦海，置国家于坦途”。

第四章　诚实

——治军先治心，诚实质朴方为优

本章所讲的诚实是每个人都应具备的修养和素质之一。曾国藩和胡林翼治兵提倡诚信朴实，反对虚伪圆滑。曾、胡认为，军人做到诚实质朴，这不只是个人修养问题，而且是一个直接影响到战争胜负的关键性问题。蔡锷评语说："吾国人心，断送于伪之一字。吾国人心之伪，足以断送国家及其种族而有余。"蔡锷乃针对当时情势而言，在今日仍足以发人深省。

第五章　勇毅

——匹夫之勇不是“大勇”

勇敢强毅是军人必须具有的一种基本素质。曾国藩和胡林翼所论的勇毅，并不是匹夫之勇和刚愎自用，而是一种“鞠躬尽瘁，死而后已”的大勇。就如蔡锷评语所说，“右章所列，多指大勇而言，所谓勇而毅也”。

第六章　严明

——赏罚分明，方能做到军纪肃整

本章讲的是练兵、带兵的方略和原则之一——严明。曾国藩和胡林翼认为，赏罚严明、军纪整肃是克敌制胜的保证。只有使军队做到“号令未出，不准勇者独进；号令既出，不准怯者独止”，才能够确保战争的胜利。俗语说：“国有国法，家有家规。”不论是军队还是企业，在管理上都要纪律严明，只有这样才能人心思齐、鼓舞士气。

第七章　公正

——握生杀大权者，做事应出以公心

本章讲的是练兵、带兵的方略和原则之一——公正。“公正”一章紧承上一章“严明”，强调做事要公正无私，曾国藩和胡林翼认为，将帅身居高位，掌握军中生杀大权，做事就应当出以公心，尤其在用人之时，要做到“外举不避仇，内举不避亲”，任人唯贤。组织的领导者和管理者要知人晓事，在提拔人才、处理事务之时，力求做到公正无私，只有这样才能服众。

第八章　仁爱

——以仁爱之心带兵

本章是讲练兵、带兵的方略和原则之一——仁爱。曾国藩和胡林翼

都认为，在治军之时，应以仁爱之心带兵，使士兵有军营是第二家庭的感觉。而蔡锷也对此深表赞同。以仁爱带兵，让下属把企业当成自己的第二个家，这对于今天的企业领导者和管理者来说仍然有着借鉴意义。

第九章　勤劳

——时刻勤于训练

本章是讲练兵、带兵的方略和原则之一——勤劳。曾国藩和胡林翼指出，行军打仗，经常会遇到一些常人难以忍受的痛苦，军人只有时刻勤于训练，才能克服这些困难。对于现代的企业和组织的领导者来说，“勤劳”也是必不可少的，但要学会合理分配自己的时间。如果想要让下属勤于工作，那么就需要激发其工作热情。

第十章　和辑

——联合行动，团结协作

本章是讲练兵、带兵的方略和原则之一——和辑，即和睦团结。曾国藩和胡林翼认为，当几支部队联合行动时，必须号令统一，团结协作。胡林翼还说："为大将之道，以肯救人顾大局为主。"不论是历史上敌我双方对战还是如今的企业经营管理，都离不开团队合作。只有具备团队精神、精诚协助，才能够战胜对手，屹立不倒。

第十一章　兵机

——养精蓄锐，不打无准备之仗

本章所论多与用兵谋略相关，集中反映了曾国藩和胡林翼的战略战术思想。曾国藩和胡林翼两人论兵都主张谨慎稳重，并一再强调，如果没有做好准备，决不轻言出战。他们特别强调运用士气，讲究养精蓄锐、以逸

待劳。曾、胡善于将古代军事理论的精华，灵活运用于战争实践之中，并能根据新的情况提出新的解决办法。不打无准备之仗对今天的领导者和管理者来说，仍是一个十分重要的经营管理法则。

第十二章　战守

——掌握主动权，出其不意

曾国藩和胡林翼两人在攻守作战方面极重主客之说，力求掌握战争中的主动权。论防守时，强调控制重点，选择枢纽之地厚集重兵把守。曾、胡还指出，兵机是时常变化的，作战时必须“奇”“正”相辅，灵活应对。运用到企业管理中来，就是做事要分清主次，在与对手竞争时要掌握主动权，出其不意。

第一章　将才
——治兵先需治将，天下强兵在将

本章主要论述军队高级将领应具备的一些基本素质。曾、胡治兵，首重选将。他们对将领的选择近乎苛严，提出了种种要求，概括起来，是要求将领做到文武兼备。值得注意的是，在各种要求中，曾、胡最为注重的似乎不是军事才能，而是道德品质，一再强调为将者要“有良心，有血性”。这与曾、胡所处的时代背景极为有关。

曾胡治兵语录·将才

【原文】

带兵之人，第一要才堪治民；第二要不怕死；第三要不急急名利；第四要耐受辛苦。治兵之才，不外公、明、勤。不公不明，则兵不悦服；不勤，则营务巨细皆废弛不治，故第一要务在此。不怕死，则临阵当先，士卒乃可效命，故次之。为名利而出者，保举稍迟则怨，稍不如意则怨，与同辈争薪水，与士卒争毫厘，故又次之。身体羸弱者，过劳则病，精神短乏者，久用则散，故又次之。四者似过于求备，而苟阙其一，则万不可以带兵，故吾谓带兵之人，须智深勇沉之士，文经武纬之才。数月以来，梦想以求之，焚香以祷之，盖无须臾或忘诸怀。大抵有忠义血性，则四者相从以俱至；无忠义血性，则貌似四者，终不可恃。

带兵之道，勤、恕、廉、明，缺一不可。

（曾语）

求将之道，在有良心、有血性、有勇气、有智略。

天下强兵在将。上将之道，严明果断，以浩气举事，一片肫诚。其次者，刚而无虚，朴而不欺，好勇而能知大义。要未可误于矜骄虚浮之辈，使得以巧饰取容。真意不存，则成败利钝之间，顾忌太多，而趋避愈熟，必至败乃公事。

将材难得。上驷之选，未易猝求。但得朴勇之士，相与讲明大义，不为虚骄之气、夸大之词所中伤，而缓急即云可恃。

兵易募而将难求。求勇敢之将易，而求廉正之将难。盖勇敢倡先，是将帅之本分；而廉隅正直，则粮饷不欺，赏罚不滥，乃可固结士心，历久常胜。

将以气为主，以志为帅。专尚驯谨之人，则久而必惰；专求悍骜之士，则久而必骄。兵事毕竟归于豪杰一流，气不盛者，遇事而气先慑，而目先逃，而心先摇。平时一一禀承，奉命唯谨，临大难而心中无主，其识力既钝，其胆力必减，固可忧之大矣。

（胡语）

古来名将，得士卒之心，盖有在于钱财之外者。后世将弁，专恃粮重饷优，为牢笼兵心之具，其本为已浅矣。是以金多则奋勇蚁附，利尽则冷落兽散。

军中须得好统领、营官。统领、营官须得好真心实肠，是第一义。算路程之远近，算粮仗之缺乏，算彼已之强弱，是第二义。二者微有把握。此外良法虽多，调度虽善，有效有不效，尽人事以听天而已。

璞山之志，久不乐为吾用，且观其过自矜许，亦似宜于剿土匪而不宜于当大敌。

拣选将材，必求智略深远之人，又须号令严明，能耐劳苦。三者兼全，乃为上选。

（曾语）

李忠武公续宾统兵巨万，号令严肃，秋毫无犯，湖南、湖北、安徽、江西、浙江等省官民，无不争思倚重。其临阵安闲肃穆，厚重强固。凡遇事之难为而他人所畏怯者，无不毅然引为已任。其驻营处所，百姓欢忭，耕种不辍，万幕无哗，一尘不惊。非其法令之足以禁制诸军，实其明足以察情伪。一本至诚，勇冠三军，屡救弁兵于危难。处事接人，平和正直，不矜不伐。

乌将军兰泰遇兵甚厚。雨不张盖，谓众兵均无盖也。囊无余钱，得饷尽以赏兵。

兵事不外奇正二字，而将材不外智勇二字。有正无奇，遇险而覆；有奇无正，势极即阻。智多勇少，实力难言；勇多智少，大事难成。而其要以得人为主。得人者昌，失人者亡。设五百人之营，无一谋略之士、英达之才，必不成军；千人之营，无六七英达谋略之士，亦不成军。

统将须坐定能勇敢不算本领外，必须智勇足以知兵，器识足以服众，乃可胜任。总须智勇二字相兼。有智无勇，能说而不能行；有勇无智，则兵弱而败，兵强亦败。不明方略，不知布置，不能审势，不能审机，即千万人终必败也。

贪功者决非大器。

为小将须立功以争胜，为大将戒贪小功而误大局。

（胡语）

古人论将有五德，曰智、信、仁、勇、严，取义至精，责望至严。西人之论将，辄曰“天才”，析而言之，则曰天所特赋之智与勇。而曾、胡两公所同唱者，则以为将之道，以良心血性为前提，尤为扼要探本之论，亦即现身之说法。咸、同之际，粤寇蹂躏十余省，东南半壁，沦陷殆尽，两公均一介书生，出身词林，一清宦，一僚吏，其于兵事一端，素未梦见，所供之役，所事之事，莫不与兵事相背而驰，乃为良心血性二者所驱使，遂使其可能性发展于绝顶，武功烂然，泽被海内。按其功事言论，足与古今中外名将相颉颃而毫无逊色，得非精诚所感金石为开者欤！苟曾、胡之良心血性而无异于常人也，充其所至，不过为一显宦，否则亦不过薄有时誉之着书家，随风尘以殄瘁已耳，复可能崛起行间，削平大难，建不世之伟绩也哉！

（蔡按）

【译文释要】

带兵的人，第一要有足够的治军才能；第二要不怕死；第三要不过分追求功名利禄；第四要能吃苦耐劳。治军的才能，不外乎公、明、勤三个方面。如果不公不明，则士兵必然不会心悦诚服；如果不勤，那么军中的大小事情都难免被荒废，得不到及时的处理。所以，对于统兵的人来说，才能是第一要务。将领不怕死，作战之时才能身先士卒，冲锋陷阵，这样一来众士兵才会舍生忘死，甘抛头颅。因此，对于带兵的将领来说，不怕死是第二位重要的。为追求功名利禄而来的军官，如果自己被保举得稍微迟缓一点，就会心中怨恨不已；如果碰上一丁点儿不如意的事情，就会怨气冲天。他们与同僚们争薪水、待遇的高低，与士兵们争夺毫厘之利。因此，对带兵的将领来说，不过分热衷于名利是第三位重要的。身体虚弱的人，如果过度劳累就会因为身体吃不消而生病；缺乏精神支柱的人，如果长期任用就会离心离德，弃我而去。因此，对于带兵的将领来说，体格强健、精神饱满乃是第四位重要的。这四条似乎是过于求全责备了，但是如果缺少其中的任何一条，都绝不可带兵。所以，我认为带兵的人，必须多谋善断，勇敢沉着，具有文经武纬之才。数月以来，我梦寐以求，并且时常焚香祈祷，希望早得将才，此事几乎无时无刻不萦绕在我的脑海里。大致只要是有忠义血性的人，则这四条都会渐次具备；如果没有忠义血性，则即使貌似具备这四条，而最终也是不可以依赖的。

带兵之道，勤恕廉明，缺一不可。

(以上为曾国藩语)

求将之道，关键在于搜寻有良心、有血性、有勇气、有智略的人才。

天下强兵的关键在于将领。优秀的将领，必须严明果敢，正道直行，一片赤诚。其次，刚正而无虚饰，朴质而不欺瞒，好勇而能知大义。最重要的是，千万不能被骄傲虚浮之人所蒙蔽，使得他们能够凭巧饰取容，得到重用。如果真意不存，就会在成败利钝之间，有太多的顾忌，而越是善

于趋利避害的人，最终就越是有可能败坏自己所负责的公事。

将材是很难求得的。优异的千里马，是不容易在短期内得到的。只要能够得到纯朴勇敢之士，并且向他们讲明大义，而不要被虚骄之气、夸大之词所中伤，这样的人，到了紧急的关头，就可以信赖，并委以重任。

兵士容易募得而良将难求。求勇敢的将领容易，而求廉正的将领很难。这大概是因为勇猛顽强，身先士卒，乃是为将者的本分；而将领若公正廉明，则军队的粮饷不欺，赏罚不滥，只有这样，才能够固结军心，经常取得胜利。

将领以气为主，以志为帅。如果一味推崇驯谨之人，则时间久了他们必定会陷于怠惰；如果专门搜求剽悍之士，则时间久了他们必定会骄横难驯。统兵打仗毕竟是英雄豪杰们的事，意气不盛的人，一遇到事情自己就先被震慑住了，于是目光游移，神色不定，心里早已发生了动摇。而平时唯唯诺诺、奉命唯谨的人，一旦遇到非常危急的事情，自己心中却毫无主见，再加上才识不高，其胆力必减，这本来就是最令人忧虑的。

（以上为胡林翼语）

自古以来的名将，其深得军心的手段，大概有超出钱粮之外的。后世的将领，则专门依仗粮饷重优，作为笼络兵心的手段，其基础是很肤浅的。所以，当钱财多时，士兵们就会奋勇冲锋，不顾一切。可是一旦没有了好处，他们就会毫无兴趣，作鸟兽散。

军中必须有好的统领、营官。统领、营官必须有真心实肠，这是第一要义。计算路程的远近，计算粮草的多寡，计算敌我的强弱，这是第二要义。这两点自己还可以稍有把握。此外，良法虽多，调度虽善，可是有的成功有的不成功，我们只不过是尽自己最大的努力以听天由命而已。

王璞山（王鑫，字璞山，湘军早期重要将领）的心里，早就不乐意为我所用了。再看他过分地自高自大、目中无人，也像是只适宜于剿灭土匪，而不适宜于对付大敌。

挑选将材，必须要搜求智略深远之人，而且还必须号令严明，能够吃苦耐劳。只有这三个方面都具备的人，才是上等的人选。

（以上为曾国藩语）

李续宾（字迪庵，湘军将领）统兵百万，号令严明，秋毫无犯。湖南、湖北、安徽、江西、浙江等省的官民，没有不争先恐后地想倚重他的。他临阵时安闲肃穆，稳如泰山，每当遇到十分难办、别人都畏缩不前的事情，他没有一次不是毅然挺身而出、引以为己任的。他驻营的地方，百姓欢心，农事不误，家家安居，丝毫也不受影响。之所以能够如此，并不是因为他的法令足以禁制诸军，而是因为他能够明察秋毫，辨别真伪。李续宾为人赤胆忠心，勇冠三军，屡次救援兵卒于危难之中。他待人处世，平和正直，从不居功自傲，盛气凌人。

乌兰泰（索佳氏，字远芳，满洲正红旗人，湘军将领）对士兵很好。天下大雨时，他绝不先搭帐篷遮雨，说是众士兵都没有帐篷，自己不能特殊化。他的口袋中从没有多余的钱，所得的饷银都赏给士兵了。

军事不外乎奇正二字，而将材不外乎智勇二字。有正无奇，遇险必败；有奇无正，势穷即阻。智多勇少，实力难说；勇多智少，大事难成。而其关键，是以得人为主。得人者昌，夫人者亡。一个拥有五百人的军营里，如果没有一名谋略之士，英达之才，则必不成军；一个拥有千人的军营，如果没有六、七名英达谋略之士，必定也不成军。

将领除了必须具有沉着勇敢的素质之外，还必须智勇足以知兵，才识足以服众，方能胜任。无论什么时代，都必须智勇双全。有智无勇，则能想到说到而不能做到；有勇无智，则兵力弱小时会遭受失败，而兵力强大时也会吃败仗。如果将领不明方略，不知布置，不能审时，又不能度势，那么即使有千军万马，最终也不免落得个惨败的下场。

贪功的人，绝不会成大器。

做小将的必须立功以争胜，做大将的必须避免因贪小功而误大局。

（以上为胡林翼语）

古人论为将有五德，即：智、信、仁、勇、严，取义极为精深，所提出的要求也极高、极严。西方人论述将领时，总是称为“天才”。分析起来说，就是天所特别赋予的智和勇。而曾、胡两位先生所共同主张的则是：为将之道，当以良心血性为前提。这实在是扼要探本之论，同时也是现身说法。咸丰、同治之际，太平军蹂躏十几个省，东南的半壁河山，沦陷殆尽。两位先生都是一介书生，都出身于词林（翰林院的别称），一个是清官，一个是幕僚，他们对于军事，即使在睡梦中也没有想过。他们平素所接受的任务，所从事的工作，没有不与军事背道而驰的。但是，这两位书生却为良心、血性所驱使，乃使其“可能性”发挥到了最顶点，终于为国家立下了赫赫的战功，全国人民都蒙受了他们的恩泽。他们的功绩言论，足以与古今任何名将相媲美而毫不逊色。这难道不是人们常说的“精诚所至，金石为开”吗！假如曾、胡二人的良心血性与常人无异，则充其量不过是一时的达官显宦而已；再不然，也只不过是做一个在当世略有声誉的作家，随风尘劳碌终身而已！又怎么能崛起于行伍之间，最终削平大难，建立盖世的丰功伟绩呢！

（以上为蔡锷按语）

【曾胡治兵实例】

曾国藩形成了自己训练军队的想法，在实践中他又是如何操作，将湘军训练成一支有信仰的队伍的呢？其是如何选将、如何募兵、又是如何训练的，这些足为后世者所师法，但当今之世与曾氏所处之时代已大为不同，后世之借鉴者须做到“彩必遗弃，惟取其神”方可。从曾国藩的选将标准来看，湘军的选将制度较为严格，大致可概括为5个方面：

一、忠义血性

在评价湘军时，曾国藩曾说过这样一段话：“水陆两支队伍的好处，全在官兵们没有官气而有血性。假如官气增加一分，血性就会减少一分。”可见，对于选择人才的标准，曾国藩将忠义血性作为前提。他所强调的忠义血性，指的是一种强烈的忠诚感、道义感与责任心，也就是政治上的自觉性。曾国藩是文人出身，带兵打仗的事情，他从来没有学过。他所面临的处境，又是十分险恶的。一方面是太平军的所向披靡、势如破竹；另一方面，曾国藩所处的时代，又是封建社会的末世。整个统治集团已经完全腐败，军队也失去起码的战斗力。没有兵不值得担忧，没有饷不值得担忧。唯独举目向这个世界望去，竟然很难找到一个见了有利可图的事情不奋勇争先，见了急公好义的事情唯恐落人之后的人。选用具有“忠义血性”者为将领，不仅能够为整个军队起到表率作用，带动全军效忠封建的统治，还能够使军队不但具有镇压农民起义的能力，同时还具有“转移世风”的政治功能。

在实际的用人中，不论是选拔军官，还是招聘幕僚，曾国藩对于具有书生之“血诚”者都是特别重视。他评价江忠源是一个“血性男子”，“死生患难，都可以依仗”；评价王錱是一个“忠勇男子”，“血性耿耿”；评价塔齐布时说：“塔齐布忠勇奋发，习劳耐苦。”

“忠义血性”是曾国藩选人、用人、治军、治政的一条重要原则，也是他藉以团结一批封建文人、打败太平天国的精神力量。尽管曾国藩的“忠义血性”有其特定的内涵，但它揭示了政治信仰对于人的极其重要性，因而对于人才的选拔来说，也具有普遍的启发意义：只有立场坚定、不为任何利益所动、不为任何困难所吓倒，才能成就一番大的事业。

在“忠义血性”的驱使下，曾国藩的湘军确实表现了它异于此前任何一支军队的凶悍。《中兴将帅别传》说曾国藩“有百折不挠之志”，胡林翼“虽然一败再败，但斗志更加旺盛”，江忠源“每当作战的时候都是亲自上阵”，罗泽南和他的弟子们“以镇压太平天国为己任”，“忠义愤发，虽败犹荣”。这些平时手无缚鸡之力的书生，竟然表现出如此的凶悍，这与所谓“忠义血性”的激励是有很大关系的。

二、廉明为用

曾国藩曾对“廉”、“明”二字有所解释：“弁勇之于本营将领，他事尚不深求，唯银钱之洁否，保举之当否，则众目眈眈，以此相伺，众

口啧啧，以此相讥。唯自处于廉，公私出入款项，使阖营共见共闻，清洁之行，已早有以服弁勇之心，而小款小赏，又常常从宽，使在下者恒得沾润膏泽，则惠足使人矣。明之一字，第一在临阵之际，看明先避，一一看明，而又证之以平日办事之勤惰虚实，逐细考核，久之，虽一勇一夫之长短贤否，皆有以识其大略，则渐几于明矣。”

曾国藩要求将官以“廉”自守，他强调“守廉”，是因为他深知，绿营将帅克扣兵饷，冒领缺额以自肥的腐败行为早已成为公开的秘密。这种情况日益加深兵士们的不满情绪，严重影响部队的战斗力。那么，现在他要组建一支新军，能否在这个问题上使将帅有所收敛，将直接关系到湘军战斗力的强弱。因此，他要求将官以“廉”自守，“欲服军心必须尚廉洁”，并常常以“崇俭朴”，“不要钱”与部属相标榜，反复告诫他们说：“兵勇心目之中专从银钱上着意，如营官于银钱上不苟，则兵勇畏而且服，若银钱苟且，则兵勇心中不服，口中讥议，不特扣减口粮、截旷而后议之也”。

曾国藩对于官场中的腐败积弊是深有体会的，他当然也认识到了仅靠口头上的训诫与要求并不能真正杜绝腐败，必须辅之以实际上的物质利益，使将领本身可享有比较优厚的俸禄。曾国藩为解决这一问题，决心从根本制度上将将官的利益明确规定下来：“初定湘营饷项，稍示优裕，原冀月的赢余，以养将领之廉，而作军士之气。”试图用这种方法防止将领克扣兵饷，从而维持军心的稳定。曾国藩曾私下开导部属说，守“廉”并不吃亏，“守个‘廉’字，名位日尊，岂有怕穷之理。常使在下之将官多占些便宜，士卒多沾些恩泽，则人人悦服，切不可处处打算，惹人谈论。得了名就顾不得利，莫作名利双收之想。”为了得到更大更远的利益，而暂时舍弃眼前的小便宜，这是十分必要的。

至于“明”，主要是要求将领努力做到赏罚公道，是非不淆。曾国藩强调，将官必须要有“明”的素质，他认为，“一军之内，亦必其是非不揆于正，而后政绩少有可观”，将领必须“得‘廉明’二字以为之基，则智信仁勇诸美德，可以积累而渐臻。若不从此二字下手，则诸德亦茫无把握。”

应该说，曾国藩选将强调守“廉”以及具有“明”的品质，这对调整湘军将卒之间的关系是有好处的，在一定程度上也有利于维系部队内部的团结。湘军战斗力之所以高于绿营军队，这是其中的原因之一。

曾国藩反复强调将领要具备“廉”、“明”的品质，对于改善官、兵关系，提高战斗力，有着极为重要的作用。

三、简默朴实

曾国藩认为，“朴实”二字对于一个将领来说很重要。曾国藩在选取将领时，专取“简默朴实”之人。崇尚朴实，就必然反对浮华。曾国藩对于绿营军官气深重，投机取巧，迎合钻营的腐败风气有着极为深刻的认识，曾抨击绿营军队积习难改，即使“岳王复生，或可换孱兵之筋骨；孔子复生，难遽变营伍之习气”。他说：“国家养绿营兵五十余万，二百年来所费何可胜计。今太难之起，无一兵足供一割之用，实以官气太重，心窍太多，漓朴散淳，真意荡然”之故。

为了从根本上解决这个问题，曾国藩规定，湘军不用绿营兵和守备以上官，同时他还强调挑选将领要侧重“纯朴”。曾国藩经过遴选，将大量“纯朴”之人委以重任，这种做法无疑对提高整个湘军的战斗力和耐久力极为有利，从而使湘军迅速成为一支强悍的力量。

四、智略才识

“智略才识”是曾国藩选将的又一标准。曾国藩认为：“大抵拣选将材，必求智略深远之人。”决不能选用阘冗者，虽至亲密友，不宜久留，恐贤者不愿共事一方也。“曾国藩力求从书生中选拔人才。借助于他们的知书达理，努力克服绿营将领缺乏韬略的弊病。

五、坚忍耐劳

曾国藩要求湘军将领应具备“坚忍耐劳”的特点。所谓“坚忍”，就是打仗时能冲锋陷阵，身先士卒。曾国藩非行伍出身，他以儒生治兵，建军之始也没多少军事经验，但他知道，行军作战备尝艰苦。将领平时须带兵士严加训练，整肃营务；战时则要有临阵胆识，敢于冲锋陷阵。因

此，他选将以“耐冷、耐苦、耐劳、耐闲”为标准，提倡“习苦为办事之本”。只有这样，才能使湘军从上到下都有着一股与农民起义军顽抗到底的决心。“坚忍”的选将要求，对提高湘军士气和军事素质是有一定成效的。

曾国藩在其一整套的选将标准中，一反中国古代兵家选将的方法，而将“忠义血性”，即对封建政权的忠心放在了第一位。为此，他不拘一格，不限出身，大量地提拔书生为将。在湘军将领中，书生出身的人就占了一多半。

曾国藩按照这些标准选将练兵，虽未必能达到“塞绝横流之人欲，以挽回厌乱之人心”的目的，但确实使曾国藩得到了一支非比寻常的军队，从而博得了皇帝的重用和将士僚属的信任。

此外，曾国藩还特别指出，湘军所选拔之将领绝不能是那种难以与众人共事的人。曾国藩从一开始就悉心要在湘军将领中培养一种集体主义的精神。在《与江忠源》书中，他写道：“国藩每念今日之兵，极可伤恨者，在‘败不相救’四字。彼营出队，此营张目而旁观，哆口而微笑。见期胜，见深妒之，恐其得赏银，恐其获保奏；见其败，则袖手不顾，虽全军覆没，亦无一人出而援手拯救于先死呼吸之顷者。”而要想早一日剿灭太平军，唯有将湘军培育成“一损俱损，一荣俱荣”的手足之师，万众一心，或有成功之一日。

领导与管理现代应用

1.千军易得，一将难求：选择将才是领导与管理的重要环节

曾国藩指出，想要治理好军队，就要寻求好的将领，能否找到能帮助自己的将领，是管理军队的关键。他在这里所强调的是选择将材的重要

性。对于将材的选择，只要其品行和能力能够达到领导和管理手下之人的目的，那么就应该大胆启用，折节纳才。

在我国历史上，历代思想家、政治家都认识到“为政之要，惟在得人”，发出了“千军易得，一将难求”的感叹。深切地感到军事人才在决定战争胜败、国家兴亡中的重要地位和作用。

“千军易得，一将难求”，这是中国的一个识人的古语，它说明在人才不易识的情况下，相对一般人才而言，千军易得，一将就更难求了。在作为社会生活一个特殊组成部分的军事领域里，统帅的决心具有重大作用。军事领导人才是统御部队的人才。作为一支部队，一个组织，没有领导人才的控制、驾驭之意，必然是一盘散沙，缺乏战斗力，遇有困难和敌情，定将一触即溃。俗话说，蛇无头不行，讲的正是此理。因此，在识人过程中，我们不仅要识别平时能练兵，战时能打仗的一般军事人才。更重要的是能识别平时能治军，战时能指挥作战的各类指挥人才。注意识别、发现、培养、选拔一批能担负起重任的军事高级指挥人才。

关于挑选有能力人才来辅佐自己，刘邦之识郦食其就是一个很好的例子。

《史记·郦食其传》记载：郦食其，陈留高阳（今河南省杞县南）人。他非常喜欢读书，但家境贫寒，穷困潦倒，连供自己穿衣吃饭的产业都没有，只得当了一名看管里门的小吏。尽管如此，因其性情与一般人有异，县中的贤士豪强却不敢随便役使他，县里的人们都称他为“狂生”。

秦朝末年，陈胜、吴广在大泽乡起义，天下纷纷响应，掠地经过高阳的各路将领有数十人之多，郦食其与他们接触后，觉得他们目光短浅，只顾眼前的利益而没有远大的志向；讲究繁琐的礼节，自以为高人一等，并且刚愎自用，跟他们谈深谋奇策也听不入耳。因此，郦食其便深居简出，隐藏起来。后来，他听人说沛公刘邦带兵攻城来到陈留郊外，沛公部下的一个骑士刚好是郦食其邻居家的儿子，在骑士回家的时候，郦食其看到他，就对他说道：“我听说沛公是轻慢的人，但他有许多远大的谋略，这才是我真正想要追随的人，只是苦于没人替我介绍。如果你见到沛公，可

以这样对他说，‘我的家乡有位姓郦的书生，已有六十多岁，身高八尺，人们都称他为狂生，但是他自己说并非狂生’。”骑士回答说：“沛公不喜欢儒生，曾经有许多头戴儒生帽子的人来见他，他就立刻把他们的帽子摘下来，在里边撒尿。在和他们谈话的时候，动不动就破口大骂。所以您最好不要以儒生的身份去向他游说。”郦食其说：“你只管照我教你的去说。”骑士回去之后就把郦食其托他说的话转告给刘邦。

刘邦到了高阳驿站寓所，派人去召郦食其前来拜见。

郦食其来到寓所，去拜见沛公，沛公正坐在床边让两个女人为他洗脚。郦食其进去，只是作了个长揖而没有倾身下拜，说：“您是想帮助秦国攻打诸侯呢，还是想率领诸侯灭掉秦国呢？”沛公骂道：“你这个没用的儒生！天下的人同受秦朝的苦已经很久了，所以诸侯们才陆续起兵反抗暴秦，你怎么能说帮助秦国攻打诸侯呢？”郦食其说：“如果您下决心聚合党徒，召集义兵来推翻暴虐无道的秦王朝，那就不应该用这种傲慢的态度来接见性情谨厚之人。”

刘邦听后，立即停止洗脚，起来穿戴好衣帽，把郦食其请到了上宾的座位，并且向他道歉。于是郦食其谈了六国合纵连横所用的谋略。刘邦听了很高兴，命人端上饭来，让郦食其进餐，然后问道：“那您看我们该用什么计策呢？”郦食其说道：“您把纠合之众，散乱之兵聚集起来，也不满一万人，如果率领他们直接和强秦对抗，那就是探虎口啊。陈留是天下的交通要道，四通八达，现在城里又有很多存粮。我和陈留的县令很是要好，请您派我到他那里去一趟，让他来向您投降。他若是不听从的话，您再发兵攻城，我在城内可以做内应。”刘邦听后，采纳了郦食其的计策，派他去说服陈留县令，自己则带兵紧随其后，陈留县令听了郦食其的劝说之后归附了刘邦。刘邦因此赐给郦食其“广野君”的称号。

郦食其是个很有才智的儒士。在逐鹿中原的乱世，不止是主择臣，臣也择主，郦生观察起义众将，察其言行，认为他们都不能成气候，没有一个值得为之效力，于是深自藏匿。他后来主动求人传话投在刘邦的麾下，主要是因刘邦平易近人，能采纳计谋。因平易近人，则能团结人，可以与之相处；能采纳计谋，自己的才智才能发挥，辅佐他以成大事。郦食其并没有看错人，择错主，从面见刘邦后所发生的事情来看，刘邦知错能改，并放低姿态向他道歉，以礼相待，虚心请教。对郦食其献上的计策，刘邦也能立即采纳。后来刘邦之所以能够得天下，也正是因为他的这些优点，即能团结和任用五湖四海的各种各样的人，尤其是对于才智之士的出谋献策，他都能采纳；能“解衣衣人”，慷慨分土封官，使众多的猛将为之奋战沙场，终于打败项羽而创建西汉王朝。

利用贤人来打天下，统治天下，先于刘邦的其他一些帝王都曾用过这种方法，并且屡试不爽。秦始皇嬴政在统一六国时，就聚集了当时第一流的贤才，如王翦、王贲、蒙恬、李斯、尉缭、姚贾等。他们有的是军事家，有的是政治家，有的是外交家，都不是秦人，却在尽心竭力地为秦国效劳。之所以会出现这种局面，最主要的还是因为秦王嬴政能够知人善任，海量容才，以卑恭谦逊的态度和豁达的胸襟对待臣下和纷至沓来的宾客，这使得众多的杰出人才来到秦国以后，能充分发挥各自的才干。在统一六国的过程中，秦王嬴政折节纳人、知人善任，充分调动了文臣武将为秦效力的积极性，使他们最大限度地发挥自己的才干，为秦的统一大业做出了卓越贡献。

另外，像刘备“三顾茅庐”的故事也是人人皆知。

在当今世界，领导者和管理者都十分注重有才能的人的智慧和力量，因为它是领导者领导原则和工作方法的重要参考，否则“单枪匹马”是做不成大事的。

领导对于部属的选拔任用是至关重要的，被领导者选中的人大都是精英，这类人往往都是目光远大的人、前瞻后顾的人、大器晚成的人或寡言少语的人，这样的人往往值得委以重任。如果是偏激、急躁、有忌妒心的人就不要考虑了，这样的人不仅不能帮助你，还可能起负面作用。

还有一些人不能任用，比如说轻易肯定的人或者是轻易许诺的人，都是不可靠的。一个人拥有责任感就决定了他不可能轻易许诺，随口就答应你的人往往完成不了什么，人的精力都是很有限的，这种人最终的结局往

往是推诿，那时候，你后悔都来不及了。

2.火车跑得快，全靠车头带：德才兼备才能服众人

曾国藩和胡林翼两人对于手下将领的挑选是有着十分严格的标准的，这不仅仅是因为为将之人需要一定的实力，更是因为一个带领队伍的领导者还需要有良好的领导能力和管理能力，既能够带领手下冲锋陷阵，又能够有良好的品性令士兵心服口服，所以，曾国藩才会说：“求将之道，在有良心，有血性，有勇气，有谋略。”

常言说得好：火车跑得快，全靠车头带。对现代领导者和管理者而言，自身所领导和管理的队伍就像是一列正在行驶中的火车，有了好的带头之人，才能够令整列火车快速地跑起来。因此，选好火车头就是非常重要的。所以说，作为一名领导者，挑选好的管理者的标准是管理者必须要能对下起到示范、表率的作用。

曾国藩说：“治世之道，以致贤养民为本。”他一向以相人、识人、知人、用人著称于世。《新书·大政下》中说：“君功见于选吏，吏功见于治民。”国君的功绩表现在选拔官吏，官吏的功绩表现在治理人民。

三国时期的诸葛亮是大德大才的旷古奇才，他选拔人才，也有自己独到的标准，往往最看好德才兼备的人，诸葛亮以其“隆中策”预见天下三分显示其大才；以其“鞠躬尽瘁”尽忠汉室，显示其大德。其人如此，其择官也以德才兼备为准则。

蒋琬、费祎、姜维都是诸葛亮精心选拔为他理政、治军的接班人。蒋琬入蜀初期任干都县长，刘备下去巡视，刚好看见蒋琬喝醉酒，不理政事，因而十分生气，便要杀他。诸葛亮深知蒋琬的为人，就为他说情：“蒋琬是关系到社稷的大器之才，不是治理方圆百里范围的人才。他为政以安民为本，不以表面文章夸饰，希望主公深加考察。”刘备一向敬重诸葛亮，于是没有治蒋琬的罪。后来，诸葛亮提拔蒋琬为丞相府长史，诸葛亮每次出征，蒋琬都会足食足兵地提供供给。诸葛亮常称赞蒋琬为人“忠雅”，可与他辅佐蜀汉王业。辞世前诸葛亮，秘密上表后主刘禅说：“为臣若不幸去世，后事应托付蒋琬。”诸葛亮去世，蒋琬执政，其人大公无私，胸怀广阔，能团结人，明知时势，使得国治民安。

后来，蒋琬生病，就推荐费祎代替自己，费祎为人明断事，善理事，知军事，他在任时边境无虞，魏人不敢正窥西蜀。姜维继诸葛亮复兴汉室之志，屡次北伐，虽无大胜，但魏兵也不能侵入。后司马昭派大军伐蜀，刘禅昏庸不听姜维派兵扼守阴平之议，邓艾得以偷渡而直捣成都，刘禅出降，并令姜维降，姜维想假降待机杀钟会以复兴蜀汉，其夙愿虽未实现，足见其人忠烈。

刘备死后，有诸葛亮及其后继者蒋琬、费祎、姜维等辅佐，刘禅这等昏庸之主才得以安坐帝位达41年之久。而曹操死后，其子曹丕篡汉，魏立国虽有45年，但早在17年前司马懿就发动政变夺取了曹爽的军权，魏政权已归司马氏，魏已名存实亡，曹魏政权实际存在只有28年。孙权死后，孙亮立为吴帝，内部不和，国势日弱遂被晋灭，孙权后人掌权只有27年。三国相比，蜀汉政权较稳固，无内部互相倾轧、争权夺利之事，这是因有德才兼备的贤臣辅佐之故。

经营企业也是同样的道理，只有选择适合的人才，才能换来锦绣前程。

适时适度地选拔人才，提拔一些有能力的人，他们会在你的领导工作遇到困难的时候，助你渡过难关。当你的工作万事俱备，只欠东风的时候，他们也往往会身先士卒，助你一臂之力，起到率先示范的作用。

在下属之中选拔人才，加以提升，并不是胡乱选拔、胡乱提升的，一定要建立在有所根据的基础上。首先就是被选拔和提升的下属必须是德才兼备之人，这样才能令其他下属信服。

有些人在业务能力、技术水平等方面的确高人一筹，出类拔萃，但是，他们却缺乏起码的职业道德，经常违反工作条例，不能够给予其他同事好感。那么，这样的人就是有才无德，如果领导者不加分析就将其选

拔、提升上来，就很难令其他下属信服，稍有不慎就会让大家产生不良情绪，对领导者的能力产生质疑，给领导工作带来不便。

还有一些人十分善于拉拢人心，待人接物可圈可点，工作上也从没有违反过工作纪律，对同事、上司和其他人都一团和气、八面玲珑。但是，这类人在实际工作中却是水平低、能力差，一个工作任务勉勉强强能够完成，但质量极差。这种无才之人，尽管其他下属都能给予一些好评，但绝不能提升。如果真的被提升上来，新的更重要的工作会使他因招架不住而败下阵来，既影响了本部门、本单位的工作，也会让你这位选拔者感到难堪。

更重要的是，这种下属虽然因为善于团结人而受到其他下属的好评，但是，如果他真的被选拔提升了，那么，其他下属就会有意见。他们会认为：这种人只是人缘好，才能并不比别人高，反而要差一点儿，为什么提升他，而不提升我们呢？再说，他根本就胜任不了新的工作。这种意见的存在无疑也是不利于工作的。

所以说，提拔下属一定要选择德才兼备之人，只有这样才能够让其他人心服口服，不会产生不必要的麻烦和问题。

实战指南

【实战案例】

旧中国的绝大多数私人企业，包括今天中国的许多企业，台湾的、香港的、澳门的在内，均是家族型的企业。上辈人创业，下辈人继承，很少有与外人共同创业的。而规模最大、历史最悠久、影响最深的出版企业——商务印书馆的成功模式却刚好与此相反，是由几个没有血缘关系的人共同创立的。

商务印书馆的创办人夏瑞芳是上海青浦县人，出身贫寒，父亲是个摆摊做生意的小摊贩，母亲则给人家当保姆。他从印刷工人起步，白手起家创业。

最初出资创办商务印书馆的共有7个人，除夏瑞芳以外，还有他的中学同学鲍咸恩、鲍咸昌兄弟和张桂华，以及夏瑞芳的同乡高风池、鲍咸昌的妹夫郁厚坤和张桂华在电报局的同事沈伯曾。7个人共集资3750元，号称4000元。

由于夏瑞芳出色的组织和领导才干，所以商务印书馆成立以后，众人一致推举他来主持企业的工作。其余的人，除了沈伯曾以外，各把一摊。沈伯曾虽然投资最多，但不大过问企业的业务。

夏瑞芳充分发挥他特殊的“敛才”之能，曾先后聘请当时德才出众的知识分子、文化界的名人蔡元培、张元济来商务印书馆工作，这两个人的到来对商务印书馆的发展起了举足轻重的作用。蔡元培是光绪年间的进士，后出任孙中山南京临时政府教育总长，还担任过北京大学的校长，在现代教育史上占有重要的一席之地。夏瑞芳聘请他来主持编辑工作，无疑是选中了大才。不过，由于一些变故，使得蔡元培被迫离开了商务印书馆。

张元济也是光绪年间的进士，曾任刑部主事、总理各国事务衙门章京，后因参加维新运动而被革职，时任南洋公学译书院院长。蔡元培被迫离开以后，夏瑞芳便聘请张元济任编译所的所长。张元济加入以后，毕生都在主持商务印书馆的工作，被誉为“商务印书馆的灵魂”，并因此成为中国现代著名的出版家。

除了聘请像蔡元培、张元济这些知名学者以外，夏瑞芳还聘请了一批当时颇有才华的编译人员，如蒋维乔、庄百俞等。

另外，还在商务印书馆的出版业初具规模的时候，夏瑞芳就物色了3位“老书坊里的杰出人才”、“富有推销能力”的得力干将——俞志贤、吕子泉、沈知方。他们有效的推销活动，极大地推动和支持了商务出版工作的发展。

商务印书馆最红火的时候，编译业务由张元济负责，印刷由富有经验

的鲍氏兄弟负责，财务由高凤池、张桂华分掌，推销由上述3位“大将”全权打理。夏瑞芳自己则为总调度，积极协调各方面的关系。

由于有这样一个合理、可靠的管理队伍，商务印书馆于1897年在上海创建后，发展十分迅速，它的营业额和利润额像涨潮的海水一般向上猛涨。据统计，其资本额到1901年时就已经从4000元增至5万元，1903年增至20万元，1905年增至100万元，1913年增至150万元，1914年增至200万元。17年间，增长了500倍，平均年增长29倍多，创造了同时期民族实业经营的新记录。

到了1914年，商务印书馆已经在全国各地设立85处分馆，在海外也设有分支机构，新加坡和吉隆坡都有它的分馆，此外在北京和香港还设有印刷分厂，如此辉煌的成就被认为是当时“国人经营事业之最尖端者”。

商务印书馆不仅是清末位居全国之冠的大型新式文化企业，而且它的规模、技术、人员曾一度在世界同行业中居一流地位。至今，商务印书馆仍然是中国出版界一棵不老的“常青树”，受到新老读者的厚爱。

【运用指南】

日本索尼公司的创始人盛田昭夫说：“只有一流的人才才会造就一流的企业，如何筛选识别和管理人才，证明其最大价值，为企业所用，是企业领导者面临的颇为头痛的问题。”

选取适用的人才，发挥人才的每一分才能，这就要求企业根据自身情况量身定做，通过各种途径招纳、选聘优秀人才。在这其中并不一定要遵循什么章法，但优秀的人才必然具备出色能力，如特别擅长某种技术或工作敬业等。找到具备多种优秀品格、优秀能力的人你也就网罗到了出色人才。

但是，人才犹如冰山，浮于水面者仅20%，沉于水面之下者达80%。作为领导者，不了解一个人，就不能用好一个人。这句话对任何一个公司领导者而言，都是真理。只有这样，才能避免盲目用人。因此，现代企业中最讲究识人才能用人的思想，也就是说，用人之前要学会先识人。

夏瑞芳很会“敛才”，这说明他不仅能够大胆任用人才，还十分善于识别人才，寻找到最合适的人才来为己所用。识别一个人是比较困难的。人很难用科学方法分析试验，所谓知人知面不知心，说的就是识人之难。孟子曾说过：“人莫知其子之恶，人莫知其苗之硕。”所以，爱憎之间，一定要谨慎。有时领导者本身缺乏鉴评他人之能力，或私心存在当中，忌真才，喜奴才，以求巩固自己的既得利益，也会因此而埋没人才。这样的做法不仅仅是领导自身的损失，同时还会给整个企业或组织带来不好的影响。

另外，受资历、资望、现实问题等因素的限制，人才易被埋没。我们若一旦误奸为忠，误恶为善，误愚为智，则必误人误己。于事无益。所以，若欲求知人善任，必先破除这些障眼之物，方能发现和使用好真正的人才。

每个下属的个性都有差异，这是因为环境、经历、学识等方面的影响形成的。故身为企业领导，要知道下属的个性，必须客观了解对方的品德、性格、修养、智能等情况，而加以深切体察，设身处地了解下属的本质和环境，作合乎情理的评价，万不可先入为主。

在选择人才和任用人才时，首先应当把握以下两点：

一、察言观色

职业政客素来喜欢和人谈话。对于初次见面的人，调动以往的社交和用人经验，在察言观色的过程中，对其人便有了一个基本认识，而这个认识，实际证明大半是对的。史书记载说：“国藩为人威重，美须髯，目三角有棱。每对客，注视移时不语，见者竦然，退则记其优劣，无或爽者”。由于曾国潘察人细致，用之精心，所以久而久之，有“知人”的美名。在与人才的交往中还可以开拓思路，增长见识。在沟通中，从对方的言谈中捕捉到对方的思路，获得多种知识。因此，后来他驾驭诸将的才能，大多来自于与人交往时的积累和观察所得。

二、德重于人

自古观人用人，一向主张德才兼备，在德才之间而更偏重于德。这

是因为曾国藩认为德才就犹如源泉与波浪的关系，德像水之源，才像水之波；德是人的主流，才是人的支流，有德无才，则近于愚笨，有才无德，则为小人。当二者不可兼时，与其无德而近于小人，毋宁无才而近于愚人。所以幕府中推荐之人，德才兼备者均受到重用，而有才无德者大多受到冷遇或用而戒备之。特别是在募新兵时，他更指出，将在谋而不在勇，兵在精而不在多，要募那些有根有底、朴实勤苦的种田人，油滑的市井游民，纵然聪明伶俐也不可要。

那些胸有大志之人以双目有神不外散，鼻梁直，嘴唇厚为最好。一副正气浩然的样子，肤色粗黑，双手茧多，说话时虽然木讷寡言但多为实话，这样的人要相信并重用他们。

第二章　用人
——善用其长，重在培养

本章主要论述的是对中下级军官的选择，曾国藩与胡林翼两人对中下级军官虽重选拔，但更重培养。他们一再强调，用人不可求全责备，而要善于用其所长，并在实践中对之进行培养和熏陶。这一用人思想，时至今日对领导者和管理者来说仍有很大的指导作用。

曾胡治兵语录·用人

【原文】

今日所当讲求，尤在用人一端。人才有转移之道，有培养之力，有考察之法。

人材以陶冶而成，不可眼孔太高，动谓无人可用。

窃疑古人论将，神明变幻不可方物，几于百长并集，一短难容。恐亦史册追崇之词，初非预定之品。要以衡材不拘一格，论事不求苛细，无因寸朽而弃连抱，无因数罟以失巨鳞，斯先哲之恒言，虽愚蒙而可勉。

求人之道，须以白圭之治生，如鹰隼之击物，不得不休。又如蚨之有母，雉之有媒，以类相求，以气相引，庶几得其一而可及其余。大抵人材约有两种，一种官气较多，一种乡气较多。官气较多者，好讲资格，好问样子，办事无惊世骇俗之象，言语无此妨彼碍之弊。其失也，奄奄无气，凡遇一事，但凭书办家人之口说出，凭文书写出，不能身到、心到、口到、眼到，尤其不能苦下身段去事上体察一番。乡气多者，好逞才能，好出新样，行事则知己不知人，言语则顾前不顾后。其失也，一事未成，物议先腾。两者之失，厥咎惟均。人非大贤，亦断难出此两失之外。吾欲以劳、苦、忍、辱四字教人，故且戒官气，而姑用乡气之人。必取遇事体察，身到、心到、口到、眼到者。赵广汉好用新进少年，刘晏好用士人理财，窃愿师之。

（曾语）

一将岂能独理，则协助之文员、武弁在所必需。虽然，软熟者不可用，谄谀者不可用，胸无实际、大言欺人者不可用。营官不得人，一营皆成废物；哨官不得人，一哨皆成废物；什长不得人，十人皆成废物。滥取充数，有兵如无兵也。选哨官、什长，须至勇至廉。不十分勇，不足以倡众人之气；不十分廉，不足以服众人之心。

近人贪利冒功，今日求乞差使争先恐后，即异日首先溃散之人。屈指计之，用人不易。

人才因求才者之智识而生，亦由用才者之分量而出。用人如用马，得千里之马而不识，识矣而不能胜其力，则且乐驽骀之便安而斥骐骥之伟骏矣。

古之治兵，先求将而后选兵。今之言兵者，先招兵而并不择将。譬之振衣者，不提其领而挈其纲，是棼之也，将自毙矣。

（胡语）

曾谓人才以陶冶而成，胡亦曰人才由用才者之分量而出可知。用人不必拘定一格，而熏陶裁成之术，尤在用人者运之以精心，使人人各得显其所长、去其所短而已。窃谓人才随风气为转移，居上位者，有转移风气之责，因势而利导，对病而下药，风气虽败劣，自有人挽回之一日。今日吾国社会风气败坏极矣，因而感染至于军队。以故人才之消乏，不能举练兵之实绩。颓波浩浩，不知所届。惟在多数同心共德之君子，相与提挈维系，激荡挑拨，障狂澜使西倾，俾善者日趋于善，不善者亦潜移默化，则人皆可用矣。

（蔡按）

【译文释要】

今天所应当讲求的，首先就是用人一事。人才有转移之道，有培养之方，有考察之法。

人才是要靠陶冶而成的，千万不能眼界太高，动不动就抱怨说没有可用之材。

我怀疑古人在论述一个将领时，神明变幻，无法比拟，几乎是百种长处都集于一身，一种短处也难以容忍。这恐怕也是史书的溢美之词，而不是当初的预定之品。关键在于衡量一个人的才干时要做到不拘一格，论事之时不能苛求细枝末节，不能因为有一寸的朽蚀就扔掉一根连成人也抱不拢的巨木，不要因为贪求有限的小鱼小虾而放走了罕见的大鱼。古圣先哲的这些至理名言，即便是愚昧的孩童也可用以自勉。

求人之道，一定要像战国时期的巨贾白圭做生意一样，或者是像凶猛的雄鹰捕捉猎物那样，不达目的誓不罢休。又像青蚨有母（青蚨是传说中我国南方的一种虫子，这种虫子的卵必须要依附在花草的叶子上，如果拿走卵，母青蚨就一定会追来，不管离得多远都一样。即便是偷偷地拿走，母青蚨也能够准确找到它的卵），雉鸟有媒(猎人所驯养的雏雉，待其长大后可以用来招诱野雉)，它们以类相求，以气相引，只要能得到其中之一，就可以引来其他的。大致上，人才约有两种：一种是官气较多，另一种是乡土气较多。官气多的，喜欢讲资格，喜欢做样子，办事没有惊世骇俗之举，言语也没有彼此矛盾之弊。这种人的缺点，主要在于整日没精打采、毫无生气，每当遇到一件事情，只会听从书办(指各级衙门里管办文书的属吏)、家人的意见，然后用文书写出来，不能做到身到、心到、口到、眼到，尤其是不能放下架子，深入基层，仔细地考察一番事实的真相。乡土气多的人，喜欢逞能，标新立异，行事则只知有己，不知有人，说话则顾前不顾后，顾东不顾西。这种人的缺点，主要是一件事情尚未办成，而社会舆论却已沸沸扬扬。这两种人的缺点虽然不同，但是其所造成的后果却是一样的。若非真正出类拔萃的杰出人物，几乎是没有可能超出这两种缺点之外的。我想用劳、苦、忍、辱四个字教导世人，所以尽可能不用官气较多的人，而是姑且选用乡土气较多的人。务必找那些遇事能够体察，身到、心到、口到、眼到的人。赵广汉（字子都，汉代名臣）喜欢重用后起的年轻人，刘晏（字士安，唐代著名的经济改革家和理财家）喜欢任用士人理财，我愿意向他们学习。

（以上为曾国藩语）

将领一个人是不可能将各方各面的事务都统筹兼顾、处置周全的，因而协助自己理事的文、武官员都是不可缺少的。尽管如此，也要注意，性格懦弱的人不可用，阿谀奉承的人不可用，胸无真才实学、只会大言欺人的人不可用。营官不称职，那么一营（五哨为一营）的人马就都成了废物；哨官不称职，则一哨的人马都成废物；什长不称职，则十个人都成为废物。只求量不求质，滥竽充数，有兵和无兵没有什么两样。选拔哨官、什长，必须选最勇敢、最廉洁的人。如果他们不十分勇敢，就不足以激励众人的士气；如果他们不十分廉洁，就不足以令众人心服口服。

近世的人多贪利冒功，今天争先恐后地请求任务的人，也就是日后临阵之时首先溃散之人。屈指算来，用人实在是不容易。

人才凭借求才者的智识而生，也由用才者的分量而出。用人如同用马，如果得到了千里马却不能够识别，识别了之后又无能力很好地使用它，那么当事者反倒乐得骑乘驯服、稳当的劣马，而指斥千里马的高大、伟骏。

古人治兵，先求将而后选兵。今日谈兵的人，都是先招兵却并不择将。这就好比想将衣服上的灰尘抖落的人，不提衣服的领子，反而挈其纲，此举实际上是在损坏衣服，其结果是必将自毙。

（以上为胡林翼语）

曾国藩认为人的才能都是后天锻炼出来的，胡林翼也说人才由用才者分量而出。由此可知，用人不必拘泥于一格，而熏陶裁成之术，尤其在于用人者的精心运用，才能使每个人都充分地显示出自己长处，尽可能地避开自己的短处。我认为人才是随着社会风气的变化而变化的，做官的人，

有责任致力于改善社会风气，因势利导，对症下药，这样，社会风气虽然败坏了，但是总会有挽回的那一天。今天，我国社会风气的败坏已经达到了极点，因而也就影响到了军队。所以，现在的人才才会十分贫乏，无法练出一支富有战斗力的优秀军队。大厦将倾，世风日下，不知何时才能够有所好转。只有占世人绝大多数的同心同德的君子，相互提挈维系，拨乱反正，力挽狂澜，扭转乾坤，才能够使好的越来越好，不好的也受到熏陶，潜移默化，那么天下之人都可以成为有用之才。

（以上为蔡锷按语）

【曾胡治兵实例】

一、善用其长

曾国藩不相信有所谓的“全才”存在。他认为，书上所说的“百长并集、一短难容”的完人，只是后人的追崇之词罢了。选拔人才的关键就在于不拘一格，论事评人的关键则在于不求苛细。评价一个人，不能因为有一点小毛病而将有用之才弃而不用。同时，曾国藩也反对以出身、资历等作为衡量人才的标准，他引用历史上的例子说：“人才不宜复以资地限之。卫青人奴，拜相封侯，身尚贵主。此何等时，又可以寻常行墨困倔奇男子乎？”意思是说，汉代的大将军卫青年轻时曾给人做过奴隶，但是后来却拜相封侯，娶了高贵的公主为妻。这是什么时候，又怎么能用平常的条条框框来束缚人才呢？

所以，曾国藩选用人才，往往大胆录用，不拘一格。像塔齐布、罗泽南、李续宾、李续宜、王鑫、杨岳斌、彭玉麟、李世忠、陈国瑞这些人，有的是出身秀才，有的是出身农夫，有的是出身行伍，有的则出身土匪，有的甚至是出身叛将，但曾国藩对他们都以至诚相待，使他们的长处得到充分的发挥。

曾国藩用人“收之欲其广，用之欲其慎”，凡具一技之长者他都要广为延揽，但是在任用之时却会小心谨慎，尽可能量才录用，扬长避短。湘

军选将的方法之一就是“广收”，而“广收”的原则就是用其所长，不求全责备。

每有前来军营投效之人，曾国藩都会先发给少量的薪资以安其心，然后再亲自接见，一一观察：有胆气血性之人就令其领兵打仗，胆小谨慎之人就令其筹办粮饷，文学优长之人办理文案，讲习性理之人采访忠义，学问渊博之人校勘书籍。经过较长时间的观察使用，感到了解较深，确有把握时，再根据具体情况，保以官职，委以重任。为了使贤才学用一致，他十分重视幕僚的工作安排。对长于治军者，便将其安置到营务处，使其历练军务以为他日将才之备；对精于综核者，便将其安置到粮台、转运局、筹饷局等机关，使其学习筹饷、理财、运输的工作；对于善于发明创造的，便安排到制造局，参加造舰制炮的工作。务使人人能尽其用，用尽其才。

由于曾国藩的量才使用，这些人中不少在当时就享有盛誉，有的在后来也卓有成就：如李善兰、华衡芳、徐寿等都是当时著名的自然科学家；俞樾成为了著名经学家；左宗棠在后来平定新疆阿古柏叛乱中建立了不朽功勋；郭嵩焘成为中国首任驻外公使；薛福成曾出使英、法、意、比四国；容闳则成为洋务运动的骨干人才，等等。

曾国藩认为：“衡人者但求一长可取，不可因微瑕而弃有用之材”。实际上，湘军中将才虽众，但并无“全才”。被誉为“儒将之雄”的李续宾，“智谋”不及其弟李续宜；悍将鲍超，虽“英鸷无匹”，但“目不识丁”。

二、栽培部下

在曾国藩的众多幕僚中，影响最为重大、权势最为显赫的，当为李鸿章。李鸿章能够以一介书生而成为晚清重臣，拜相封侯，权倾朝野，主持清廷内政外交达数十年之久，固然与时代环境和个人才识有着密切关系，但曾国藩对其精心培育、着意栽培提携所起的作用不可低估。

关于曾国藩对李栽培、提携，世人皆知，“淮系湘出”、“湘淮一家”即是对此事的真实描述，由此亦可见曾李关系之密切。李鸿章本人也自称不仅为曾国藩门下“传教习教之人”，而且是曾国藩“诸门人中受知

最早、最深亦最亲切”的“忠实继承人”。

李鸿章(1823～1901)，本名章铜，字渐甫，号少荃，晚年自号仪叟，安徽合肥人。

曾国藩与李鸿章在早期曾有过一段师生之谊。1858年，李鸿章满怀希望地投奔曾国藩时，曾国藩却借口军务倥偬，没有与之相见。李鸿章以为只是一时忙碌，几天之内定可召见，谁知在旅舍中闲住了一个月，竟得不到任何消息。

李鸿章便请人去试探曾国藩的意图，谁知曾国藩环顾左右而言他，不肯表明态度。

其实，曾国藩并不是不愿接纳李鸿章，而是看李鸿章心地高傲，想打一打他的锐气，磨圆他的棱角。这大概就是曾国藩这位道学先生培养学生的一番苦心吧。自此之后，曾国藩对李鸿章的棱角着意进行了打磨，以使他变得老成世故，打下立足官场的“基本功”。

可以说，李鸿章进了曾国藩的幕府就等同于进入了一个高级研究班。在军事上，他得以独当一面地招练骑兵、组建淮扬水师，温习他以前的步兵战术，等到出幕之时三大主要兵种的大部队指挥已相当娴熟。

李鸿章在曾国藩身边变得成熟起来，从政事到立身处世均有长足进步。从李鸿章的身上常常可以看到曾国藩的影子：曾国藩打仗喜爱使用洋炮，李鸿章后来更是喜爱洋枪洋炮；曾国藩上马杀敌，下马讲学，幕府中供养“三圣七贤”十位名儒，李鸿章来沪后也效其技，并与上海势力中的商绅打成一片；曾国藩处理军政大事虽征询幕友，但是却能够决断善断一由己意，李鸿章更是青出于蓝，来沪后不容他人与自己平起平坐。

李鸿章终其有生之年都感谢曾国藩对其的“积年训植”，他曾向部将刘秉璋述曾国藩之恩：“我跟从的师辈多了，但没有一位能像这老翁一样善教的，他随时随地随事都能有所指示。”李鸿章成名后朝野舆论也说他“果毅坚贞，克绍曾门衣钵”；他自己则说：别的弟子多不愿遵从师门成法，但“鸿章笃守”。

领导与管理现代应用

1.适才适所：没有无用的人，只有不合适的职位

“现代管理学之父”彼得·杜拉克（Peter F. Drucker）说：“将错误的人安排在错误的职位上，就是将一个障碍物放在企业成功的道路上。”

古今中外，大到一个国家，小到一个企业，兴衰成败的关键都在于用人。因为如今的市场竞争就是人才的竞争，所以人们都千方百计地吸引人才，重用人才。

管理者在管理的过程中，常常会遇到这样的情况：一个人放在另一位置就工作得很好，而放在另一位置则不行。这是正常的，因为每个人都不可能是全才，就连那些管理大师也不是万能的，更何况是普通人？所以管理者必须能够了解人才，给他合适的职位；其次要敢于打破论资排辈的常规，不搞经验之谈；再次，要做到用人所长，唯才是举。黄金无足赤，白璧有微瑕。人才之所以是人才，不是因为他们没有缺点和弱点，而是因为他们在某些方面出类拔萃。

管理大师杜拉克认为，适合本企业实际情况的用人之道就是最好的用人之道。人各有所长，也各有所短，世界上全身都是长处或者都是短处的人是没有的。杜拉克的用人理念就是要人尽其才，才尽其用，用其所长，尽其所力，用的“合适”就是最佳的状态。

高明的管理者不在于自己有什么样的才能，关键在于自己是否会用人。在用人高手的眼中，没有不称职的人，只有不适合的职位。每个人都

有自己的特点，给他一个合适的职位，他就会展示出才能。

清朝的顾嗣协写过这样一首诗："骏马能历险，犁田不如牛，坚车能载重，渡河不如舟，舍长以就短，智者难为谋，生材贵适用，慎勿多苛求。"他告诉后人，用人要扬其长而避其短，做到能及相适，即根据人才的能力任用他到恰当的合适的职位上。

蔡锷在评论曾胡两人的用人之道时总结说："曾谓人才以陶冶而成，胡亦曰人才由用才者之分量而出，可知用人不必拘定一格，而熏陶裁成之术，尤在用人者运之以精心，使人人各得显其所长、去其所短而已。"由此可见，曾胡以及蔡锷三人所推崇的都是用人要能够"使人人各得显其所长、去其所短"，用我们今天的话来说，就是领导者和管理者在用人之时，要能够将其放对位置，善用其长处。

世界上根本就没有十全十美的"通才"，一个人的才能往往只能表现在某一个或者少数几个方面。人的精力是有限的，想要在某方面突出，自然会牺牲其他方面的修养；而全面发展、过度分散精力的结果，往往是全面平庸、一无所长。因此在选聘或者提拔人才时，优秀的管理者不该盯住人的短处不放，而应该关注这个人的才能是否能胜任相关职位。

陈平刚刚投奔刘邦时，有人造谣，对刘邦说："这个人大王您千万不能用。他虽然长得漂亮，但是人品不行。他在家时跟他嫂子私通，出去当官又收受贿赂。而且他反复无常，一开始是魏咎手下，后跳槽到项羽那儿，现在又来投奔大王您，谁知道什么时候他又叛逃了呢?"

刘邦用人不拘一格，手下贵族、游士、平民、小吏、杀狗的、卖布的、车夫、强盗，什么人都有，他当然知道有大才能的人常常也有小瑕疵。而且当时的世道，良禽择木、谋士择主，留不住人才是当君主的气量不够。于是就问他手下一个叫魏无知的，陈平这个人到底有没有本事。魏无知跟他说："陈平是个奇才，您用他一定对国家有好处。他确实有些私人的小毛病，但对国家大事绝对没妨碍。"于是，刘邦跟陈平深谈，觉得这个人的才智超群，正是自己需要的人才，就任命陈平为护军。

后来陈平为刘邦"六出奇计"，夺取天下，成为汉初安邦定国的重

臣；刘邦死后的诸吕之乱，也是陈平与周勃密谋铲除，才保全了刘姓江山。楚汉相争时，刘邦个人的能力、魅力，团队的战力、财力，各方面都不如项羽，他能胜出，是因为善于用人。

刘邦手下的人才，个性也很鲜明。韩信、彭越、英布都智勇过人，但忠诚度低、不够听话；樊哙、灌婴忠诚勇猛，却为人粗鲁、缺少智谋；张良擅长谋略运筹、萧何擅长守土安民，但张良体弱多病、萧何清静无为，都不是带兵打仗的料……这些人都有缺点和不足，但事实上他们的缺点和不足都没有影响大局。至于刘邦，他曾经说过自己的谋略不及张良、陈平，带兵打仗不及韩信、彭越，治国安民不及萧何，看起来像是这群人中最没用的一个，但是他有“将将”之才——他能把手下的人才都安置在最合适的位子上，知道怎么样最大限度地发挥各人的长处，这是他能统率张良、韩信、萧何这些杰出人才的原因，也是他胜过项羽的地方。

一个优秀的管理者，其实只要有一项才能比他的下属强就可以了，就是所谓“将将”之才——用钢铁大亨卡内基的话来说，他只要“懂得如何使能力比自己强的人在他的手下充分发挥作用”，就很称职了。而要做到这一点，他必须更多地关注各人的长处，并且安排合适的位子，使他们有用武之地——这样做当然不能帮助每个成员克服缺点，但是能让他们的缺点变得无关紧要——这也是充分发挥一个组织优势的关键所在。

日本著名企业家松下幸之助说：“关键并不在于用这个人而不用那个人，而往往在于怎样使自己的每个部属都能够得到最为恰当的运用，发挥其最大的功能。”因此，企业要持续发展，就必须思贤若渴，重金聘用人才，但是作为领导管理者，首要考虑的是将员工尽可能地安排到能够将他们的潜能发挥出来的合适岗位上。解决不好这一问题，不仅会造成企业巨大的资源浪费，还将会产生不良后果。小材大用，大材小用，都不是理想的用人准则，唯有适才适用，才能使人发挥最大的能量。而适才适用的另一层含义就是，适合组织人事工作的，不能让他搞去营销；适合钻研技术的，就不能让他取搞行政，也就是说，才能和职务必须相适应。

要做到人尽其才，首先必须能够知人识人。知人识人是用人的前提条

件，只有先知先识，才能后用。知人是一种相当困难的事情，即便是“智慧化身”的诸葛孔明先生也曾因未能真正地认知马谡而大意失街亭，因为马谡有出谋划策之才，但却无统兵作战之能。所以，几千年前的老子就曾说过：“知人者智”。识别人才、了解人才是智慧的表现。

要做到人尽其才，还必须互补优势，即根据人才的性格、兴趣、能力、长处、短处，恰当地安排人才的位置，为其匹配合适的工作和团队。一个企业的效能，固然决定于人才的素质，更有赖于人才整体结构的合理匹配。合理的人才结构不仅可以实现能力的简单相加和集中，更重要的是能够使人才各扬其长，互补其短，产生“1+1>2”的合力。

总而言之，在用人时，管理者必须考虑员工之间的相互配合，如此才能发挥个人的聪明才智，这也是人事管理上的金玉良言。管理者应该在这微妙的高明之处孜孜以求，恰当地匹配人才，达到优化互补的效果。

每个人生于世间，都有适合他的位置。如果不适合，那就是还没找到。对于领导和管理者来说不是缺少人才，而是自己的眼睛缺少发现。

其实真正的用人高手不会满世界去找人才，在他眼里，每个人都是可用之才，需要他去做的只不过是知人善任，使得人尽其才而已。

2.战略性投资：培养人才也是一种投资

曾国藩认为“人材以陶冶而成”，也就是说，人才并不是天生的，而是需要精心培养锻炼的。很多人往往抱怨社会落后，人才匮乏，他们却忽略了人才并不是天生的这个道理。曾国藩认为首先要相信人才是需要培育锻炼而成的，继而运用适当的方法识别、考察人才，使之能脱颖而出。这一点对于我们有很强的借鉴意义。

如今，不少管理者才华横溢，能力超群，在很多观念上具有前瞻性，但是，在人才培训的认识方面有误区，甚至抱着消极的态度，他们认为员工培训成本很高，并且，在短期内看不到什么效益。这种看法普遍存在，却是非常错误的，培训是提高员工职业素质的不二法门。世界上许多大企业早就把员工培训费用看成是一种投资，而且是一种回报率很高的投资。韩国三星集团每年的员工培训费用为5600万美元。早在20世纪80年代，电讯巨头摩托罗拉公司做过一次调查表明，每一美元的培训费用，在3年内可实现40美元的生产效益。

当前激烈的市场竞争的关键就是人才竞争，而人才的价值在于其积极的态度、卓越的技能和广博的知识。由于知识爆炸和科技高速发展，每个人的知识和技能都在快速老化。为适应社会环境和市场的快速变化，企业人才素质的提高显得尤为重要。所以，培训是企业发展的新动力。

许多公司在招聘新人时都明确强调“要求有一定工作经验”。他们认为有经验者直接可以投入工作，而没有经验的人还要进行培训，既浪费时间又浪费精力。这就把无数应届毕业生拒之门外，事实上，这些年轻人虽然没有经验，但有学历和素质，经过培训后，这些后起之秀将成为公司的骨干。而那些所谓的有“工作经验”者，往往是由其他企业“跳槽”而来的，大多都是因为不满意原来企业的报酬和待遇等原因而来寻求新的机会，一旦对新工作产生不满，同样会匆匆离去。这就会使得某些岗位长期处于不稳定中，从而对企业利益造成直接损害。而这种“来也匆匆，去也匆匆”的行为又往往会影响到其他一些人员的稳定，从而进一步对企业造成间接损害。

据统计，世界500强企业的平均寿命为30年左右，美国的新企业80%在第二年就宣布倒闭。中国的企业转向市场经济的时间并不长，但已感到市场经济竞争的严酷性。目前，经营状况良好，并不意味着未来会更好，而且由于缺乏人才培训，使得经营状况原本可以更好的企业也表现平庸。

当今社会是个飞速发展的社会，各种知识日新月异。如果你的员工两年没有接受任何培训，他们的知识就已经落伍了。所以，无论是有没有工作经验的员工，都是需要培训的。管理者不能因为培训费时、费钱、费力，并且在短时间内看不到直接的效果，就不重视培训，这是一种目光短浅的行为。

总而言之，问题的症结还是在领导者和管理者的观念上。

著名企业管理学教授沃伦·本尼斯说：“员工培训是企业风险最小、收益最大的战略性投资。”这句话阐明了培训对于企业的重要意义。不过，很多领导者和管理者至今还没有意识到这一点，他们只是一味地要求人才提高工作效率，提高产品质量。殊不知，一个拥有陈旧知识技能人才的公司，它的产品质量怎么能够超过其原有的水平，它的生产效率又怎么能够得到提高呢?

松下幸之助就是一个很看重员工培训的企业家，他对公司的全体员工都要进行培训，任何一个新到公司的人不论是否有经验都要进行岗前培训，合格后才能上岗。

松下电器公司对培养人才的重视，使其每年支出的员工培训费和科研开发费约占其营业额的8%。人们说，在竞争激烈的国际市场中，松下电器公司赢就赢在其对人才的培养上。

爱森公司是一家促销代理商，该公司为其员工开设了一间“午间大学”，举办一系列内部研讨会，由外部专家亲临讲授，涉及的课题有直接营销和调研。此外，如果员工要考更高学位，而这些学位又与业务有关，并且员工也能考出好成绩，公司则会全额资助。

该公司的行政总监杰弗里说：“我们将公司收入的2%投入到各项培训教育中去。员工对此表示欢迎，因为这是另一种收入形式。”

员工培训是企业管理者的重要工作，日本的一些企业甚至明文规定，企业管理者有培养员工的责任，并将管理者是否有能力培养下级作为考察管理者是否称职的一个重要指标。

管理者应该把培训看做是对公司的未来的投资。在过去几年中，许多公司的管理者将培训与职工的再教育提高到公司战略目标的地位。这些公司的管理者认识到，有一个愿景目标固然是件好事，但如果没有具备实现公司规划的知识技能的人才，这个目标是永远不可能达到的。

3.培养接班人：持续发展的必要条件

聪明的领导者，除了会力求充实自己的能力和学识之外，更是会随时培植地位比自己低的人才，努力将其栽培成有用之人。栽培他人至少能给自己带来两个好处：一是能够让有才之人充分发挥自己的才能，帮助自己更好地完成任务；二是这位被你提携之人将来一定会成为你的支持者与帮助者。

曾国藩对李鸿章的栽培，固然是因为李鸿章本身是一个值得提拔的有才之士，但还有一个更重要的原因就是为自己培养一个接班人，继承自己的思想和事业。可以说，曾国藩的成功在很大程度上可以说是对接班人培养的成功。这一方面保证了后来人不会掘自己的“坟墓”；另一方面也使政策有了一定的连续性。

经商的道理也是一样，一个企业要想持续、稳定地发展，培养合适的接班人十分重要。作为企业老板，如果不重视培养接班人的话，企业的发展可能会如昙花一现。

在知识经济时代，人力资源已经超出其他一切资源，成为决定企业经营成败的关键因素。对于一个健康、持续发展的企业来说，关键是要建立一套完善的组织机构和体系；而建立完善的组织机构和体系，其中的一个核心要素就是要有完善的培养接班人制度。

可口可乐以前的古巴籍老板，是著名的管理专家。在位期间，可口可乐的价值极速升值，但是他没有培养接班人。当他突然去世时，可口可乐匆忙之间换了一个财务总监接任，结果在他任职的两年里，可口可乐到处出事。与此相反的是，百事可乐从20世纪90年代开始，CEO就用1／3的时间去培养人。当百事可乐想向韩国投资发展时，他会通过人力资源部在国际各部门中找出10个有潜力的人，专门作为培训对象派到韩国去做调查分析。这10位精英要告诉CEO：去韩国投资到底行不行。继而，副董事长会

亲自带队，告诉他们应该怎么去做，怎么分析，通过这样的方式使得公司总部的文化、理念、经营思维都传递给了这10位精英。几个月下来，10位精英在理论、文化、气质上都和总部达成了一致。在培训、塑造人才的同时，企业又把这个投资项目不折不扣地做了。这10位精英各自回到岗位后不久，就会到不同的地区做负责人。百事可乐每个季度都会做一次类似的培训。正是对培养继任者的不同态度，导致了“两乐”的不同发展结果。

由此可见，是否注意培养自己的接班人，对企业未来的发展极为重要。

原通用公司董事长兼CEO杰克·韦尔奇说过：“高效的领导者都意识到，对领导能力最后的考验就看能否获得持久的成功，而这需要不断地培养接班人才能完成。”韦尔奇并不只是说说而已，在通用做了20年的CEO后，他认为该是自己交接权力的时候了。于是，他选好了伊梅尔特作为自己的继承人，很平静地完成了职位交接仪式。很多人都认为，韦尔奇才65岁，正值自己职业生涯的巅峰状态，退休未免太可惜。但在韦尔奇看来，他作为一个CEO，为企业选择自己的接班人也是其职责所在，他必须为企业的未来进行投资。只有这样，通用才能走得更远、更久。对自己的退休，他说：“我并不是因为觉得自己老了或是累了才决定退休的，而是我认为我在这个位置上已经待了20年了，这个时间太久，公司应该来一个新人给它一个重新的开始。我的成功，要是确实有的话，要由我的继任者在未来的日子里来决定。”

在通用公司，有一套严格的选择接班人的制度。这种制度在实行上大体是先提前几年拟出一个候选人名单，这个名单是保密的，甚至连候选人自身往往都不知道自己已经被纳入了候选名单。接着，在以后的工作中，公司会密切注意候选人的一切动向，所有董事都会对候选人进行考察和打分。正是通过这种方式，韦尔奇最终选择了伊梅尔特作为自己的接班人，而这个选择过程早在1994年就开始了。由于通用坚持一种系统的选人方式，从而使公司内部人才云集。韦尔奇经常不无自豪地说：“这是一家由众多杰出人物管理的公司，而我的功劳，就是为公司物色到了这些杰出人士。”

纵观一百年来通用电气公司的历史，我们不难发现通用电气公司的历任总裁都与韦尔奇一样出色，更让世人惊叹的是，他们中的任何一位都是从公司内部成长起来的。而这也正是通用电气成为世界级企业的关键原因之一。

制定筛选接班人的4个标准：

* 要有对付急剧变化节奏的“精力”。

* 能“激发活力”，要有能力使机构兴奋起来，能激励鼓动人们去采取行动。

* 要有“锋芒”，要有自信去面对棘手的问题，要说“是”或“不是”，而不要说“也许”。

* 要实施，即永远都要兑现承诺，决不让人失望。

适合选作接班人的一般特征：

1.忠实执行领导的命令。一般来说，老板下达的命令，无论如何都得全力以赴，忠实执行。但这并不是说下属对领导违命是从，如果下属的意见与老板的意见有出入，可以先陈述己见。陈述后，仍然不被接受就要服从执行。一个能忠实执行领导命令的人说明他对领导是忠心的，权力当然要给忠心的人。

2.老板不在时能负起留守之责。有些下属在老板不在的时候，总是精神松懈，忘了自己应尽的责任。例如，下班铃一响就赶着回家，或是办公时间内借故外出，长时间不回。按理说，老板不在下属就该负起留守的责任。当老板回来后，报告他不在时发生的事以及处理的经过。如果有代老板行使职权的事，就应该记录下来，事后提出详尽的报告。

3.勇于承担责任。有些主管在自己负责的工作发生错误并造成损失时，总是举出一堆的理由。这种将责任推卸得一干二净的人，实在不能信任。主管负责的工作，可说是由上司赋予全责，不管原因何在，主管必须对错误负全责。如果上司问起错误的原因，他顶多说一声：“是我领导不力，督促不够。”一个主管必须有“功归部下，失败由我负全责”的胸怀

与度量才行。

实战指南

【实战案例】

案例一：

创业之初的微软公司，其职员大多是年轻人，他们抓业务、搞推销是一把好手，但在负责内务和管理方面，却显得非常拙劣。盖茨的第一任秘书是个年轻的女大学生，除了自己分内的工作，对任何事情都是一副不闻不问的冷漠劲。盖茨深感公司应该有一位热心爽快、事无巨细地把后勤工作都能揽下来的总管式女秘书。于是，他便让总经理伍德立即解雇现任秘书，并限时找到他要求的那种类型的秘书。

很快，伍德将几个年轻女性的应聘资料交到了盖茨手里，盖茨看后连连摇头：“难道就没有比她们更合适的人选了？”伍德听后，十分犹豫地又拿出另一份资料，并说道：“这位女性做过文秘、档案管理和会计员等不少后勤工作，和您的要求比较相符，只不过她年纪太大，又有家庭拖累，恐怕……”

不等伍德说完，盖茨已经看完了这份应聘资料，说：“只要她能胜任公司的各种杂务而不厌其烦就行。”就这样，盖茨的第二任女秘书——42岁的露宝上任了。

当露宝得知自己的上司只有21岁时，她便以一个成熟女性特有的缜密与周到，考虑起自己今后在这家刚刚起步的“娃娃公司”应尽的责任与义务。

事实证明，露宝在工作和生活上确实是一个好手。

一次，露宝看见盖茨躺倒在地板上，以为他晕了过去，便赶紧冲出去叫救护车。后来才知道盖茨睡得正香。自此以后，每当露宝早上到办公室看见盖茨睡在地板上时，她就像母亲呵护儿子一样，给他盖好衣服，然后悄悄掩上门。关心盖茨在办公室的起居饮食，也成了露宝日常工作的一项内容。这使盖茨感到了一种母性的关怀和温暖，减少了远离家庭而带来的种种不适感。而盖茨也像对母亲一样对待他的这位雇员。

露宝在工作上也表现得相当出色。盖茨是谈判的高手，但是由于他个子较小，在与客人会谈时，总会产生一些小误会。有的客户在见到盖茨时，总怀疑眼前的小个子不是微软公司的董事长，便伺机打电话到微软公司核实，露宝总是和蔼地回答：“请您留意，他是一个年纪看上去十六七岁，长一头金发，戴眼镜的男孩子。如果见到的是这样的形象，准没错。自古英雄出少年嘛。”露宝的话化解了对方的疑虑。

露宝把微软公司看成是一个大家庭，她对公司的每个员工，对公司里的每份工作都有很深的感情。很自然，她成了微软公司的后勤总管，负责发放工资、记账、接订单、采购、打印文件等。

案例二：

麦当劳，一个家喻户晓的名字，它的服务水平、服务质量是世界上每一个消费者都佩服得五体投地，这不仅体现了其高超的组织和管理水平，而且说明其所运行的是一套十分有效的人事制度。

麦当劳在很早就有一套专门用于后备人员的晋升制度。一般人才在麦当劳公司工作了6个月后都会成为麦当劳公司的正式雇员，一个刚参加工作的出色的年轻人，可以在18个月内当上麦当劳公司的经理，可以在24个月内成为监督管理员。而且，晋升对每个人是公平合理的，既不作特殊规定，也不设典型职业模式，自己主宰自己的命运。适应快、能力强的人能够迅速掌握各阶段的技术，从而更快地得到晋升。这个制度可以避免滥竽充数，因为每个级别都要经常性地培训，只有有关人员获得一定数量的必要知识，才能顺利通过此阶段考试。因此，那种公平的竞争、优越的机会吸引着大量有文凭的人才到此施展自己的才华，实现理想。

麦当劳员工的晋升过程一般是这样的：

首先，必须当4−6个月的实习助理，在此期间，以一个普通班组成员

的身份投入到公司的各个基层工作岗位，在这些一线工作岗位上，作助理的工作。并且应当学会保持清洁和最佳业务的方法，依靠自己最直接的实践来积累管理经验，为以后的管理作准备。

其次，4−6个月的实习助理期过了之后，就要在每天规定的一段时间内负责餐饮工作，同时还要承担一部分管理工作，如：订货，计划、排班、统计等来展示自己的管理才能。

再次，工作8−14个月以后可以成为一级助理，即经理的护卫队，与此同时肩负着更多的责任，并且在餐饮管理的各方面要独当一面，管理经验才能日臻完善。

最后，在经历过前面三个阶段并都合格通过之后，将会有一个欢乐的“度假期”——飞入芝加哥汉堡大学进修15天，此时可以与全球的管理经理畅所欲言、各抒己见、谈笑风生。因为那里是国际培训中心，是理论与实践相结合最完美的地方。

有可能很多人会讨厌麦当劳这种循环往复的机械学习，可是麦当劳总公司却并不这样认为，“不想当将军的士兵，不是好士兵”，这种最简单的学习，是提高服务水平、服务质量的基础，因为只有熟练才能生巧。

麦当劳的这种人事制度不仅有助于工作人员管理水平的提高，而且可以提高员工的自觉性、积极性、能动性、创造性和企业归属感，来增加企业产出的效益和组织凝聚力，并为企业的长期战略发展培养后备力量，从而使企业长期持续受益，吸引大量有才华的年轻人加盟。

这种人事制度不仅吸收了一般工作人员参与，而且为麦当劳高层管理人才提供了广阔的发展空间。

成功和有效的员工培训和培养计划，不仅提高了企业员工素质，丰富了员工的职业技能，而且满足了员工自我实现的需要，从而增加了企业凝聚力，是企业多样化人才战略的强有力武器。不论是多么优秀的员工，企业都负有进行培训和培养的任务。培训和培养不仅仅局限在新员工的岗前培训，重点应当是企业员工的岗位再培训。这不仅能提高员工完成本职工作的技能和知识，通过对员工其他技能的培训，也是对员工潜能的进一步开拓。同时，企业的独特文化和职业技能，也为企业的后备人才产生深深的影响。

【运用指南】

知人善任是企业管理的核心，是企业管理者的重要工作和共同责任，而不应仅仅是直属领导或人力资源管理部门承担的一项工作。

作为一名优秀的管理者，仅仅招募、挑选到合适的人才还是不够的，他还应善于利用部属的才能，将部属的能力发挥到最大化。其中最为重要的一点，就是做到知人善用，将合适的人放到合适的位置。千万不要像有些管理者那样，只是把下属员工当做企业机器上的某个零件，仅利用单一方面的工作能力。那样一来，恐怕下属的能力和所能创造的价值十分之一都没有发挥到位。

从一个组织的角度考虑，它需要的是各种类型的人才，而不是每个方面都很出色的人才。组织有一种职能，它可以通过合理的职位安排、有效的协调管理，使组织里的成员各司其职，从而充分发挥他们的长处，并将他们的缺点造成的影响减小到最低程度。一个精通业务的税务会计师，如果他不擅长与人交往，那么他要开办私人事务所一定会遇到很多麻烦。但对一个大企业而言，他却是可以招揽的优秀人才——只要管理者安排相应职位，可以让他在办公室里专心地处理财务会计业务，而不必为公关交际的事务伤神。在这里，这个人的业务能力是企业迫切需要的，而他不擅交际的缺点，却不会影响到企业的效益。

现实中的实际情况是：一个企业往往是有职位空缺了，然后才开始招聘人才，有的管理者认为当务之急是填补空缺，而不是安置人才。因此在选人时，他们更容易看中缺点最少、不容易犯错的人。而那些想避免这种毛病的管理者，则容易走进另一个误区：根据人才的情况来设置职位，这样必然会出现顺从和偏爱的情况。

那么应该怎样避免这两种情况，选拔出优秀的人才，并合理地任用他们呢?一位著名的管理学家提出了以下几条原则：

1.职位设置应合情合理。管理者在设定职位的时候，一定要注意是否符合情理，不能只适合天才，而让普通人无法胜任。如果连续几个人都无法胜任一个职位，而这些人在其他职位上都能够有良好的表现，那么管理者就应该考虑重新设计这个职位了。

2.每个职位既要有很高的要求，又要有很大的灵活度。管理者在设定职位的时候，不能将一个职位的工作内容设置得太过狭窄，只有具有挑战性的职位才能够让人充分发挥自己的优势和长处，才能够让员工对工作充满热情，并做出成就。而狭窄的工作范围，会让员工没有机会面临挑战，无法发挥自己的优势；一旦发生突如其来的变化，员工也很可能因此而无法适应新的要求。

3.在任用人才时，不能只看到职位的要求，而应该首先考虑这个人到底有哪些长处。

4.管理者必须懂得，想要利用一个人的长处，就必须同时容忍他的短处。真正考核一个人的能力，看的应该是他的工作成效，而不是他自身的缺点。管理者需要知道一个人的长处在哪里；哪种工作可以充分发挥这个人的优势；这个人要有更好的发展，还需要学习哪些知识、获得哪些锻炼；应该如何引导他去学习这些知识、获得这些锻炼……当然他也不是完全不考虑这个人的缺陷——如果一个人品行败坏，他可能会成为组织的蛀虫、破坏大局；至于其他的缺点，有位管理者曾经说过："你雇佣的是员工整个人，而不只是他的'手'。"一个人必然有长处也有短处，要利用一个人的长处，就必须容忍他的短处。

通过检验员工的工作成绩，找出他们的长处，从而选拔出最适合某项工作的人才。同时，如果确定一个人不适合他目前的工作，管理者也有责任将他调离。

第三章　尚志
——立志高远，才堪大用

曾、胡强调，做人要有志气，做军人，更要胸怀宽广，志存高远，淡泊名利。胡氏所谓“兵事以人才为根本，人才以志气为根本”，可以视为本篇的要旨。蔡锷在评语中，把曾、胡的意思讲得更为简明，提出军人“非大发志愿，以救国为目的，以死为归宿，不足渡同胞于苦海，置国家于坦途”。

曾胡治兵语录·尚志

【原文】

凡人才高下，视其志趣。卑者安流俗庸陋之规，而日趋污下；高者慕往哲隆盛之轨，而日即高明。贤否智愚，所由区矣。

无兵不足深忧，无饷不足痛哭。独举目斯世，求一攘利不先、赴义恐后、忠愤耿耿者，不可亟得。或仅得之，而又屈居卑下，往往抑郁不伸，以挫、以去、以死。而贪饕退缩者，果骧首而上腾，而富贵，而名誉，而老健不死，此其可浩叹者也！

今日百废莫举，千疮并溃，无可收拾，独赖此耿耿精忠之寸衷，与斯民相对于骨岳血渊之中，冀其塞绝横流之人欲，以挽回厌乱之天心，庶几万一有补。不然，但就时局而论之，则滔滔者吾不知其所底也。

胸怀广大，须从平淡二字用功。凡人我之际，须看得平，功名之际，须看得淡，庶几胸怀日阔。

做好人，做好官，做名将，俱要好师、好友、好榜样。

喜誉恶毁之心，即鄙夫患得患失之心也。于此关打不破，则一切的学问才智，实足以欺世盗名。

方今天下大乱，人怀苟且之心，出范围之外，无过而问焉者。吾辈当立准绳，自为守之，并约同志共守之，无使吾心之贼破吾心之墙。

君子有高世独立之志，而不与人以易窥；有藐万乘、却三军之气，而未尝轻于一发。

君子欲有所树立，必自不妄求于人知始。

古人患难犹虞之际，正是德业长进之时。其功在于胸怀坦夷，其效在于身体强健。圣贤之所以为圣贤，佛家之所以成佛，所争皆在大难磨折之日，将此心放得实，养得灵，有活泼泼之胸襟，有坦荡荡之意境，则身体虽有外感，必不至于内伤。

（曾语）

军中取材，专尚朴勇，尚须由有气概中讲求。特恐讲求不真，则浮气、客气夹杂其中，非真气耳。

人才由磨炼而成，总须志气胜，乃有长进。成败原难逆睹，不足以定人才。兵事以人才为根本，人才以志气为根本。兵可挫而气不可挫，气可偶挫而志不可挫。

方今天下之乱，不在强敌而在人心。不患愚民之难治，正在士大夫之好利忘义而莫之惩。

吾人任事，与正人同死，死亦附于正气之列，是为正命。附非其人，而得不死，亦为千古之玷，况又不能无死耶！处世无远虑，必有危机，一朝失足，则将以薰莸为同臭，而无解于正人之讥评。

（胡语）

右列各节，语多沉痛，悲人心之陷溺，而志节之不振也。今日时局之危殆，祸机之剧烈，殆十倍于咸、同之世。吾侪身膺军职，非大发志愿，以救国为目的，以死为归宿，不足渡同胞于苦海，置国家于坦途。须以耿耿精忠之寸衷，献之骨岳血渊之间，毫不返顾，始能有济。果能拿定主见，百折不磨，则千灾万难，不难迎刃而解。若吾辈军人，将校则以跻高位、享厚禄、安福尊荣为志，目兵则以希虚誉、得饷糈为志，曾、胡两公必痛哭于九泉矣。

（蔡按）

【译文释要】

人才的优劣，要根据其志趣来确定。劣等的人安于世俗庸陋之规，因而就会越来越卑劣；优等的人向往先贤隆盛的事迹，因而会越来越高明。人才的优劣智愚，由此就可以清楚地分辨出来了。

没有兵并不值得深忧，没有饷不值得痛哭。只是我举目四望，茫茫神州大地上，想找到一个见利不争、赴义恐后、赤胆忠心之人，却不可得。即使偶尔有幸得到一个，然而又屈居下层，往往郁郁不得志，最终或受挫折，或被迫离去，或忧闷而死。可是，贪婪退缩之辈，反而能昂首阔步，飞黄腾达，荣华富贵，名闻遐迩，并且老健不死，这才是真正值得悲叹的事情。

今天，我国百废待兴，千疮并溃，实在是无法收拾。唯有依赖这耿耿精忠之心，与广大人民相对于骨山血渊之中，期望能以此塞绝横流的人欲，挽回早已厌倦战乱的天心，或许还有万分之一的可能性，不可轻易放弃。否则，单就现在的形势而论，像这样乱纷纷的局面，我不知何时才是个尽头。

要想胸怀广大，必须在“平淡”二字上下大功夫。对于他人与自己的利害冲突，必须看得很平，对于功名之事，必须看得很淡。只有这样，胸怀才可能越来越宽广。

做好人，做好官，做名将，都要有好的老师、好的朋友、好的榜样。

喜欢被人称赞，厌恶被人批评的心理，也就是庸俗之人患得患失的心理。如果这一关通不过，则一切学问、才智，都只能是用来欺世盗名。

当今天下大乱，人人都怀有苟且之心，对与自己无关的事，没有人愿意过问。我们应当确立一个标准，身体力行，并且联合各位志同道合的人共同努力，不能让自己心中的敌人，攻破了自己心中的城墙。

君子有绝世而独立的志向，却不让世人轻易地看出来；有藐视帝王、退敌三军的气概，却从不轻率地显示一次。

君子如果想有所建树，就必须从不妄求人开始。

古人患难忧虑的时期，正是其德业长进的时期。其功表现在胸怀坦荡，其效果表现在身体健康。圣贤之所以成为圣贤，佛家之所以能成为佛，关键都是在遭受大难折磨之日，把此心放得实，养得灵。如果有活泼泼的胸怀，有坦荡荡的意境，那么身体即使有外感，也必定不会伤及内部。

(以上为曾国藩语)

军队中选拔人才，专门崇尚朴实勇敢，但也必须在气概的基础上讲求。只恐怕讲求不真，使得浮气、客气夹杂其中，而不是真正的气概。

人才是通过磨炼而成的，总是必须志气胜而后才能有所长进。成败本来是难以在事前料定的，因而不足以用来确定人才。战事以人才为根本，人才以志气为根本。军队可以受挫而气不可以受挫，气可以偶尔受挫但志气绝不可以受挫。

当今天下大乱的根源，不在于强敌，而在于人心。不怕愚民难以治理，只怕官僚士大夫好利忘义却无人加以惩处。

我们做事，如果与正直之人同死，那么即便是死也附于正气之列，这就是正命。如果投错了人，即使得以不死苟活，也留下了千古的污点，何况还不能幸免一死呢！处世没有远虑，就必定会有危机。一朝不慎失足，即使自己心有未甘，不愿同流合污，也会招来千夫所指、万人痛骂，永远无法摆脱正人的讥评。

(以上为胡林翼语)

以上各节，言辞大多沉痛，曾国藩胡林翼两位乃是悲叹人心不古，志节不振啊！今天，时局的险恶程度和灾祸的剧烈程度，大概是咸丰、同治时期的十倍。我们身为军人，若不痛下决心，立志以救国救民为目的，以战死疆场为光荣的归宿，就不足以解救处于水深火热之中的亿万同胞，就

无法使我们的国家转危为安。我们必须把这颗对国家对人民的赤胆忠心，义无反顾地奉献于骨山血渊之间，死而后已，才能于事有补。如果大家果真能够拿定主见，百折不挠，那么即便有千灾百难，也不难迎刃而解。假如我们这些做将官的，以居高官、拿厚禄、享受荣华富贵为追求的目标，士兵们则以获虚名、得饷钱为追求的目标，那么曾、胡两位先生必定要痛哭于九泉之下了。

（以上为蔡锷按语）

【曾胡治兵实例】

人的潜力是很大的，但每一个成功的人，都离不开积极进取的精神。曾国藩从自己一生的成败中悟出了这样一个道理：凡人才的高下，是由其志趣所决定的。志向、趣味低下的人，安于现状，囿于世俗的陋见，必然越来越低贱污劣；而志向和趣味高尚的人，向往先贤的辉煌事功，因此也就一天比一天高明。这就像远行一样：如果愧奋直前，有破釜沉舟之志，那么就会走得很远也不觉得累；如果糊里糊涂，没有追求，那么近处也是可以度日的，又何必远行百里之外呢？他认为人只要立志，那么圣贤豪杰的事业都是可以做到的。

一个以做庸人而自乐的人，注定永远只能是一个凡夫俗子。只有那些有着远大志向而又脚踏实地的人，才会有更大的成功几率。年轻时的曾国藩，大致可以用“自命不凡”4个字来概括。但也正是这种对自己非同凡俗的期许与定力，使得曾国藩表现出了强烈的进取精神。曾国藩在总结自己的经验的时候说过这样的一句话：古人说“服了金丹，就可以换骨成仙”，我认为一个人的志向就是他的金丹。确实，他一生的“事业”，与他的志向、抱负和进取精神有着直接的关系。

很多人对曾国藩知人识人的能力有很高的评价，就连石达开也说曾国藩虽不擅长打仗，但他在战略谋划和识拔人才方面却几乎没有什么漏洞。

曾国藩所推荐的人，有做到封疆大吏的，有做一般官员的，他们遍布全国，人数众多，但他们的表现，都能不辜负曾国藩的荐举。如他保举左宗棠说“才华可以独当一面”，说李鸿章 “才大心细，劲气内敛”。说沈葆桢“可以大用”。这些评价后来无不有所应验。

传说曾国藩精于相面之术，其实曾国藩观察人并不以貌取人。如罗泽南其貌不扬，眼睛还近视，骆秉章长得就像乡下的老先生，一副没有本事的样子，但曾国藩一见，都认为他们是奇才。曾国藩考察一个人，有一个诀窍，就是考察他的志向和趣味。他认为，考察人才之道，应该看他的志向与趣味。志向、趣味低下的人，安于现状，囿于世俗的陋规，因而越来越低贱污劣；志向和趣味高尚的人，向往先贤的辉煌功业，因此也就一天比一天高尚明达。人才的优劣智愚，由志向趣味就可以区别开来。

罗泽南穷困潦倒，10年之中，家里连续遭遇了多次不幸。有一次他参加考试，晚上步行回家的时候，家里人已经揭不开锅了，他的妻子也因为连续死了3个孩子，眼睛都哭瞎了。但罗泽南却更加刻苦，和他的学生们一起讲求学问，表现出了极强的意志力。曾国藩以此知道罗泽南的为人，对他十分敬重，认为是一个可以倚重的人。再如江忠源，他在北京参加科举考试的时候，有两位朋友去世，他一路护送着朋友的灵柩走了几千里，使两位朋友安葬在了家乡。他做秀水知县的时候，衙门里一贫如洗，所以曾国藩说他是一个侠士，是一个忠烈之士。

领导与管理现代应用

1.看其志向：志向决定人一生的顶峰位置

俗话说：“有志者，事竟成。”这里的志，是大志，是雄心壮志，是崇高的理想。胡林翼也说：“兵事以人才为根本，人才以志气为根本。”由此可见志向的重要性。

志向作为一种价值目标，它能够激发人们的意志和激情，产生一种强大的精神动力，激励人们以积极、主动、顽强的精神投身于生活、工作，只有有远大志向的人才能对人生抱有积极向上的进取精神和乐观态度，才能对工作抱有无限的热忱。立志、工作、成功，这是人类活动的三大环节，是事业发展的规律。

卡耐基认为，立志是踏入事业的大门的开始，勤于工作是登堂入室的旅程，这旅程的尽头就有成功在等待着你。因此，立志是事业成功的前提和关键。有多大的志向，就会有多大的成就。没有什么是想不到的，只有做不到。一个人有什么样的志向，很可能就能有什么样的事业。

对于用人者和管理者来说，要想正确地评判一个人未来的职业生涯，就应该了解他的志向是什么。

以国家民族的兴亡为己任的人

这种人必然心忧天下，不会仅满足于一方小天地。他们多精力充沛，在遇到挫折和磨难的时候，能够顽强地坚持下来，从而渡过难关。这样的人的时间观念大都很强，时间对于他们来说是宝贵的，不会轻易浪费时间。而且他们的应变能力比较突出，在面对任何一件比较棘手的问题时，都能够保持沉着冷静，认真地思考应对的策略，懂得如何进退，保全自己。所以国家的兴旺、民族的振兴等也往往和他们的命运紧密地连接在一起，这种人就是古人所认为的那种“天将降大任于斯人也”的大人物。

以个人出人头地为志向的人

这种人一定不会碌碌无为，而会加倍努力、奋进，做个成功的人。这种人多希望自己的表现与众不同，并且具有一定的影响力，能够吸引他人的目光。另外，由于想出人头地，所以他们往往有很强的取胜愿望，希望把他人远远地抛在后面，自己永远保持第一名的优势。而且，他们有较强的自主意识，希望走一条完全属于自己特色的事业之路。但是，虽然这样的人表面上可以得到大家的赞美和肯定，但是因表现欲望太显露，人际关系并不如他们自己认为的那么好，实际的情形是这种赞美和肯定并不是发自内心的。

相比之下，很多人如同井底之蛙，对自己的要求就只有井口那么大一点，只想着有吃有穿，有个工作就好。这样的人，如果能够成功也绝对是偶然。他们每天都觉得自己这样已经够了，很容易自我满足，渐渐地失去了动力和活力，就再也不想走出井底了。这样的人拥有的也就只是井口那一片天了。

2.拒绝庸俗：庸俗者与小人不可重用

君子有超脱世俗的独立志向，但却不会让人轻易地察觉。他有藐视万部战车屏退三路敌军的气概，但却不会轻易流露。

“庸俗者勿用”是历代兵家、思想家与政治家的一贯主张。曾国藩在用人中也十分注意这一点，他强调用人要用德才兼备者，对不服从领导，不听从指挥的人，即思想上、政治上不合格的人，坚决不用，因为只有一心为公的人才能有一分才就尽一分用。

“小人误国，小人误事”，古往今来，这样的例子不胜枚举，曾有不少商家因用错了人而遭到失败，他们或者被手下人出卖商业机密，或在紧要关头被背叛，或者被背后砍一刀，等等。

东汉光武帝刘秀识错庞萌便是其中的典型例子之一。庞萌在刘秀面前，表现得很恭敬、谨慎、谦虚、顺从，刘秀便认为庞萌是对己忠心耿耿的人。其实，庞萌是个很有野心的人，他明向刘秀表忠，暗里伺机而动，当军权一到手，便勾结敌人，将跟他一起奉命攻击敌军的盖延之部消灭了。自己最赏识的人背叛了自己，这对于刘秀是当头一棒，使他气得发疯，后来他虽将庞萌消灭了，但由于知错人而遭到的巨大损失是无法弥补的。刘秀之失，失在静中看人，他被庞萌的假表忠所迷惑了，竟认为他是“忠贞死节”的“社稷之臣”。而来自敌营的庞萌归附刘秀不久，尚未有

何贡献足以证明他的忠心，刘秀竟对他如此信任是毫无根据的。

领导者对于人才要有识别能力，但是想要知道一个人是否可堪大用并不是那么容易的。在识人的发展史上，常常能听到许许多多的人经常讲这么一句共同的话，即“人不易知，知人不易”。

那么，要如何辨别什么样的人才是能够重用的呢？曾国藩指出，衡量人才的高低，要看他们的志向和趣味。志向趣味卑下的人安于流俗庸陋的陈规，并日益肮脏下贱，志向趣味高尚的人仰慕圣贤兴盛时期的业绩，并日益崇高明智。贤明与否是智是愚，都由志向趣味这一点来区分。

那么，要如何看一个人的志向高低呢？三国时期的诸葛亮曾经提出过“问之以是非而观其志”的观点。意思就是说向对方提出大是大非的问题，来观察他的志向、志趣有何特点。人的许多行为都是观念的产物。古今中外具有深刻信仰的人，无论是政治家还是宗教徒，也无论是科学巨子还是军事间谍，都可以忍受奇耻大辱与不白之冤。从这个意义上说，要了解一个人是否值得你重用，首先就得了解他的立场、观念、角度、位置。凡是在大是大非问题上含混不清、模棱两可的人，决不可委以重任。因为这种人习惯于见风使舵，没有定性，最容易在关键场合、关键时刻损害国家、民族的最高利益。

“一鸣惊人的楚庄王”，可算是我国古代识人高人一筹的人。楚庄王是“春秋五霸”之一，在齐桓公、晋文公、宋襄王、秦穆公和楚庄王这五位霸主中，从实力、人力和功绩等方面综合比较，以楚庄王为最强。关于他的故事很多，最有名的大概就是“三年不鸣不飞”的故事。

楚庄王即位伊始，便受到内外的瞩目，因为他的祖父、父亲两代君主都很有作为。楚国上下希望他能继承父辈遗志，开疆拓土，使楚国更加强盛；而邻近的小国则是战战兢兢，危不自安，甚至连中原的大国秦、晋也都密切注意楚国的动向。

然而出人意料的是，楚庄王即位后，根本不理国政，每日里不是在宫中听音乐，饮美酒，与妃妾们寻欢作乐，便是率领卫士于深山大泽打猎，一副标准的荒淫无度的形象。当朝中大臣问及治国方案时，他总是不理不睬，任由老百姓自生自灭。楚国的大臣们自然不甘心楚国前两代君主奋斗的成果就此毁灭，纷纷入宫劝谏，楚庄王置之不理，依然我行我素。后来听得烦了，干脆在皇宫外立一道牌子，上写：敢入谏者死。严令之下，果真没人敢再劝谏了。

楚庄王日以继夜，荒淫不已，一连持续了三年。臣子中有许多人也暗自庆幸着君王是个好逸乐之人，他们也陪着他一同玩耍、十分愉快。不过，也有一些不愿随之沉沦的臣子。楚国的政治一下子陷入了混乱无序的状态，而忠臣贤良只有扼腕叹息的分儿了。

楚国的大夫伍举实在忍不住了，他入宫见楚庄王说："在楚国的一座高山上，停落一只大鸟，它羽毛五彩缤纷，异常华丽，可是三年来它既不鸣叫，也不飞走，臣实在不明白其中的原因。"楚庄王沉思片刻后说："此鸟非凡鸟，它三年不鸣，是在积蓄自己的力量；三年不飞，是等待看清方向。这只鸟不鸣则已，一鸣惊人；不飞则已，一飞冲天。"

但数月之后，楚庄王依然依旧，甚至比以前更加严重了。大夫苏从又来进谏。楚庄王大怒，抽出宝剑要杀苏从。苏从无所畏惧，坚持劝谏。楚庄王这才哈哈大笑说："以前我那样做是有原因的，但现在时机已到，我不会再沉沦下去了。"原来楚庄王就在等待忠臣，看谁会对他提出强烈的意见。现在，时候到了，他突然停止游乐，重新整顿起国中政事来。楚庄王首先就由人事上开刀，当初和他一起游乐的数百名臣子全部加以处分，并启用新人。另外则把国事委任于伍举、苏从二人。由此可见，楚庄王实际上是故意沉迷于玩乐，然后趁机安安稳稳看臣子的表现如何。等到他弄清楚了谁是可造之材、谁是不可靠的人，就当机立断调整人事，从而巩固了政权和国家的基石。楚庄王可谓一代英杰。

3.提问识人：通过提问来识别对方的工作态度

在企业中，我们常常见到这种现象：一个人能力很强，但是了无绩效；而另一个人能力平平却兢兢业业者，却干得很不错。同一种工作，用不同的工作态度必然会产生截然不同的结果。管理者必须把那些缺乏干劲、缺乏工作热情的懒汉排除在你的团队之外。所以，在招聘的时候，不妨通过下面两个问题来衡量应聘者对工作的热情程度和对将来工作的投入程度，因为这些答案将反映他是否愿意、是否有足够的热情为企业做贡献。

1. 你为什么觉得自己能够在这个职位上取得成就

分析：这是一个相当宽泛的问题，它给应聘者提供了一个机会，可以让应聘者表明自己的热情和挑战欲。对这个问题的回答将为主考官在判断应聘者是否对这个职位有足够的动力和自信心方面提供关键信息。

消极的回答：我不知道。我擅长做很多事情。如果我能得到并且接受这份工作，我相信自己可以把它做得相当好，因为我过去一直都很成功。

评论：表面上听起来这种回答还可以接受，但是它在几个方面还是有所欠缺。首先，这种语言很无力，无法反映他的进取心，而如果不能表现出足够的进取心，他就很难取得足够好的成绩。另外，将过去做过的所有事情同这个职位联系起来，这意味着应聘者对这一特定职位没有足够的成就欲望和真正的热情。

积极的回答：我个人认为，从我之前的经历来看，这会是我的职业生涯中最适合我的一份工作。我一直在研究这个领域并且关注贵公司，一直希望能有这样的面试机会。我拥有必备的技能，我非常适合这一职位，也确实能做好这份工作。

评论：这是一个很有说服力的回答，因为它可以告诉招聘者，这个应聘者拥有足够的技能和知识来完成这项工作。他所讲的经历表明了应聘者的技能，也验证了他最初的陈述。最后，应聘者表示了“做好这份工作”的愿望，这证明了他具备胜任这份工作的热情和进取心。

2. 出于工作晋升的考虑，你打算继续深造吗

分析：这看似简单的问题，可以用来衡量应聘者的雄心。

消极的回答：我不知道。我已获得了学士学位，已经受到了很好的教育。我觉得实际工作经验比在学校里学到的东西更有价值。

评论：尽管应聘者试图通过这种回答反映其积极的一面，而且这样回答从某种程度上也可以间接地讨好主考官(主考官就是“实际工作”的一部分)，但是，它根本没有反映出应聘者追求上进的意愿。

积极的回答：我曾经在学校里学到了很多知识。如果有合适的机会，我当然会考虑继续深造。但是，我会认真考虑这件事情，我觉得很多人回到学校继续学习是很盲目的。如果我发现自己所做的工作确实有价值，而且也需要获得更多的教育才能在这一领域做得更加出色的话，我会毫不犹豫地去继续学习。

评论：这种回答显示了应聘者的雄心、热情以及动力。同时也表明，应聘者具有与众不同的头脑，而且对重大职业决策非常认真。

实战指南

【实战案例】

美国有一家商业银行，银行下设有代理部，专门负责各大公司的股票债券的登记和交易业务。代理部保存着这些公司的股东名册，定期给他们发放红利，也做其他类似的事情。代理部工作虽然单调乏味，却已经是个赢利部门。所有人都觉得代理部的工作已经很出色了。

但是代理部的新经理上任后，提出这样的问题：“代理部到底可以做

什么贡献?”然后他发现：在工作中，代理部时常接触各大公司的高层财务主管，这些人往往掌握着所属公司的贷款、存款、投资等金融事务的决策权——而这些恰恰是商业银行经营的主要业务。就是说，除了自己的本职工作，代理部在为银行招揽客户方面，还有极大的潜力可以发挥。在新经理的领导下，原本只擅长搞登记的代理部，一下子变成了银行最成功的推销部门。

【运用指南】

作为一个组织的领导者与管理者，除了在选用人才的时候要观察对方的志向外，还要思考自身的志向，尤其是在整个企业组织中应该树立一个什么样的志向。一般来说，领导者和管理者的志向应该是考虑为组织做出什么样的贡献，而不是如何挥霍手上的权力。

现实工作中，我们常常发现，那些把为组织作贡献作为工作准则的管理人员，工作一段时间之后往往能脱颖而出。而且，不管他管理风格如何，都能获得组织上下人员的认可，就算他为人相当严厉，在组织里也能有很好的人缘。而一个只关心自己手中权力的领导者或者管理人员，往往连他的本职工作也很难做好，也很容易引起上司的猜疑和属下的不满，无法获得组织上下人员的真诚对待。

大多数人工作时，思维容易被自己的专业、技能和所属部门限制住。比如一个策划部的主管关心的通常只是策划部内部的事务，但是要做好一项策划，却要考虑到企业内部生产、销售等其他部门的状况，还要综合考虑市场趋势、客户需求各种外部情况。如果他不考虑企业总体状况，也不关心外部趋势，只知道埋头苦干，就很难做出成果。

而一个重视贡献的人，关注的却是整个组织的效益。他知道整个组织的目标，知道应该从哪些方面实现组织的效益。因此他会考虑自己的部门和机构目标之间的关系，合理地调整自己的工作。他会更关注外部的事务——因为任何一个组织，不管是企业、政府部门还是事业单位，他们最终的服务目标都在机构外面，是社会大众，所以要实现组织的效益，都必须要重视社会趋势、大众需求。

这两种人看待问题的视角不一样，重视贡献的领导者和管理者，能从组织的全局角度和外部角度来考虑问题。所谓登高望远、居高临下，立足点和着眼点不同，他们做出的决策和工作成效，自然也大不一样。

一个领导者或者管理者，如果能扪心自问，“我能做什么贡献？”那么他就可以开拓自己的视野，充分地发挥自己的优势，并且发现工作中其他的可能性，挖掘出未曾开发的潜力。

第四章　诚实
——治军先治心，诚实质朴方为优

本章所讲的诚实是每个人都应具备的修养和素质之一。曾国藩和胡林翼治兵提倡诚信朴实，反对虚伪圆滑。曾、胡认为，军人做到诚实质朴，这不只是个人修养问题，而且是一个直接影响到战争胜负的关键性问题。蔡锷评语说："吾国人心，断送于伪之一字。吾国人心之伪，足以断送国家及其种族而有余。"蔡锷乃针对当时情势而言，在今日仍足以发人深省。

曾胡治兵语录·诚实

【原文】

天地之所以不息，国之所以立，圣贤之德业所以可大可久，皆诚为之也。故曰：诚者，物之始终，不诚无物。

人必虚中不著一物，而后能真实无妄。盖实者不欺之谓也。人之所以欺人者，必心中不著一物，心中别有私心，不敢告人，而后造伪言以欺人。若心中了不著私物，又何必欺人哉！其所以欺人者，亦以心中别著私物也。所知在好德，所私在好色，不能去好色之私，则不能欺其好德之知矣。是故诚者不欺者也，不欺者心无私著也，无私著者至虚者也。是故天下之至诚，天下之至虚者也。

知己之过失，即自为承认之地，改去毫无吝惜之心，此最难之事。豪杰之所以为豪杰，圣贤之所以为圣贤，便是此等处磊落过人。能透过此关，寸心便异常安乐，省得多少纠葛，省得多少遮掩装饰丑态。

盗虚名者有不测之祸，负隐慝者有不测之祸，怀忮心者有不测之祸。

天下惟忘机可以消众机，惟懵懂可以祓不祥。

用兵久则骄惰自生，骄惰则未有不败者。勤字所以医惰，慎字所以医骄。二字之先，须有一诚字以立本。立意要将此事知得透辨得穿，精神所至，金石亦开，鬼神亦避，此在己之诚也。人之生也直，与武员之交接，犹贵乎直。文员之心多曲、多歪、多不坦白，往往与武员不相水乳。必尽去歪曲私衷，事事推心置腹，使武人粗人坦然不疑，此接物之诚也。以诚为之本，以勤字、慎字为之用，庶几免于大戾，免于大败。

楚军水陆师之好处，全在无官气而有血性。若官气增一分，血性减一分。

军营宜多用朴实少心窍之人，则风气易于纯正。今大难之起，无一兵足供一割之用，实以官气太重，心窍太多，漓朴散淳，真意荡然。湘军之兴，凡官气重、心窍多者，在所必斥。历岁稍久，亦未免沾染习气，应切戒之。

观人之道，以朴实廉介为质。有其质而傅以他长，斯为可贵。无其质而长处亦不足恃。甘受和白受，采古人所谓无本不立，义或在此。

将领之浮滑者，一遇危险之际，其神情之飞越，足以摇惑军心；其言语之圆滑，足以淆乱是非。故楚军历来不喜用善说之将。

今日所说之话，明日勿因小利害而变。

军事是极质之事，二十三史除班马而外，皆文人以意为之，不知甲仗为何物，战阵为何事，浮词伪语，随意编造，断不可信。

凡正话实话，多说几句，久之人自能共亮其心。即直话亦不妨多说，但不可以讦为直，尤不可背后攻人之短。驭将之道，最贵推诚，不贵权术。

吾辈总以诚心求之，虚心处之。心诚则志专而气足，千磨百折而不改其常度，终有顺理成章之一日；心虚则不客气，不挟私见，终可为人共谅。

楚军之所以耐久者，亦由于办事结实，敦朴之气未尽浇散。若奏报浮伪，不特畏遐迩之指摘，亦恐坏桑梓之风气。

自古驭外国，或称恩信，或称威信，总不出一信字。非必显违条约，轻弃前诺而后为失信也，即纤悉之事，嚬笑之间，亦须有真意载之以出。心中待他只有七分，外面不必假装十分。即已通和讲好，凡事公平照拂，不使远人吃亏，此恩信也。至于令人敬畏，全在自立自强，不在装模作样。临难有不屈挠之节，临财有不沾染之廉，此威信也。《周易》立家之道，尚以有孚之威归反诸身，况立威于外域，求孚于异族，而可不反诸己哉！斯二者似迂远而不切合事情，实则质直而消患于无形。

（曾语）

破天下之至巧者以拙，驭天下之至纷者以静。

众无大小，推诚相与。咨之以谋而观其识，告之以祸而观其勇，临之以利而观其廉，期之以事而观其信，知人任人，不外是矣。

近日人心，逆亿万端，亦难穷究其既往，惟诚之至，可救欺诈之穷。欺一事，不能欺诸事，欺一时，不能欺之后时。不可不防其欺，不可因欺而灰心所办之事，所谓贞固足以干事也。

吾辈不必世故太深，天下惟世故深误国事耳。一部《水浒》，教坏天下强有力而思不逞之民；一部《红楼》，教坏天下堂官、掌印司官、督抚、司道、首府及一切红人，专意揣摩迎合，吃醋捣鬼，当痛除此习，独行其志。阴阳怕懵懂，不必计及一切。

人贵专一，精诚所至，金石为开。

军旅之事，胜败无常，总贵确实而戒虚捏。确实则准备周妥，虚饰则有误调度，此治兵之最要关键也。粤逆倡乱以来，其得以肆志猖獗者，实由广西文武虚饰捏报，冒功幸赏，以至蔓延数省，流毒至今，莫能收拾。

事上之诚意感之，实心待之，乃真事上之道。若阿附随声，非敬也。

挟智术以用世，殊不知世间并无愚人。

以权术凌人，可驭不肖之将，而亦仅可取快于一时。本性忠良之人，则并不烦督责而自奋也。

（胡语）

吾国人心，断送于伪之一字。吾国人心之伪，足以断送国家及其种族而有余。上以伪驱下，下以伪事上，同辈以伪交，驯至习惯于伪，只知伪之利，不知伪之害矣。人性本善，何乐于伪？惟以非伪不足以自存，不得不趋于伪之一途。伪者人固莫耻其为伪，诚者群亦莫知其为诚，且转相疑骇。于是由伪生疑，由疑生嫉。嫉心既起，则种种恶德，从之俱生，举所谓伦常道德，皆可蹴去不顾。呜呼！伪之为害烈矣！军队之为用，全恃万众一心，同胞无间，不容有丝毫芥蒂，此尤在有一诚字为之贯串，为之维持。否则如一盘散沙，必将不戢自焚。社会以伪相尚，其祸伏而缓；军队以伪相尚，其祸彰而速且烈。吾辈既充军人，则将伪之一字，排斥之不遗余力，将此种性根拔除净尽，不使稍留萌蘖，乃可以言治兵，乃可以为将，乃可以当兵。惟诚可以破天下之伪，惟实可以破天下之虚。李广疑石为虎，射之没羽，荆轲赴秦，长虹贯日，精诚之所致也。

（蔡按）

【译文释要】

天地之所以能够经久不息，国家之所以能够建立并生存下去，圣贤的德业之所以能够长期大行于天下，都是因为“诚”。所以说：诚，关系到万事万物的生死存亡，不诚，就没有万事万物。

人必须虚怀若谷，心底坦荡，毫无私心杂念，然后才能真实无妄。大概“实”，就是指不欺骗。人之所以要欺骗人，必定是因为心里还装着别的东西，心中另有私心，不敢告诉别人，于是只得编假话骗人。如果心中丝毫没有杂念，又何必要欺骗人呢?他们之所以要欺骗人，也是因为心中还装着私心杂念。良知在于好德，而私心在于好色，如果不能摒弃好色的私心，就不能不欺骗好德的良知。所以说，诚，就是不欺骗；不欺骗，就是心中无杂念；无杂念，就是至虚(即虚怀若谷，心底无私)。因此，天下的至诚，就是天下的至虚。

知道自己的过失，就加以承认，并尽力去改正，毫无吝惜之心，这是最难做到的事情。豪杰之所以是豪杰，圣贤之所以是圣贤，就是因为他们在这方面能够光明磊落，常人望尘莫及。如果能闯过这一关，心里便异常安乐，由此省去了多少纠葛，避免了多少遮掩装饰的丑态。

窃取虚名的人，会有不测之祸；包藏祸心的人，会有不测之祸；过分嫉妒的人，会有不测之祸。

天下唯有忘机可以消除众机，唯有懵懂可以祛除不祥。

用兵久则必生骄惰之心，产生了骄惰之心则没有不失败的。“勤”字

可以医治怠惰，“慎”字可以医治骄傲自满。但是，在这两个字的前面，还必须有一个“诚”字作为根本。一定要立志将此事了解透彻，处理完美，精诚所至，金石为开，鬼神回避，其关键就在于自己的诚意。人天生是直爽的，与军人交往时，直爽就显得更为珍贵。文人的心多曲、多歪、多不坦诚，往往与军人水乳不相交融。文人必须完全去除歪曲私衷，事事推心置腹，使武夫粗人坦然无疑，这是与人交际中的诚实。以“诚”为本，以“勤”、“慎”为用，大约就可以避免获大罪、遭大败了。

楚军（湘军的分支，左宗棠所率领的部队）的水陆之师的优点，完全在于没有官气而有血性。如果官气增加一分，则血性必定减少一分。

军官中应当尽量多用朴实无华、不工于心计的人，这样一来风气就容易纯正。现在，国家有大难，却无一兵一卒可供调遣使用，这实在是因为军队中官气太重，心计太多，纯朴无存，诚意荡然。湘军组建后，凡是官气重、心计多的人，一律予以斥退。但是，随着时间的推移，湘军之中难免也会逐渐沾染一些坏习气，对此问题务必要严加防范。

观人之道，应以朴实、廉直为本体。有了这样的本体之后再具备其他的长处，才算是可贵的。如果没有这样的本体，那么其他的长处也就不值得看重。甘受和白受，采自古人所谓的无本不立，其含义或许就在于此。

轻浮圆滑的将领，一旦遇到危险，就会心神不宁，神色慌张，这足以动摇军心；而他们圆滑、模棱两可的言辞，也足可以混淆是非。所以，楚军向来不喜欢使用能言善辩的将领。

我们今天所说的话，明日不要因为小的利害冲突而变卦。

军事是极为实在的事情。在《二十三史》中，除了司马迁、班固的著作之外，其余的皆是文人凭其主观臆造出来的。他们既不知兵器铠甲为何物，也不知攻守战阵是什么样子，只会以自己的“生花妙笔”随意编造，因而根本不值得相信。

凡是正话实话，尽可以多说几句，时间长了大家自然能够理解你的心意。就是直话，也不妨多说几句，但是千万不可以攻讦别人的隐私为直，尤其是不可以在背后诋毁别人的短处。驭将之道，最重要的是推诚布公，而不是玩弄权术。

我们应常以诚心待人，虚心处世。心诚则志专底气足，经历千磨百折也不改变初衷，最终必定会有顺理成章的那一天；心虚则不矫揉造作，不挟私见，最终必定可以为众人所理解。

楚军之所以能够耐久，是因为办事踏实，敦朴之气还没有完全泯灭。如果向朝廷报告的情况浮华不实，不但畏惧远近人士的指责，也怕会败坏了家乡的社会风气。

自古以来，中国驾驭、控制外国外族，或者是用恩信，或者是用威信，总是离不开一个“信”字。并不一定是明显地违背条约，不守诺言，才算是失信；而是即使是很细小的事情，在谈笑之间，也必须真心实意地说出或办理。心中对他只有七分，外表上就不必装成十分。在双方讲和、友好之后，凡事应当公平合理，体恤对方，不让远方的人吃亏，这就是恩信。至于令人敬畏，完全在于自强自立，而不在于装模作样。面临危险时有不屈不挠的气节，面对财宝时有不贪不占的廉洁，这就是威信。《周易》中所谈的立家之道，尚且以有孚之威反过来要求自己，何况是要在外国面前立威，让外族之人相信我们，难道就可以不反求之于己身吗?这两种做法，看似迂远而不着边际，实际上十分质直，可以消除灾患于无形之中。

(以上为曾国藩语)

战胜天下最巧者的方法就是用“拙”，应付天下最纷乱之事的方法是“镇静”。

部属无论贫富贵贱，我们都应当以诚相待。向他们询问谋略，来观察其见识的高低；让他们去办一件危险的事情，来观察其勇气；让他们面对可观的财富，来观察其廉洁程度；交代给他们一件限期完成的事情，来观察其信用如何。知人用人，不外如此。

近年来人心不古，大逆不道的邪恶念头千奇百怪，无穷无尽。仔细推

究其本末，唯有至诚，可以救治无穷的欺诈。在一件事上能骗人但不可能在每件事上都骗人，骗人的事情只能欺骗人一时，不可能永远哄住人。我们不能不防范其欺诈，但却不可因其欺诈而对所办的事情心灰意冷。这就是所谓的只有坚韧不拔才能办成大事。

我们不必太过世故，天下的事中唯有世故是深误国事的。一部《水浒传》，教坏了天下强有力而又不安分守己的百姓；一部《红楼梦》，教坏了天下堂官、掌印司官、总督、巡抚、司道、首府及一切红人，让他们专意揣摩迎合，吃醋捣鬼。我们应当痛改此种恶习，独行其志，阴阳怕懵懂，不必顾及一切。

人贵专一，精诚所至，金石为开。

战场上的事情，胜败无常，但是无论什么时候，真实都是十分珍贵的，胡乱捏造事实是要绝对禁止的。事实确凿就可以周密部署，谎报军情则会造成调度失误，这是治军中最为关键的事情。洪秀全、杨秀清等人发动金田起义以后，之所以能够迅猛发展，横行无忌，实际上是由于广西的文武官员文过饰非，谎报军情，冒功请赏，结果导致了太平军蔓延数省，流毒至今，仍然无人能够收拾。

事奉上司时以诚意感之，实心待之，这才是真正的事奉上司之道。如果只会随声附和，阿谀奉承，这不是对上司的恭敬。

想凭借智术在天下有所作为的人，根本没想到世界上并没有愚人。

以权术欺凌人，可以驾驭不肖的将领，而且也仅可以得逞于一时，不可能长时间奏效。本性忠良的人，不必别人督责也会自我鞭策，发奋努力。

(以上为胡林翼语)

我国的人心，实际上是断送在了一个“伪”字上。我国人心的虚伪，足以断送整个国家及中华民族，且绰绰有余。统治者以虚伪驱使部属，部属以虚伪事奉上司，同辈之间以虚伪相互交往，渐渐地大家都习惯于虚伪，只知虚伪的好处，而不知虚伪的害处了。人的天性是善良的，怎么会喜欢虚伪呢?原因就是，如果不虚伪便无法让自身得以保存，因而不得不走上虚伪的道路。虚伪的人，人们固然不会以他们虚伪的行为为耻；诚实的人，众人也不知道他是诚实的，反而会十分惊疑，视之为怪物。于是由伪生疑，由疑生嫉。一旦产生了嫉妒心，那么无数的恶行就会随之而生，所谓的伦理道德都可以置之一旁，不予理睬。唉!虚伪的危害实在是太严重啦!军队能够发挥作用，全仗万众一心，同舟共济，不容有丝毫芥蒂，在这种情况下尤其需要用一个“诚”字来团结民众，维系人心。否则的话，犹如一盘散沙，必将不战而自溃。社会上崇尚虚伪，其危害隐秘而且缓慢；军队中崇尚虚伪，其危害明显、迅速，而且严重。我们既然做了军人，就应当不遗余力地排斥“伪”字，并将这种劣根性彻底铲除，不留一点儿残余，然后才可以谈治军，才可以为将，才可以当兵。只有诚可以战胜天下的伪，只有实可以击败天下的虚。飞将军李广误以巨石为虎，结果射之没羽；荆轲准备刺秦王，长虹穿过了太阳，这些都是精诚所导致的。

（以上为蔡锷按语）

【曾胡治兵实例】

曾国藩指出，军队中选用将才，也要特别注重那种朴实勇敢的人。曾国藩把人心的诚伪看做是一个人的基本品格，认为只有诚实的人才能有信誉可言，可堪大任。这里所谓的“诚”，就是指真实无妄，实实在在而没有虚假，没有装饰，故而也可以叫做是诚心。孟子认为，人天生存诚，但这种诚是必须经过提高自身修养才能够达到的。在曾国藩看来，诚为立身之本，亦是治心之本。但是在实际的生活中，人们往往则出于各种动机和诱惑而不诚。曾国藩就特别讨厌那些狡诈不诚的人。

曾国藩在两江做总督时，其官署院中有一个很高的亭子，站在亭中凭栏远望，可以将官署内外的情景尽收眼底。一天，曾国藩在亭子中小憩，看见有一个顶-戴花翎的人，向仆从苦苦请求着。但见仆人摆手拒绝他，

举止显得非常傲慢，那个人只得无奈地离去了。第二天登亭，曾国藩又看见了那个人，情景和昨天一样。等到第三天，曾国藩在亭中看见那个人摸索出一包裹着的东西，弯着腰献给了那个仆从，仆从马上就变了脸色，曾国藩看到这里，心中很是疑虑。过了一段时间，有仆从进来向曾国藩通报说，有新补的某位监司前来求见。曾国藩立即就让请进来，一见之下，方知原来就是连日来在亭子上所看到的那个向仆从苦苦哀求的人。曾国藩问他何日到的这里，对方答说已来了三日。曾国藩又问他为什么不来进见时，那人支支吾吾不能对答。曾国藩对他说道："兄新近就任，难道不缺什么办事的人吗？"那人回答说："衙署中虽已人满为患，但若您要是有推荐的人，也不敢不从命的。"曾国藩道："那好。我有一仆从，因其实在是太过狡诈，不可委以重任，今将其派往你处，不要派以重要的差事，只让他得一口饭吃足矣。"那人点头称是。于是曾国藩召那位仆从进来，严肃地对他说："我这里已经用不到你了，现特推荐你到这位监司大人处，希望你能好好服侍新的主人，万不可怠慢。"仆从一听，虽心中不愿但也不得已，拜别以示谢意。等到退出后，心中感到大为气愤，遂携带行李去了别的地方。

还有一次，曾国藩做侍郎的时候，曾有两个门生，同时取得了直隶知县的职位，在临行前同时去拜谒曾国藩。在清朝，朝考选拔贡生，取得知县的官位，以到一省的先后作为补缺的顺序，一旦授予职位后就要前去拜见吏部的负责管理签发授职凭证的官员。等到取得了授职凭证，没有不立即前往赴任的。因而，在得知两人的任职情况时，曾国藩便问他们赴任的行期，其中一个名为杨毓 的就回答说："我已经雇好了车，马上就要动身了。"而另一位则说："还在准备行装。"曾国藩因此怀疑杨毓柟乃是奸诈取巧的官吏，但不久却又听说先去赴任的乃是另外的那位，因而他感叹地说："人真是难以看透啊！杨毓 的回答，正是他拙诚的体现。"后来，曾国藩曾多次写信给直隶大吏，赞扬杨毓柟的贤良。过了一段时间，杨毓 又到曾国藩那里，曾国藩便问他上司待他如何，杨毓 答说："上司待属吏皆很好，待毓 也好。"曾国藩大笑说道："你真是诚实啊。

好，好！”杨毓　后来做官至大名知府，而另外的那一位却因事被参劾，官位不保。

当然，曾国藩在以“诚”来要求部下的同时，也以此要求自己做到“诚”。这对于一个领导者和管理者来说是必备的修养和素质。

领导与管理现代应用

1.忠诚可靠：要注意所用之人的忠诚

中国古代有一句格言：“得人者昌，失人者亡”。古往今来，尽管人们对人才定义纷纭，对人才的使用目的不同，但历史的惊人相同点在于：大凡有志于建功立业的杰出人物，无不爱才、惜才，悉心讲求选才、用才、育才之道。爱才是成功管理者的一大基本素质。

曾国藩在治军论用人之时说：“军官中应当尽量多用朴实无华、不工于心计的人，这样一来风气就容易纯正。”事实上，没有领导者会喜欢自己的下属当面一套背后一套、阳奉阴违、两面三刀。有些领导者把对自己是否忠诚，当成是部下“德”的体现。他们认为忠诚老实是部下的第一品德，一切坏事，都是从不忠诚老实开始的。这也正是曾国藩所提出的用人观点。

一个人无论学识多博、技术多精、学历多高，如果总是三心二意、频频跳槽，甚至吃里爬外，那他绝对是企业成长的大敌。为实现基业常青，管理者必须精心挑选出那些对企业忠诚、时时为企业着想、处处维护企业利益的员工。

员工跳槽和他的忠诚度有很大关系。员工跳槽，特别是核心员工的跳槽对企业来说是很大的损失。要建设节约型企业，防止员工跳槽不可忽

视。

有些聪明的老板不喜欢雇佣那些跳槽成性的员工。总部设在宁波世贸大厦的一家大型外企老总曾感叹道："跳槽与人的个性有关，习惯性跳槽的员工我们不敢要。"其言语中无不透露出对缺乏稳定性和忠诚度员工的反感和恐惧。可以肯定地说，习惯性跳槽是员工缺乏忠诚度的一种表现，如果他对你忠心耿耿，能说走就走吗？

历史上，有许多才华盖世的贤才，都是以忠诚为内在素质的，如伊尹、周公、姜尚、萧何、诸葛亮、岳飞等。而治国无能，表面奴性十足，似乎忠诚可靠的人，如齐桓公手下的易牙、竖刁、开方，秦二世身边的赵高，宋高宗时的秦桧，乾隆后期的和珅等，却都是祸国殃民奸险之徒。所以，作为用人者，在选择员工之时要注意所用之人的忠诚度，对其进行忠诚度测试。

大多数企业管理者在用人之时都会犯一个经常性的错误，就是以技能为导向而忽视了员工的忠诚度。其实，领导者和管理者在决定是否重用一个员工的时候，除了对其专业技能要进行考核测试外，还应该对其品行进行考核测试。"磨刀不误砍柴工"，选对了人会给企业节省很多管理成本，反之，则会给企业带来不好的影响。

对所用之人的忠诚度进行测试，不妨试试以下几个方法：

关键事例评价。针对员工忠诚度问题出现过的一些例子(可以是自己企业的，也可以是其他企业发生过的)，让员工发表个人看法。言为心声，你可以从其只言片语中发现其心理轨迹。

心理测量。是由心理学从业者根据人的个体差异原理研制出来的专业测量工具，可对人的职业能力、职业倾向、人格品质和个性特征等指标进行客观评价，并有较好的诊断性和预见性。这个方法的不足之处是较为费时且花费较高，不太适合劳动密集型企业的普通招聘，但是用于选拔高管和关键岗位人才时可以避免给企业带来震荡性的风险，性价比较高。目前国内一些人才测评专业网站也开始出现，给企业人才测评带来了较多的选择。

背景调查。这是对员工忠诚度考核或了解的必不可少且相当有效的一个工具。管理者通常情况下看到所用之人的信息多是其自身提供的，并不一定是真实的，肯定有很多信息无法在材料中反映出来，而通过背景调查则能达到这个目的。现阶段，我们国家现在的背景调查还远远没有达到国外的发展水平。在美国，83%的雇主经常就高管人员和行政人员、专业人士进行背景调查，30%的企业对一般的员工也要进行背景调查，58%的企业与候选人以前的雇主进行沟通。48%的企业会核实应聘人的教育背景，41%的企业经核实能够查明员工离职的原因，其中40%的原因是因为工作习惯，30%的原因是因为个人的特质。

检验他到这里工作的原因。要想保证员工的持久忠诚度，管理者一定要弄清楚他在这里是为什么而工作，是出于兴趣，还是养家糊口，还是另有所图？一般来说，一个出于兴趣而工作的人很容易做到对自己从事的工作保持长久的忠诚度。当工作不能成为一种享受而成为一种循环往复的单调，确实会令人感到乏味，背叛也就不在话下了。只有真正热爱工作的人，才会对工作保持忠诚。

2.人才取舍：能力与忠诚的取舍

一个成功的企业，往往都是要有几个精英的。面对一个个资本家的神话，领导者们更是不遗余力地招来最好的工程师、会计师、销售经理。可往往是好景不长，他们不是纷纷跳槽，就是各自为业，独树旗帜。

一个成功的企业，往往也是要有几个忠实者的，可太多的实践证明，忠实的人可以帮助创业者守住钱袋，却没办法帮其将钱袋迅速装满。从公司经营的角度来看，只有忠诚是不够的，只有能胜任工作的人，才能为公司带来利润，才能使公司得以发展。关键的问题是如何把各种类型的人都很好地组合在一起，并使之发挥最大效力，这也是当老板的一项重要工作。

人们最为推崇的是德才兼备的人，古代甚至称之为“圣人”。但是我们并不能拥有德才双全之人，或者说这样的下属实在难以找到。很多时候，领导者在用人时只能退而求其次，只求得到有价值的下属即可。一个有价值的下属，并非那种毫无缺点的人，而是指那些能在某一方面非常突出的人才。这种人能够胜任其职，成绩显著。

除圣人外，德与才的组合还会出现这样几种类型：德胜于才者，可以称为善人；才胜于德者，只能称为能人；德才如果都不足者，只能称之为庸人。所以，现代用人不必德才都贤，只要能取一则可。

领导者的用人之道，最佳的选择当然是找那些既忠实又富有能力的人。事实上，这种人少之甚少，难以寻觅。

最可行而又最符合实际的办法就是，按照人员的不同使用目的而有所侧重地加以取舍。某些岗位必须依赖于员工的创造力，能力则当居首位；某些岗位则必须要求忠诚，能力则可退居次位。例如：必须要求忠诚的岗位是会计、出纳、财产保管员、保安人员，必须看重能力的岗位是营销人员、采购人员、公关企划人员、产品开发人员。

用人原则上，我们强调在忠诚与能力二者中择其一，同时也并不彼此排斥。一个很鲜明的例子：出纳人员要经手企业的大部分资金往来项目，不忠实于老板就会出大问题，忠诚当为首选条件。而同时必要的专业能力也是不可缺少的。

对有才能的下属来说，不必一切方面都是出类拔萃的，重要的是在某一方面要有突出的工作观念和方法，而且在某一方面有几个才华横溢的下属，也能振奋整个公司的精神，推动企业的发展。假如再有技巧地给这样的下属灌输做人道理，相信他们会更加全面发展。

对于受过教育而有专长的下属，首先要求他必须忠诚正直，然后才要求他聪明能干。如果是一个奸诈而又有才干的人，这种人就不可接近。

对于没有私欲的下属，可以任用其管理财务，或者管理一些政务，这样能在组织内部培养公正不阿的风气。

对德才兼备实绩卓著的下属给以提拔，对德才低劣又无实绩的下属给

以免职，对德才适中政绩不突出的让其原职不动。这样不失为一种激励措施。

不过，问题常常存在于缺乏客观的衡量标准来判断人员的忠诚与能力。忠诚与能力本身都是抽象的概念，管理者常常凭借个人的直觉加以判断，其结果往往与实际相差甚远。

较为理想的办法是：用相应的条件约束员工，使之形式上是有能力或是忠诚的。换言之，在这种约束条件下，员工在任何人看来都会是忠诚的或有能力的。

对于能力与忠诚的取舍，是每一个人力经理在招聘员工时必须考虑清楚的问题，不要妄想你既能求得能力又能求得忠诚，你必须在二者中做出选择。

3.以德服人：做个诚实的带头人

胡林翼在谈到治理军队的时候说："挟智术以用世，殊不知世间并无愚人。"意思就是说，想凭借智术在天下有所作为的人，根本没想到世界上并没有愚人。言外之意就是做人不能投机取巧，而应该以诚相待。这种观点也适用于企业领导和管理上。

诚实，是对领导者的最基本的要求。德国诗人海涅说得好："生命不可能从谎言中开出灿烂的鲜花。"每一个领导者都应把诚实作为自己生命的瑰宝，在人际交往中表里如一、坦诚相见。

古人云："人而无信，不知其可。"但某些领导者确实不守信用，往往对自己的许诺出尔反尔，甚至用许诺取悦于人，事后却不认真兑现，结果失信于下属。一个说话不算数的人，难以赢得人心。作为一种提高自身形象和赢得别人信任的艺术，诚实守信在管人的过程中具有重要位置。

古今中外的杰出管理者，无不强调信誉第一，把"信"作为立身之本，只要答应过的事情，就要"言必信，行必果"，所谓"季布一诺"、

"君子一言，驷马难追"。赢得信任，对施展各种管人方法具有奠基的作用。

前苏联民间有一句格言："失信一次，终身无友。"领导者应多想想言而无信的危害，把"一诺千金"作为自己的座右铭。同时，诚实守信对于管理下属也能起到一个很好的带头作用，能够令下属信服，有利于树立领导者的权威形象。

对于领导者和管理者来说，想让手下的员工信服，就必须能身先士卒，率先垂范，唤起下属的崇敬感。

孔子曰："其身正，不令而行；其身不正，虽令不从。"有些地方或单位之所以出现"有令不行，有禁不止"的现象，一个重要的原因，就在于某些管理者，特别是高级管理者自身不正，不能以身作则。"己身不正焉能正人？"要"身正"，必须严于律己，加强自身的思想道德修养。所以说，想让下属对你保持忠诚，管理者自身必须具备同样的素质，大多数员工都喜欢同将感情和身心都奉献给工作的人共事。除了关心自身，企业领导应忠于某样东西，比如一项事业、一件产品、一个组织、一个工作团队或一个想法。领导者应该具有值得员工信任的知识和判断力。另外，领导还要有较高的伦理道德标准，并且勇于承认自己的错误。

作为企业的领导者，不能自律，就无法以德服人、以力御人，如果无法取得员工的信赖和认可，将必败无疑。优秀的领导必须懂得，要求下属员工做到的事，自己必须首先做到。只有管理者保证自身的忠诚，才能够换取部属的忠诚。忠诚是相互的。如果管理者期望下属对自己忠诚，那么管理者就必须对下属忠诚，做一个诚实的带头人。

4.恪守承诺：承诺的事情一定要做到

守信，是一个人立身处世的基本要求，是做人的原则，也是领导者和管理者处理好人际关系、树立威信的方针。古今中外的杰出领导者，无不强调信誉第一，只要承诺过的事情，就一定要做到。

说话未能做到，许诺未能兑现，纵然你把理由说得头头是道，极为充分，人们也不会相信的，即使口头上理解你，内心深处也会无疑添进了一丝不信任的念头。若第二次第三次仍然如此，就再也不会谅解你、相信你了，你便失去了信誉。

曾国藩在讨论驭将之道时说：“驭将之道，最重要的是推诚布公，而不是玩弄权术。”

做生意的第一要诀就是要诚实，只有真诚待人，才能做成大生意。弄虚作假，只能是一锤子买卖，终究要弄巧成拙、惨遭失败的。在当今，作为一个企业家，更应以诚信为本，那种开空头支票、轻易许愿的人，最终只能失去信誉。同样，作为管理者也应当以诚取信，从而赢得人心。

说到就要做到，是管理者自身最宝贵的无形资产，也是管理者的立身之本。李嘉诚在总结自己的成功经验时说：“人的一生最重要的是守信，说到就要做到。我现在就算有多十倍的资金，也不足以应付那么多的生意，而且很多是别人找我的，这些都是为人守信、说到就要做到的结果。”

受欢迎的管理者，常有许多共同的待人处世的优点，其中显著的一点是他们在任何时候都诚实守信、遵规守约。他们常常遵循这样的原则：要么轻易不与下属相约，要么就要信守诺言，竭尽全力去办。

有不少的管理者喜欢许诺，可又不珍惜这一诺千金的价值，由于过分相信自己的实力，所以许多事情不假思索就会轻易地答应给下属：“……我可以帮你这样做。”而后却往往又办不到。如此，很容易在下属的心目中留下一个“不守信用”的烙印。这实在是一名管理者所应避免的。

因此，作为一名领导者和管理者，想要得到下属的信任和拥护，就必须做到信守承诺，说到做到。在感到自己可能做不到时，最好不要轻率地许诺。假如已经许诺了，就应该认真地对待，努力去实现它。对于不能实现的诺言，最好当时就说明白，即使会令下属失望也比骗取了雇员的积极性后却无法兑现好得多。

某高校有一位系主任，总是喜欢大包大揽。一次，他向本系的青年教师许诺说，要让他们中的大多数都评上中级职称。但当他向学校申报时，学校不能给那么多名额。虽然他据理力争，做了很多努力，还是没有解决问题。但他又不愿把真实情况告诉系里的教师，只对他们说："放心，放心，我既然答应了，一定要做到。"最后，职称评定结果公布了，众人大失所望，把他骂得一钱不值，而校领导也批评他是"本位主义"。从此，这位系主任既在系里的信誉扫地，也在校领导面前失去了好感。

诺言是否能够兑现，不仅仅取决于主观的努力，还有一个客观条件的影响。即使有些事情在正常的情况是可以办到的，但是因为客观条件起了变化，一时办不到，也是常有的事。因此，我们在工作中，不要轻率地许诺，在许诺时也不要斩钉截铁地保证，应留有余地。

管理者的命令不是圣旨，但管理者的承诺却有着沉甸甸的分量，对于不能实现的诺言，最好今天就让下属失望，不要等到骗取了下属们的积极性后的明天再让他们失望。人们推崇的是许下诺言并勇于承兑诺言的作风。一名成功的管理者，就应该是一位从不随便乱开空头支票，言出则必行的君子。只要能够说到做到，哪怕管理者的能力差一些，下属们也会信任他，主动维护他的形象。

日本经营之神松下幸之助说过："想要使下属相信自己，并非一朝一夕所能做到的。你必须经过一段漫长的时间，兑现所承诺的每一件事，诚心诚意地做事，让人无可挑剔，才能慢慢地培养出信用。"

失信于人，即使只是对自己的下属失信，对领导者和管理者来说也是致命的。因为你会在员工面前丧失威信，你的上司和同事也会对你的人品产生怀疑。一名成功的领导者，应该是一位有诺必兑的君子。

那么，如何才能做到恪守承诺呢？

首先，承诺前一定要深思熟虑。

在向下属做出承诺前一定要考虑周全，要保证它能不折不扣地兑现，千万不要信口开河。如果不能完全肯定自己可以实现，就不要做出承诺。当你为了激励员工，做出加薪的承诺时，首先要问自己是否有调薪的权

力，需不需要请示上级。若是根本没有能力做到的事情就不应该承诺。

其次，要按时兑现自己的承诺。

在做出承诺后，你要时时记住这个承诺并在他人提醒你之前兑现它。因为，当有人提醒你的时候，也就意味着他们看到了你想拖延不履行承诺的一面，千万不能给别人留下这种坏印象。

再次，要学会处理意外情况。

在做任何事情的时候，都有可能发生意外。如果发生了事先难以预料的事情而使你不能兑现承诺的话，就应该立即开诚布公地与接受你的承诺的人进行说明和商洽。这件事一定要尽快做，决不能等到火烧眉毛了才去做。如果你总是有诺必兑，而在无法兑现的特殊情况时也要尽可能地和他们进行协商，大家就会相信，你是一个可以依靠、可以信赖的上司。

建立信誉要从说过的每一句话开始，做到言行一致，诚信待人。要想成为一个优秀的领导者和管理者，就要始终保持一诺千金的做事风格。

在工作中，通常会有一些特殊状况，使得人不能将真实情况告知大家。如果某些特殊情况下必须说谎，最好在事后找个机会向大家解释说明事实，并首先对你的谎言进行诚恳的道歉，然后再加以补充说明。

一诺千金不能只停留在口头上，必须做到言行一致。言行不一，欺骗下属的领导者和管理者必会自食苦果。

实战指南

【实战案例】

经营和管理的秘诀实际上来自生活体验，并非那么神秘而遥不可及。还在当学徒的时候，松下幸之助就表现出了一个成功人士应该具备的才智。这些，正是他日后成为大企业家的品性，也是他得以成功的基石。

松下当学徒时，他们中间有一个很能干的男孩，深受老板的喜爱。有

一天，那个男孩偷了老板一笔钱被发觉了。老板慈悲为怀，加上那孩子平常又表现良好，决定训诫一顿也就算了。可是，松下认为这样极为不妥，他说：“老板，您那样做是不对的！让我们这些人和一个偷了钱却还能够继续留在这里的人一起工作，我想，不仅是我，其他人也是无法忍耐的。假如你不让他离开，那么我就要告辞了。”老板无奈，只好把那个男孩开除了。

通观松下一生的所言所行，不难发现，他从成功的经营者那里学到了他所推崇的商人之德，即责任感和使命感，坚守信用，负责到底。

松下幸之助的经历和公司的成长之神奇让人惊叹不已。不会写信的松下，由三名员工起家，发展到拥有数万人规模的大公司，个人传世数百万字的讲话文稿充满睿智与哲理，更令人叹为观止。缘此，人们把他称作“经营之神”，猜想他有神助，或者拥有神杖，点石成金。

对此，松下则说，经营管理不是魔术，不是见不得人的神秘玩意儿；也不是权术，不是靠心机诡诈所能完成的，它需要你用心去做。还说：“经营绝不是玩权术或魔术。我觉得，经营不是欺骗别人，而是正正当当地做事，因此而获得别人的信赖。”

这并不只是松下的文字观点和口头主张，而是他的亲身感受和成功经验。关于公司的经营状况、某一时期面临的尴尬处境、情况的转变和随之而来的调整，乃至个人的经验教训、人生体验，松下都能及时且诚实地说出来，哪怕这样做可能引起一般人所谓的负面影响。因此，松下获取了谅解和支持，赢得了信任。他说：“我做过很多事，不过我敢说，我一向都根据事实，凭良心说话。也许正因为这样，一般来说，我很少遭到反抗。即使与工会之间的问题，在紧急之时，也能获得谅解。我想，这都是由于我随时讲实话，诚实做事，才获得了大家的支持。”

松下经营企业实实在在，不怕暴露弱点，不怕揭出矛盾。他认为，只要说的是实话，就不必在乎别的什么了。话说得真诚、实在，即使今天说的和昨天有矛盾，也会得到别人的理解和信从。这种实实在在的作风应该保持在经营者的实际行动中。喜欢玩弄权术的，不是真正的经营者。

【运用指南】

企业不能命令员工必须忠诚，却可以培养员工的忠诚度。在这里，要提醒的是，只有先拥有忠诚的员工，才能得到忠诚的顾客。观察身边那些在公司里做到很高位置的人，你会发现，他们具备的一个最重要的素质，就是在这家企业里待过很长时间。他们不仅在专业技能上突出，能够独当一面，更重要的是，他们对于公司忠诚无二，能够得到老板的高度信任。

人才的忠诚并非是对某一个重要管理者忠诚，也不是对管理者个人忠诚，而应当是对人才自身所在企业的事业的忠诚，这种忠诚是建立在人才对企业的信心、对企业的热情，以及对自己在企业工作中定会有所发展的坚定信念之上的。由此，我们知道人才的忠诚对企业来说具有不可低估的稳定且促进发展的作用。

那么，管理者要如何“做”，才能够培养员工的忠诚度?

1. 确保管理者自身的忠诚度

如果管理者自身对企业没有忠诚度，却一味要求员工对企业忠诚，显然是不可行的，而且还很容易会造成负面影响——员工会对领导丧失信心，企业也会因此而走向失败。因此，管理者首先要确保自身具备对企业的忠诚度，在下属面前树立一个忠诚的典范和榜样。

2. 设立高期望值

一个人有了明确的目标，不但可以激发他的潜能，更可以实现他的满足感，提高工作的意愿。尤其是对那些斗志激昂的员工，他们的特点是爱迎接挑战。如果企业能不断提出高标准的目标，他们就会留下。管理顾问克雷格说：“设立高期望值能为那些富于挑战的有贤之士提供更多机会。留住人才的关键是，不断提高要求，为他们提供新的成功机会。”

3. 经常交流，建立伙伴关系

虽然人才受雇于企业，是企业实质意义上的“雇员”。但正是人才的努力才能使企业发展，所以，作为管理者，不管你是个体管理者还是单位管理者，都应当正视人才的存在，你应当把你的人才视为自己事业的伙

伴。假如你需要他们忠诚的话，你更应当尊重他们，与他们同苦同悲同乐同喜。

有一家企业的管理者自豪地谈起与员工相处的方式：他与员工一起工作，一起吃饭，一起读书，慢慢地，企业中形成了一种氛围，大家一起享受成功带来的喜悦，也一起分担困难带来的忧虑。这是对待人才最正确的方式，不要认为你有很多事情需要处理，与员工在一起是浪费你的时间。当你以这种方式表达出你真诚的关心，热情的扶持，员工才会付出更大的努力，做出更多的有利于企业发展的贡献。

4. 提供人才成长、发展的机会

管理者应当制定明确的升迁制度，使努力的工作表现能与人才在意的报酬结合。

日本的年轻人挑选工作，通常不以薪酬的多寡作为优先考虑条件，而是把在工作中是否能有成长的机会，作为第一选择。因此，日本的企业很重视人才的前程规则，全力培养人才，提供成长的机会，员工也全心全意地为企业作奉献。这也许就是日本企业终身雇佣制得以建立的缘由吧！

员工更愿意为那些能给他们以指导的公司效力。所以，留住人才的上策是，尽力扶植他们。

5. 兼顾人才工作与生活需求的平衡

一个人的工作只是其生活内容的一个部分，工作之外的生活需求也应当是企业考虑的问题。员工的生活需求虽然不与企业有直接关系，但它却是影响员工工作热情、兴趣的重要因素，这些因素也就间接地影响了企业。许多企业管理者都希望员工无私地奉献，这是可以理解的，但是如果忽略了员工的生活需求，这种希望就显得毫无理智，甚至是不近人情。

所以，在你希望上班族能争取时间，并全力以赴去做好他们的工作的同时，也要建议企业管理者们，除了考虑工作的完成外，还要兼顾员工生活上的需求。

6. 明确企业的发展蓝图

企业的发展前景也是凝聚员工、保持工作积极性和忠诚度的一个重要因素，尤其是一个处于创业成长型有着良好发展前景的企业，能吸引一批有志于个人发展的青年，他们能同企业一道，“同命运，共患难”，他们会聚在企业管理者的身边，一道把企业搞好。

第五章　勇毅
——匹夫之勇不是"大勇"

勇敢强毅是军人必须具有的一种基本素质。曾国藩和胡林翼所论的勇毅，并不是匹夫之勇和刚愎自用，而是一种"鞠躬尽瘁，死而后已"的大勇。就如蔡锷评语所说，"右章所列，多指大勇而言，所谓勇而毅也"。

曾胡治兵语录·勇毅

【原文】

大抵任事之人，断不能有毁而无誉，有恩而无怨。自修者但求大闲不逾，不可因讥议而馁沈毅之气。衡人者但求一长可取，不可因微瑕而弃有用之材。苟于峣峣者过事苟求，则庸庸者反得幸全。

事会相薄，变化乘除，吾尝举功业之成败、名誉之优劣、文章之工拙，概以付之运气一囊之中，久而弥自信其说之不可易也。然吾辈自信之道，则当与彼赌乾坤于俄倾，较殿最于锱铢，终不令彼独胜而吾独败。

国藩昔在江西、湖南，几于通国不能相容，六七年间浩然不欲复闻世事，惟以造端过大，本以不顾生死自命，宁当更问毁誉。

遇棘手之际，须从耐烦二字痛下功夫。

我辈办事，成败听之于天，毁誉听之于人，惟在己之规模气象，则我有可以自立者，亦曰不随众人之喜惧为喜惧耳。

军事棘手之际，物议指责之时，惟有数事最宜把持得定：一曰待民不可骚扰；二曰禀报不可讳饰；三曰调度不可散乱。譬如舟行遇大风暴，只要把舵者心明力定，则成败虽未可知，要胜于他舟之慌乱者数倍。

若从流俗毁誉上讨消息，必致站脚不牢。

（曾语）

不怕死三字，言之易，行之实难，非真有胆有良心者不可。仅以客气为之，一败即挫矣。

天下事只在人力作为，到水尽山穷之时，自有路走，只要切实去办。

冒险二字，势不能免，小心之过，则近于葸。语不云乎：不入虎穴，焉得虎子！国家委用我辈，既欲稍稍补救于斯民，岂可再避嫌怨。须知祸福有定命，显晦有定时，去留有定数，避嫌怨者未必得，不避嫌怨者未必失也。古人忧谗畏讥，非惟求一己之福也。盖身当其事，义无可辞，恐谗谤之飞腾，陷吾君以不明之故。故悄悄之忧心，致其忠爱之忱耳，至于一身祸福进退，何足动其毫末哉！

胆量人人皆小，只须分别平日胆小、临时胆大耳。今人则平日胆大，临时胆小，可痛也已！

讨寇之志，不以一眚而自挠，而讨寇之功，必须万全而自立。

两军交绥，不能不有所损，固不可因一眚而挠其心，亦不可因大胜而有自骄轻敌之心。纵常打胜仗，亦只算家常便饭，并非奇事。心念国家艰难，生民涂炭，勉竭其愚，以求有万一之补救。成败利钝，实关天命，吾尽吾心而已。

侥幸以图难成之功，不如坚忍而规远大之策。

兵事无万全，求万全者无一全。处处谨慎，处处不能谨慎。历观古今战争，如刘季、光武、唐太宗、魏武帝，均日濒于危。其济，天也。

不当怕而怕，必有当怕而不怕者矣。

战争之要，不战则已，战则须挟全力；不动则已，动则须操胜算。如有把握，则坚守一月、二月、三月，自有良方。今日之人，见敌即心动，不能自主，可戒也。

古今战阵之事，其成事皆天也，其败事皆人也。兵事怕不得许多，算到五六分便须放胆放手，本无万全之策也。

（胡语）

勇有狭义的、广义的及急遽的、持续的之别。暴虎冯河，死而无悔，临难不苟，义无反顾，此狭义的、急遽的者也。成败利钝，非所逆睹，鞠躬尽瘁，死而后已，此广义的、持续的者也。前者孟子所谓小勇，后者所谓大勇，所谓浩然之气也。右章所列，多指大勇而言，所谓勇而毅也。军人之居高位者，除能勇不算外，犹须于毅之一字痛下功夫。挟一往无前之志，具百折不回之气，毁誉、荣辱、死生皆可不必计较，惟求吾良知之所安。以吾之大勇表率无数之小勇，则其为力也厚，收效也广。至于级居下僚（将校以至目兵），则应以勇为唯一之天性，以各尽其所职。不独勇于战阵也，即平日一切职务，不宜稍示怯懦，以贻军人之羞。世所谓无名之英雄者，吾辈是也。

（蔡按）

【译文释要】

凡是有职事在身的人，绝不可能有人指责而无人称赞，有人感恩却无人怨恨。自我修炼的人，只求大法不逾，不可因为有人讥利而泄了沉毅之气。选拔人才的人，只求有一方面的长处可取，不可因为有一点缺陷就抛弃了有用之材。如果对出类拔萃的人才过分苛求，则庸碌无能之辈反而会侥幸得以保全，并被重用。

事会相薄，变化乘除。我曾经把功业的成败，名誉的优劣，文章的高下，一概装入运气一囊之中，时间一久就更加相信其说法是完全正确的。然而，我们的自信之道，自当与它赌乾坤胜负于俄顷，比高下优劣于锱铢，终不能让运气囊一直取胜而自己一直失败。

我当年在江西、湖南时，几乎全国所有人都不能容我。六七年间，我不想再过问世事。只是因为发端过大，我本来就自命不顾生死，又怎么能再去过问别人是诋毁我呢?还是赞扬我呢?

每当碰上棘手的事情，必须在“耐烦”二字上痛下功夫。

我们办事，成败听命于天，所得名声的好坏听命于人。关键是自己心中必须能够拿定主见，不受外界环境的干扰。也就是说，我们借以自立的哲学，就是不随众人的喜惧为喜惧。

战事棘手之际，舆论指责之时有几件事应当把持得定：第一，不可骚

扰百姓；第二，向上级报告不可文过饰非，不可报喜不报忧；第三，指挥不可混乱。比如船只在行驶中突遇暴风，只要掌舵的人心明力定，不慌不乱，那么成败虽然难以预料，但是比起其他乱作一团的船只不知要强多少倍。

如果从世俗之人的诋毁和赞扬上讨消息，最终必定会摔大跟头。

（以上为曾国藩语）

“不怕死”三个字，说起来容易，做起来实在是很困难，若非真正有胆识、有良心的人，是不可能做得到的。如果是虚伪地装出来的，那么一旦遭到失败就会露馅了。

天下的事情是靠人做的，到了山穷水尽之时自然就会有路走，只要你切实去办就行。

“冒险”二字，是势所难免的。一旦小心过了头，就接近怯懦了。古语不是说：“不入虎穴，焉得虎子”吗？国家使用我们军人，既然是为了保护、救助灾难深重的百姓，难道我们还能躲避嫌怨吗？要知道祸福有定命，显晦有定时，去留有定数，躲避嫌怨的人不见得就是得，而不避嫌怨的人也未必就一定会失去什么。古人忧虑小人的谗言，畏惧别人的讥刺，并不是为了自己一人的私利。大概是因为他们身任其事，义不容辞，无可反顾，故而害怕谗言、谤言沸沸扬扬，结果使得君主视听不明。所以说，他们悄悄地忧心，正是他们忠君爱民的热忱。至于自己一身的进退祸福，又怎么能让他们稍稍动心呢？

胆量人人都小，英雄们只不过是平日胆小、临时胆大而已。而现在的人则平日胆大、临时胆小，真是可悲啊！

讨伐贼寇的志向，不可因为一次过失而轻改，而消灭贼寇的功绩，必须要有万全之策才能取得。

两军交战，不可能没有什么损失，因而绝不能因为一次过失而灰心，也不可因为一次大胜而有骄傲轻敌的心思。纵然是常打胜仗，也只能算是家常便饭，而不是什么奇事。我们只有时刻想着国家正处在危亡之际，百

姓正在受苦受难，每个人都必须竭尽全力，不顾一切，以求对国家、对人民有所裨益。成败利钝，由天不由人，我们只能尽我们的心力而已。

想凭侥幸去贪图难以成功的功劳，不如坚定不移地去筹划远大之策。

在军事上是没有万全的，追求万全的人，结果必定是无一全。处处谨慎的人，实际上处处都不能谨慎。纵观古今战事，如汉光武帝、唐太宗、魏武帝等人，几乎都是天天濒临险境。他们之所以能够幸免于难，取得成功，实在是天意。

不应当害怕时却感到害怕的人，必定会有应当感到害怕却不害怕的时候。

战争取胜的关键是不战则已，战则必须全力以赴；不动则已，动则必须稳操胜券。如果有把握，那么坚守一个月、两个月、三个月，自然会有克敌制胜的良方。今天的人，看见敌人就心动，根本无法控制住自己，这是应当及早改正的。

古今的战阵之事，其成功都是天意，其失败都是人造成的。战事怕不得许多，只要能算计到五六分，就可以放心大胆地动手了，因为战场上本来就是没有万全之策的。

(以上为胡林翼语)

勇敢有狭义的、广义的、瞬间的、持续的之分。赤手空拳和老虎搏斗，徒步涉水过河，死了都不会后悔，义无反顾，这是狭义的瞬间的勇敢。在事业的成败利钝无法预料的情况下，能够鞠躬尽瘁，死而后已，乃是广义的持续的勇敢。前者就是孟子所谓的小勇，后者就是所谓的大勇，所谓的浩然之气。上边一章所论述的，多数是指大勇而言，也就是所谓的勇敢而且有毅力。高级军官，除了能够勇敢之外，尤其需要在“毅”字上痛下功夫。抱定一往无前的志向，具有百折不回的勇气，毁誉、荣辱、生死都可以置之脑后，我们只求能够对得起自己的良知，问心无愧。用我们的大勇，为无数的小勇作出表率，这种力量是非常大的，功效也是非常广泛的。至于下级军官和士兵，则应当以勇敢为唯一的天性，以便各尽其职，各负其责。不仅要在战场上勇敢，即使平时的一切职事，也不应当稍示怯弱，使军人脸上蒙羞。世人所谓的无名英雄，就是我们这种人。

（以上为蔡锷按语）

【曾胡治兵实例】

太平军西征、进军武汉时，清廷令曾国藩率湘军阻遏太平军的攻势，1854年2月25日，曾国藩督率全部湘军分水陆两路自衡州启程，到湘潭集结，随后开赴长沙。3月上旬，陆路湘军自长沙开赴靖港、乔口，阻截南下的太平军。4月初，太平军加强兵力之后，由湖北蒲圻方向重新发起进攻，7日再克岳州。曾国藩在湘军“陆路既已失利，水军亦无固志”的情况下，不得已“乘风上驶，退保省城”。

4月25日，塔齐布率部赶到湘潭城外。塔齐布认为，太平军“每用以守为战、反客为主之法，若不及时速剿，俟贼营垒既定，攻克为难”，于是立即对太平军展开猛攻。太平军出城迎击，双方在湘潭北郊连日激战。塔齐布令兵勇闻炮即伏，炮止即进，直冲太平军营垒。面对湘军的疯狂进攻，太平军渐呈难以抵御之势。

曾国藩得悉湘军在湘潭水陆初胜，即于咸丰四年四月初二(1854年4月27日）亲率水师五营（大小战船40只）、陆勇800人，由长沙进袭靖港。大军顺流疾进，刚至正午，湘军水师和陆师便都已到了靖港镇外。但这样有一个麻烦，进战疾驶如飞，退回则寸步难挽。

等到陆师刚过了浮桥，曾国藩便下了进攻的号令。然而，一进靖港镇，只听一声炮响，埋伏在港外的太平军一齐杀出。湘军遭遇伏兵，一下子乱了阵脚，纷纷后退。而太平军在岸上的炮火猛烈轰击，并出动二百余只小划船，对湘军水师发起攻击，毁船十余只。湘军水勇不支，纷纷弃船上岸。这时，坐镇白沙洲（距靖港20里）指挥的曾国藩，急率陆师向靖港方向增援。但湘军陆勇见水师失利，又见太平军大批出动，便纷纷

后退，李续宾、王鑫等人想督军迎战，但无人听指挥。一片喊杀声震山荡水，“活捉曾国藩”的吼声更让中计的曾国藩心惊胆战。然而，他心知不能一败再败，必须誓死抵抗。面对溃逃如潮的湘军，他怒火中烧，执剑督战，令护卫把将军旗插在江边，自己执剑立于旗下，高声断喝：“过旗者斩!”但即便如此也不能遏止。溃兵涌来，绕过军旗狂奔，后面的败兵如排山倒海。

这时，太平军大队又冲入湘军队伍中，一片砍杀之声，湘军完全失败了。卫兵一把拉过曾国藩，护入座船，仓皇向长沙败逃。

太平军虽在靖港获胜，但无法抵偿湘潭之战所遭受的损失。湘潭失利的直接原因，首先是对战斗力较强的湘军尚缺乏了解，因而在思想上和军事上都缺乏与强敌作战的准备；其次是孤军冒进，立足未稳，遭敌猛攻，措手不及；再就是临时编组起来的水营，抵挡不住经过训练和装备有洋炮的湘军水师，以致连连失利，影响了整个作战。

曾国藩呆坐舱内，五内俱焚。衡州出师后，与太平军交锋，两仗两败，自己惨淡经营，苦练了将近一年的湘军，竟是如此无用。靖港一战，湘军水陆皆败，战舰损失三分之一，炮械损失四分之一。他想，如此下去，原先的豪言壮语就将全部落空。再回长沙，官绅们的冷眼也将不堪入目。何况，这次是否有命逃回长沙都很难说。他左思右想，决定不如趁早一死，免得自讨其辱。曾国藩猛然起身，推开舱门，纵身跃入江心。好在及时被人发现救起，并无大碍。幕僚陈士杰、李元度命令章寿麟驾一舢板，随护座船左右。大家一路解劝曾国藩，狼狈退回长沙。

靖港之战，使得湘军损失严重。曾国藩承认：水师仅存湘潭五营二千余人，陆师仅存湘潭与留防平江之勇二千余人。因此，急需招募兵员，修造战船，购置枪械，进行休整补充。

虽然此次失败使得曾国藩几次欲跳水自杀，但他还是很幸运的，因为就在此次失败3天后便有了湘潭大捷，出现了胜利的曙光。

曾国藩在艰难的形势下敢于“视死如归”。别人不怕的，他怕，别人都怕的，他却不怕，这往往是一种大智大勇。

领导与管理现代应用

1.承担责任：要勇于和下属共同承担责任

蔡锷评论曾胡两人的治兵之法说："军人之居高位者，除能勇不算外，犹须于毅之一字痛下功夫。挟一往无前之志，具百折不回之气，毁誉、荣辱、死生皆可不必计较，惟求吾良知之所安。以吾之大勇表率无数之小勇，则其为力也厚，收效也广。至于级居下僚（将校以至目兵），则应以勇为唯一之天性，以各尽其所职。不独勇于战阵也，即平日一切职务，不宜稍示怯懦，以贻军人之羞。"认为带军之将不仅要在战场上勇敢，即使平时的一切职事，也不应当稍示怯弱。这对于如今的领导者来说，就是在遇事之时不仅不能逃避责任，还要勇于和下属共同承担责任。

东汉时期，有一个叫钟离意的人，因为很有才能，被提升为尚书仆射。有一年，一伙匈奴人来投降汉朝，汉明帝大喜，遂命令钟离意负责赏给他们绢绸。不料手下的郎官办事不细心，多给了匈奴人一些绢绸。明帝得知此事，大发雷霆，要对郎官用酷刑。作为此事的负责人，钟离意自知责任重大，便匆匆觐见皇上，叩头请罪道："做事犯错，人人在所难免，既然事情已经发生，就应当以官位的高低来定罪。这件事由我负责，所以论罪也应当从我开始。郎官是我的下属，就应当从轻处理。请皇上明断！"明帝见钟离意敢于承担责任，怒气就随之消了一大半，当即免去对他的惩罚，也宽恕了郎官。

做下属的最担心的事情就是做错事，因为随之而来的便是惩罚问题，责任问题。但是，人无完人，没有人能够保证自己不犯错误。如果说小错

误也就罢了，若是不小心犯了大错，甚至会影响到大家或集体的利益时，就可能真的会“吃不了兜着走”。因此，没有哪个人不害怕犯错误、担责任的。

俗话说“压力出水平”。领导者在交给下属某项任务时，不应仅赋予他相应的权和利，而且还应让他承担与其职权相称的一份责任，能使他感到有一种压力在驱使他勇往直前。但是在让下属承担相应责任的同时，领导者也别忘了承担自己应负的一份责任。

大多数领导者在处理员工乃至自己的失误和错误的时候，总是会想出各种理由为自己开脱，唯恐遭到连累。却不知，你既然身为他人的上级，那么下属的错就等于是自己的错，最起码是犯了监督不力和用人不当的错误。还有些领导者，即使知道是自己的错误也不愿承认。为了掩饰自己的无能或刻意树立自己的权威，甚至将自己的错误转嫁给下属。

作为一名领导者和管理者，要认识到，下属虽然为你做事，但下属也是人，不是你的奴隶。既然是人，就会追求成就感，也会怕办错事，丢了饭碗。趋利避害是所有人的人性需要。因此，作为领导者，当下属办砸了事、犯了错，要主动承担责任为其开脱，并鼓励他重新振作起来，千万不能将其一棍子打死，或采取落井下石的态度。

如果领导者和管理者敢于为下属撑腰壮胆，敢于在必要时替下属分担责任，就能够使上下级之间建立起互相信赖、互相支持的融洽关系。倘若下属偶有过失，管理者就把他当做“替罪羊”，而自己却不承担丝毫责任，那么，长此以往，就没有下属会愿意追随这样的领导。

从某种意义上来说，用人艺术，就体现在领导者向下属委派任务时，如何在“下属承担责任”和“领导分担责任”这两者之间，巧妙地选择一个令双方都感到满意的度。

面对忐忑不安的下属，勇敢地站出来，自咎自责，紧张的气氛便会缓和。如果是下属的过失，而你却承认自己指导不利，变批评指责为主动承担责任，就会令下属敬佩、信任、感激你。

几乎每个身为下属的人都不希望自己来承担全部责任，都希望上级能

够替自己分担一些责任。所以，作为领导者和管理者，在向下属布置任务时，绝对不能故意回避自己应承担的责任。这是处理好上下级关系的大前提。同时，管理者必须明确区分哪些是下属应负的直接责任，哪些是自己应负的领导责任，绝对不能模棱两可，让下属听了心里没底。还要注意，说话一定要留有余地，绝不可大包大揽。

领导者替下属分担责任的目的，不仅是为了使下属增添几分安全感，更重要的还在于有意培养和增强下属对领导的信任感，使下属愿意承担自己应负的直接责任。

2.学会耐烦：“耐烦”是管理者必备的心态

曾国藩说：“遇棘手之际，须从耐烦二字痛下功夫。”在曾国藩看来，不论是为官还是带兵，必然会遇到很多的麻烦事，也必须要处理很多的麻烦事，有的人可能处理一件麻烦事可以，处理两件麻烦事也还说得过去，但是遇到三件或三件以上的麻烦事的时候就开始耐不住了；也有的人遇到一件小的麻烦还可以，一旦遇到了大的麻烦就挺不住了；还有的人处理别人的麻烦事可以，而一旦自己遇到了麻烦就受不了了。

身处于上位之人之所以烦，就是因为这些麻烦事往往都是一件跟着一件，推也推不了，躲也躲不掉，难得清静，难得自在，难得潇洒。所以古人才常说“无官一身轻”，就是因为没有那么多的麻烦事情令自己心烦意乱。

所以说，上位之人首先要修养心性，训练自己做到处事不烦，不急不躁，无怨，清醒。只有头脑清醒才能保持安静，保持安静才能够稳住部下，稳住部下才能够做出决断。不然的话，若是心急似火，性烈如马，只会使事态的发展更为混乱。所以曾国藩针对此种情况向其弟提出了“做官以耐烦为第一要义”的说法。不仅做官如此，带兵亦然。

能耐烦才能从容平静，从容平静方能产生智慧，方可处变不惊、安稳

如山。遇到麻烦之事，越是麻烦就越是要能够耐烦。

很多人在遇到一件令自己无从下手麻烦之事的时候，就会心浮气躁，进而感到不耐烦，自然也就不可能将事情解决得好。相反，若是在遇到麻烦的事情时，能够耐下心来，一点一点地理清头绪，克服不耐烦的心理，即便是再复杂的事情也很快就会解决。这一做法尤其适用于为官之人。

事实上，一件单纯的事想要把它做好，并不困难，但一旦扯上其他的一些人为因素，再简单的事也会变得复杂。譬如政府调整人事，原本看似简单的事情，只要一纸命令就能解决的问题，但是由于好的位子人人都想要，于是便施压的施压，走关系的走关系，无形之中事情就变得复杂了。所以说，想要解决类似的复杂之事，最需要的就是能够“耐烦”。

现实生活中，几乎大多数人都有一种不耐烦的心理，尤其是在如今这个经济发展日益迅速的社会中，由于生活节奏过快，使得大部分人凡事都讲求效率，而忽视了最基本的“耐烦”心态。事实上，要做好一件事，解决一个问题，最需要的是智慧和经验确实没错，但是光凭这些也是不够的，还必须能够“耐烦”。究其原因，不外乎是这么几个：

首先，有智慧、有经验的人固然能够做好事，也能够解决很多问题，但是如果没有“耐烦”的心态和本事，当他们碰到一些复杂的事时，就无法解决处理好，甚至会不知从何下手。所以，一个人若是做不到“耐烦”，光有智慧和经验也是不成的。

其次，“耐烦”实际上就是自己在和客观环境比耐力，和竞争对手比耐力，若是你能做到“耐烦”，就不会输。如果因为自己的不耐烦而致使做事半途放弃，那就已经输了。事实上，很多人之所以总是落后于他人，很大的原因就是因为他不耐烦，而不是因为自身的智慧和经验不如人。

最后，能耐一次烦，也就能耐第二次烦，当这种“耐烦”的本事变成习惯的时候，将会是你成就大事业的基础。

“耐烦”的本事，是每个领导者和管理者都应该努力去学习并做到的，越早学到，就越早获益。

实战指南

【实战案例】

有一位科长动不动的便指责下属，因而深受科员的鄙视。一天，某处长怒气冲冲地跑进科办公室里，无视科长的存在，指责写报告的人说：“你看你写的什么报告？”这时，那位经常指责下属的科长却站了出来说：“那是我让他这样写的，责任由我来负！”

这件事以后，该办公室的气氛完全改变了，科长虽然仍同过去一般动辄破口大骂下属，但是下属对科长的态度却与从前大不相同。因为，他们都意识到：“科长是真的在替我们着想。”并且上司与下属之间的信赖关系愈加融洽，整个办公室也因此充满朝气。

令人惊讶的是，此后，处长更加重用这位科长，还对他说：“你早就应该这么做了！”据说，后来这位科长是同期同事中最早升为处长的人。

【运用指南】

胡林翼曾说：“‘冒险’二字，是势所难免的。一旦小心过了头，就接近怯懦了。”对于领导者和管理者来说，一旦下属犯错，那么是勇于承担责任还是让其自己承担，就成为衡量自身是否是一个成功的领导者的重要标准了。

自古以来，成功的领导者都是“护短”的人，也就是敢于在危难的时候袒护自己的下属。要知道，在下属危难的时候勇于袒护替他撑腰，会比成功时的锦上添花更容易让他感动。很多时候，下属会选择跟随你，不是因为你手中的权力或地位，而是因为你能够为他撑腰，在他不小心闯了祸的时候勇于为他承担责任。

在现代社会中，由于聘用制的实行，使得员工就像是挂名在公司的自由契约者，很多利益和尊严都得不到应有的保障。尤其是当发生某种意外的时候，总是首当其冲地受到伤害。若是能够得到顶头上司的庇护，那么无疑会获得莫大的安慰。自然而然的，就会对袒护自己的上司更加忠心，对工作充满干劲。

当然，关键时刻要敢于袒护下属并不意味着是无原则的，而是要受一定条件的制约。

首先，中层领导者在“护短”的时候要严格掌握“护”的临界点。

一般来说，中层领导者会袒护自己的下属，其用意当然不是想要纵容下属，而是另有所图。多数情况下，领导者袒护自己的下属是为了更好地发挥和利用下属的长处并且赢得人心，极大地提高自己在群众中的声誉，有意将自己塑造成有情有义的领导者形象。

因此，在权衡利弊时，领导者必须本着得大于失的行为准则来行事，只有当袒护这一行为本身不超过某临界点时，才是有价值、可行的。

第一，自己的袒护行为必须有利于充分发挥和利用下属的长处，而不是起到纵容或诱发下属短处的作用；

第二，必须有利于实现领导者制定的管理目标，而不是有碍于实现这一目标；

第三，必须能够被周围的人所理解、所接受，而不是激起多数人的反感和愤慨，加剧下属之间的矛盾；

第四，袒护行为必须有助于提高领导者在群众中的声誉和威信。

在上述4条要求中，第二条是最重要的。在正常情况下，中层领导者应兼顾这4点要求，但在特殊时期，也可以只考虑其中的第二条，对于其他3条待事后再采取其他的补救措施。

第五，中层领导者在“护短”的时候，要灵活掌握“护短”的度。

灵活掌握护短的度，是在合理的选择范围内进行的。在具体运用这一手段时，应该充分注意这一点。否则，就会步入误区，出现重大失误。

在可宽可严的情况下，只要下属态度较好，群众和上级领导又能谅解，就应从宽处置；

在可早可晚的情况下，对于下属的过失，不妨搁一搁，待事后再作处理，或者给下属一个将功补过的机会，视其表现如何，再作处理；

在可高可低的情况下，不妨将下属的缺点评估得低些，将下属的过失性质评估得轻些；

在可大可小的情况下，对于下属的短处或过失，不妨大事化小、小事化了，尽量缩小处理的规模和处理后产生的影响面。

再次，要让下属知道你在“护”他。

想要使自己的袒护行为获取理想的效果，还需要巧妙运用有效的方法，恰到好处地将你的用意传递给下属，使下属既能明白你为何要偏袒他，又能使下意在不感到难堪的情况下接受你的偏袒。如此一来，既能极大地激发下属的积极性和创造性，还能够最大限度地保护下属的自尊心。

若想达成这一目的，就需要在护短之后让他知道你在护着他。但是，如果你是用语言来点破或是主动找下属谈话，不如在若无其事中传递这一信息，那样能收到更好的效果。

最后，一定要选准最有袒护价值的下属。

作为一个中层领导者，最忌讳的就是不看对象盲目护短。袒护与奖惩分明，是领导者实行有效管理的两大手段。只有当你认定某个下属确实有袒护的价值时，才可以去偏袒这个下属。否则，就很容易造成不良后果。

总之，在关键时刻敢于袒护下属，是中层领导最大限度地调动下属的积极性和创造性的手段之一，所以，应该结合自己的用人实践，细心琢磨，尽力掌握护短的技巧和灵活的施恩艺术。

第六章　严明
——赏罚分明，方能做到军纪肃整

本章讲的是练兵、带兵的方略和原则之一——严明。曾国藩和胡林翼认为，赏罚严明、军纪整肃是克敌制胜的保证。只有使军队做到“号令未出，不准勇者独进；号令既出，不准怯者独止”，才能够确保战争的胜利。俗语说：“国有国法，家有家规。”不论是军队还是企业，在管理上都要纪律严明，只有这样才能人心思齐、鼓舞士气。

曾胡治兵语录·严明

【原文】

古人用兵，先明功罪赏罚。

救浮华者莫如质。积玩之后，振之以猛。

医者之治瘠痈，甚者必剜其腐肉，而生其新肉。今日之劣弁羸兵，盖亦当为简汰，以剜其腐者，痛加训练，以生其新者。不循此二道，则武备之弛，殆不知所底止。

太史公所谓循吏者，法立令行，能识大体而已。后世专尚兹惠，或以煦煦为仁者当之，失循吏之义矣。为将之道，亦中以法立令行、整齐严肃为先，不贵煦妪也。

立法不难，行法为难。凡立一法，总须实实行之，且常常行之。

九弟临别，深言御下宜严，治事宜速。余亦深知驭军驭吏皆莫先于严，转恐明不傍烛，则严不中礼耳。

吕蒙诛取铠之人，魏绛戮乱行之仆，古人处此，岂以为名？非是无以警众耳。

近年驭将失之宽厚，又与诸将相距过远，危险之际，弊端百出，然后知古人所云作事威克厥爱，虽少有济，反是乃败道耳。

（曾语）

自来带兵之员，未有不专杀立威者。如魏绛戮仆，穰苴斩庄贾，孙武致法于美人，彭越之诛后至者，皆是也。

世变日移，人心日趋于伪，优容实以酿祸，姑息非以明恩。居今日而为政，非用霹雳手段不能显菩萨心肠。害马既去，伏龙不惊，则法立知恩。吾辈任事，只尽吾义分之所能为，以求衷诸理之至是。不必故拂手人情，而任劳任怨，究无容其瞻顾之思。

号令未出，不准勇者独进；号令既出，不准怯者独止。如此则功罪明而心志一矣。

兵，阴事也，以收敛固啬为主；战，勇气也，以节宣提倡为主。故治军贵执法谨严，能训能练，禁烟禁赌，戒逸乐，戒懒散。

治将乱之国用重典，治久乱之地宜予以生路。

行军之际，务须纪律严明，队伍整齐，方为节制之师。如查有骚扰百姓，立即按以军法。吕蒙行师，不能以一笠宽其乡人，严明之谓也。条侯治兵，不能以先驱犯其垒壁，整齐之谓也。

立法宜严，行法宜宽。显以示之纪律，隐以激其忠良。庶几怀德畏威，可成节制之师。若先宽后严，窃恐始习疲玩，终生怨尤，军政必难整饬。

（胡语）

治军之要，尤在赏罚严明，煦煦为仁，足以堕军纪而误国事，此尽人所皆知者。近年军队风气，纪纲大弛，赏罚之宽严。每不中程。或姑息以图见好，或故为苛罚以示威，以爱憎为喜怒，凭喜怒以决赏罚。于是赏不知感，罚不知畏。而此中消息，由于人心之浇薄者居其半，而由于措置之乖方者亦居其半。当此沓泄成习、委顿疲玩之余，非振之以猛，不足以挽颓风。与其失之宽，不如失之严。法立然后知恩，威立然后知感。以菩萨心肠，行霹雳手段，此其时矣。是望诸勇健者毅然行之，而无稍馁，则军事其有豸乎！

（蔡按）

【译文释要】

古人用兵，必定要首先明确立功受赏、有罪受罚的原则。

救治浮华的最好措施就是质朴。在长期的军风不整、纪律松弛之后，自然应当大刀阔斧，厉行改革，用公正、严明的重法加以纠治。

医生在治疗痈疮病人时，对于严重的，必定要剜去其患处的腐肉，以便长出新肉。今天的老弱残兵和劣质兵将，也应当予以淘汰，就像剜掉腐肉一样，割去没用的，留下有用的，对有用的则应严加训练，促使新生力量早日形成。如果不走这两条道路，那么就会武备的废弛，不知何时才能达到尽头。

太史公司马迁所说的循吏(即良吏)，只是针对有法可依、有法必依、顾全大局的人所说的而已。后世专门推崇仁慈恩惠，有人以温和地行施仁义的官吏为循吏，已失去循吏的本义了。为将之道，也是以法立令行、整齐严肃为先，而不看重温和的妇人之慈。

立法并不难，难的是执法。每订立一项法令，都须实实在在地施行它，并要持之以恒，不能有始无终。

九弟（即曾国荃）在临别时，特别强调治军应当严，处理事务应当快。我也深知驭军驭吏，最重要的都莫过于“严”字，只是担心自己的见识太低，以致严得不合情理，不合法度。

吕蒙曾诛杀了私取铠甲的士兵（三国时，吴国名将吕蒙曾令手下士兵不得骚扰百姓，索取财物。吕蒙麾下有一个士兵，取了百姓的一个斗笠用来遮盖官兵的铠甲。铠甲虽不是私人的东西，但吕蒙还是认为他违犯了军令，于是挥泪下令将这个士兵斩首），魏绛曾处死了私自乱行的仆人（春秋时，魏绛为晋国司马，执掌军法。晋悼公四年大会诸侯，悼公借此夸耀他的地位和实力，而他的弟弟杨干却扰乱随从仪卫军队的行列。魏绛为忠于晋国，冒死戮杨干之仆，整肃军纪）。古人这样做，绝不是为了沽名钓誉，只是因为不如此，就无法立威警众。

近年来，我驭将失之于太过宽厚，又与诸将距离甚远，因而在危难之际，弊端百出。有了此段经历之后，才能理解古人所说的话：做事如果能使威胜过爱，则人数虽少也能取胜。反之，如果做事只讲慈爱而不讲立威，则必定是取败之道。

（以上为曾国藩语）

自古以来，带兵的将帅没有不以杀戮立威的。例如：魏绛杀仆人，孙武对美人施刑，彭越处死迟到者，都是这样。

随着时代的发展，人心越来越虚伪，宽容实足以酿祸，姑息不足以明恩。在今天的形势下执政，不用霹雳手段就不能显出菩萨心肠。剔除害群之马，而卧龙不惊，则法立知恩。我们做事，只尽我们的义务和本分的职责，以求其尽可能合理。因此，不必故意违背人之常情而任劳任怨，始终不容其有瞻前顾后的想法。

号令未发出时，不允许勇敢者先行进攻；号令发出后，不允许怯懦者独自裹足不前。如此一来，广大将士就会深深地明白立功受赏，有罪受罚，思想和行动就会统一了。

战争，属于阴事，应当尽可能地减少或者避免。作战，是靠勇气的，应当尽量宣扬并提倡将士们勇敢。所以，治军贵在执法严明，善于训练，禁止赌博，禁吸大烟，戒除享乐主义，戒除懒散作风。

治理将要乱的国家，应该用严刑峻法。治理长期动乱的地方，就应当宽松，给百姓生路。

行军时，务必要纪律严明，队列整齐，这样才能算是有节制的军队。如果查出有人骚扰百姓，就应立即以军法处置。吕蒙治军，不能因为一顶斗笠之小而宽贷其同乡，这说明他治军很严明。周亚夫治兵，并不因为来人是皇帝的先驱而让他们随意闯入军营，这说明他的军队非常整齐。

立法宜严，用法宜宽。明里向部下显示严明的纪律，暗里激励他们精忠报国。这样，士兵们大概就会畏威戴德，从而成为一支纪律严明的军

队。如果先宽后严，我恐怕士兵们开始时已经习惯了懒散，那么最后必定会对严法治军产生出怨恨的情绪。如此一来，军政必然难以整顿。

（以上为胡林翼语）

治军的关键在于赏罚严明。温情脉脉的妇人之仁，足以败坏军纪，贻误国事，这是尽人皆知的。近年来，军队的风气、纲纪大为松弛，赏罚的宽严常常不合标准。有的姑息、迁就以图讨好，有的故意重罚来显示权威，以自己的爱憎为喜怒，凭自己的喜怒来决定赏罚。在这种情况下，受赏的人不知道感恩，受罚的人也不知道畏惧。其中的原因，一半是由于人心浮薄，另一半则是由于措施失当。在这样人心涣散、世风日下的形势下，如果不用严刑峻法来加以纠治，就不足以挽回颓风。与其因为过于宽松而有所失，倒不如失之于严。法立之后人们才能知恩，威立之后人们才能心中震撼。以菩萨的心肠，使用霹雳般的手段，大刀阔斧地整顿国家机器，现在已经是时候了。希望诸位英雄豪杰能毅然以此为己任，勇往直前，百折不挠，那么战争大概就有可能停止了吧！

（以上为蔡锷按语）

【曾胡治兵实例】

1. 严刑峻法以肃法纪

曾国藩指出，治军的原则是应当把立法行法、整齐严肃放在第一位。制定法令不算难，真正执行起来就难了。每制定一项法令，总要切切实实地去执行，经常不断地去执行。

在作战中，将帅处于核心领导地位，而他的作用，又是通过发号施令的方式表现出来的，对军令不折不扣地执行，历来就是军人的自我意识，即所谓“军人以服从命令为天职”，因为“军令如山倒”，不可抗拒。

曾国藩身处乱世之中，深知光靠儒教的礼义教化民众是不行的，更需要严刑峻法来处理惩罚那些犯上作乱、乱政谋私、危害百姓的人。所以，他毫不犹豫选择了依法来维护社会秩序，来安邦定国。

咸丰年间，清廷命曾国藩襄办团练，曾国藩便组建起了湘军。当时的湖南和其他各省一样，由于地方官的掩饰弥缝乃至到处布满了反抗清政府的团会和散兵游勇，地方治安极坏。小至白昼抢劫，大至攻破城池、焚掠官署，变故层出不穷。他们占据山岭险阻，构筑工事，官兵简直是莫可奈何。秘密会社简直多至不可数计。太平军初到湖南之时，便有成千上万的会党徒众，加入合流，令太平军的声势更盛。

于是，曾国藩在长沙城内鱼塘口设立了一所行辕，专办全省团练，肃清地方事宜。又创设了一所“审案局”，专门审办各地缉解来的不良分子。

曾国藩是个老翰林，平生不会骑马，不善刀矛，可是他在惩办“盗匪”和维持地方治安的工作上却完全是另一副作风。

以往的地方官过于怠惰畏事，往往积案不办，甚至良莠不分，罪犯逍遥法外，横行无忌，曾国藩鉴于此情，便提出了“治乱世，用重典”的主张，以严刑峻法来痛惩不法分子。

首先，曾国藩对个别群众和小股会党反抗活动的政策是“就地正法”。其具体办法是令各地团练头子直接捕杀和捆送形迹可疑之人或批令各县就地处决，或送往省城交他讯办。

其次，曾国藩对付农民起义的办法是招揽权绅，用以对付贫苦农民和会党群众，并美其名曰“借一方之良，锄一方之莠”。当时政局动荡，天下大乱，一般地主富户都不敢公开同贫民、会党作对。各地肯于出现办理团练的，多是为霸一方的土豪劣绅。他们平时横行乡里，一旦办起团练，就更是无法无天，成为当地的土皇帝。他们所纠集的乌合之众对群众的残忍嗜杀有过于清朝的正规军。所以，曾国藩说“以之御粤匪则仍不足”，“以之防土匪则已有余”。曾国藩还是提倡以本乡、本族之绅捕杀和捆送本乡、本族敢于反抗之民，“轻则治以家刑，重则置之死地”，处治大权

尽归团长、族长掌握。这样既了解情况，又可避免引起乡村或宗族间的争斗。

再次，曾国藩为了惩治贪官污吏，便设置新的机构办案。曾国藩早就对清朝地方官吏腐败无能深怀不满，更不信任承办案件的人员，决心设置新的机构，自行审案杀人。对被捆送者的处置，既不依照法律条文，也不需任何证据，以土豪权绅们的言词的要求为据。稍加讯问，立即结案，重则砍头，轻则杖毙，最轻的也要鞭之千百，病死狱中。

曾国藩不辱圣命，实行峻法的刚挺之气令佞徒胆战，大小贪官为之忐忑，也滥杀了无数百姓，这种作风一直到他任直隶总督时还如此。

曾国藩不仅自己实施峻法，而且还要求皇上实施峻法。为了实行峻法，曾国藩敢于冒杀头之罪犯颜上陈，这是众所周知的事。

实行峻法一度使曾国藩声名重创，受朝野抨击，一时有“曾剃头”、“曾屠户”之诨号流传，无非是说他“滥杀无辜”而已。但是曾国藩没有退却，他相信只有“挺”下去，坚持峻法，才能拯救垂危的清王朝。

2. 宽严结合，赏罚分明

曾国藩在对待下属方面，认为严比宽的效果要好，因为如果上下级之间过分亲密，一旦遇到大事，下属就会以上官为倚恃，而抛弃公家应尽之义，就会妨碍国家大事。不过这并不意味着他对人才就应该很苛刻。曾国藩认为，如果说利益引导是宽，严格约束是严，那么御下之道，就应该宽严结合。具体来说，就是在名和利的问题上要宽，在是与非的问题上要严。

湘军中有这样一些将领：很能打仗，但又很能惹是生非。他曾经以如何处理与这种人的关系为例，讲明宽严结合的道理。他说：对待这种人，在两方面应该宽，在两方面应该严。应该宽的方面一是花钱要慷慨大方，不予计较，即便是手中钱财紧张，也要将好处让给他，哪怕自己过得苦些；还有就是不要与其争功，遇有胜仗，便将功劳全部归于他，遇有升官的机会，将保举的机会给他。

应该严的方面，一是对他的礼节要疏远，跟他的往来要少一些，给他写的信要简单，话不可多，情不可密；还有就是要与其剖明是非，凡是他和他的部下做得不对的，要坚决进行惩治。

咸丰十年（公元1860年）8月，曾国藩的心腹幕僚李元度即将挂印出征，在其临行前，曾国藩告诫他说："文人好为大言，毫无实用，不得与此类人接近。"又说："对待属员不可太谦，恐启宠而纳侮也。"虽然彻夜与李元度谈了几次，但曾国藩仍不放心。李元度赴徽州之前，曾国藩又与之约法五章，千叮咛，万嘱咐，唯恐这位老部属出了差错。可李元度在作战之时并未听从曾国藩的叮嘱，在徽州一战中大败而归。曾国藩对其不遵约束，致败军谋，深表气愤，为严肃军纪，决定上疏劾之。后经左宗棠、沈葆桢、李鸿章等联名奏保，得免遣戍，放归乡里。

李元度这种与曾国藩交情深厚且有过大功的将领一旦违反军令，曾也丝毫不予姑息，这一轰动事件传出后，众将为之凛然，盖知军法无情，不容苟且。

3. 治军严明

曾国藩治军严明主要表现在对队伍的严加约束上，在这方面，曾国藩可谓六亲不认。如湘军初建时，纪律涣散，尤其是靖港之败，练勇大批溃散，即使在湘潭之役中获得胜利的水陆勇也到处抢劫，携私潜逃。因此，他自岳州、靖港、湘潭之役后，立即着手整顿湘军，凡溃散之勇不再收回，溃散营哨的营官哨长也一律裁去不用，连他自己的弟弟曾国葆也在被裁者之列。经过整顿，水陆各勇仅留五千多人。与此同时，他调罗泽南、李续宾所部湘勇到长沙，又令在战斗中英勇可靠的塔齐布、杨载福、彭玉麟等大量招募新勇，新增数勇，广东派山东登州镇总兵陈辉龙带水兵四百名、炮一百尊，广西派升用道员李孟九带水师一千名来湘入战。又在衡阳、湘潭分设船厂，新造战船六十多只。

湘军经过这次整顿之后，更加兵精械足，"规范重整，军容复壮"，水陆两师达两万之众。

而在当时的湘军中，以治军严明著称的当数彭玉麟，可以说是得曾国藩峻法之真传，以至民间有“彭打铁”之雅号。

湘军的严明为打败太平军奠定了基础，也为曾国藩不断高升搭起了天桥。

领导与管理现代应用

1.纪律严明：用兵管人该赏则赏，该罚则罚

曾国藩指出，赏罚分明是当领导所必备的一项素质。领导对待下属有突出的表现和贡献的，万不可嫉贤妒能，这样会挫伤他们的锐气，只有论功行赏，才能充分调动他们的积极性。

自古以来，管理国家总有适当的激励手段，管理者采取有赏有罚的办法，引导百姓认清是非。所以奖赏成为历代兵法中的重要的组成部分。奖赏常出现在下列情况出现时：一是对于作战勇敢者要赏，以鼓励其勇气；二是对做事正直者要赏，以鼓励其正气；三是对国家忠诚者要赏，以鼓励其忠心，凡此种种要赏在明处，树立榜样，这才能达到奖赏的目的。所以，善于奖赏的管理者，能教士兵辨是非、辨忠奸、辩勇怯，既是激励的战术，又是教育的战术。

诸葛亮说：“赏以兴功。”就是说，奖赏是用来鼓励立功的，对有功之人行赏，可以激发人的荣誉感，培养人的上进心。所以一些成功人士不惜重金对下属进行奖赏，以保持下属的高昂士气。拿破仑在1807年打败沙俄、征服普鲁士后，对所有部下进行了十分慷慨的犒赏。汉高祖刘邦在平定天下后，第一件事就是论功行赏以保持属下的高昂斗志。

赏罚分明是管理用人的一种很有效的激励手段。现代企业不仅要有赏

有罚，赏罚分明，而且应深明赏罚之道，尤其是赏，即物质和精神激励，亦是养才之道。

每一个优秀的领导人都应做到赏罚分明，如果你想成为一名优秀的领导，就必须做到对下属该奖的奖，该罚的一定要罚，绝不能因为人情而心慈手软。

《孙子兵法》有言：“主孰有道，将孰有能，天地孰得，法令孰行，兵众孰强，士卒孰练，赏罚孰明，吾以此知胜负矣。”意思就是说：谁的君主开明?谁的将帅贤能?谁占有天时、地利?谁的士卒能做到令行禁止?谁的武器装备精良、士卒众多?谁的士卒训练有素?谁的赏罚公正严明?我根据上述问题的情况，就能够预知战争中谁胜谁负了。孙武在这里强调的是奖罚分明的重要性，他不仅如此说，更是如此做的。

春秋战国时，吴王阖闾读了孙武的《孙子兵法》后，就想见见孙武，看看他到底是一个什么样的人，是否真的有才华。

于是，吴王就找来孙武，问他：“你所著的这些兵法，寡人都看过了，不知是否真像你写的那么管用，可以付诸实践吗？”孙武答：“可以。”吴王又问：“可以用妇女试试吗？”孙武答：“可以。”

于是，吴王就传出宫中的180个宫女，让孙武去按照此法把她们训练成精良的战士。孙武立即着手进行训练。他把宫女们编成两队，让吴王最宠爱的两个妃子担任队长，站在队前。孙武将操练的要领和纪律都讲完了以后，就喊口令让宫女们进行演练。可是他刚刚一喊口令，宫女们就都嘻嘻哈哈地笑了起来。孙武说：“约束不明，令不熟，这次应由将帅负责。”于是重新作了说明。然后又击鼓，发出命令。宫女们又再一次哄笑起来。孙武说：“纪律和动作要领，已讲清楚，大家都听明白了，但仍旧不听从命令，这就是故意违反军纪。队长带头违反军纪，应按军法处置。”于是他命人把两个担任队长的妃子抓起来，砍头以示惩戒。

吴王听说孙武要杀他的爱妃，非常惊骇，立即派人下令说：“寡人已经知道将军能用兵了。我没有了这两个妃子，吃饭也没有了滋味，希望

不要杀她们。”孙武说：“臣既然已经接受命令做了将军，将在外，君命有所不受。”说完，就按照律令杀了两个队长。然后又指定另外两位妃子任队长，继续操练。这一次，当孙武再发出口令时，所有的宫女都服从命令，而且严肃认真，举手投足都合乎要求。

最后，孙武向吴王报告说：“士兵已经训练整齐，大王可以下来观看，只要大王想用她们，即使赴汤蹈火都可以。”可是吴王对于两个爱妃惨死刀下的事情还耿耿于怀，对孙武非常冷淡，说道：“将军停下来回你的馆舍，寡人我不想去看了。”这时，孙武诚恳地对吴王说：“令行禁止、赏罚分明，这是兵家常法，为将治军的通则；用众以威，责吏从严，只有三军遵纪守法，听从号令，才能克敌制胜。”这一番话，讲明了奖罚的重要性，说得吴王心服口服，不但怒气随之消失了，还诚心诚意地拜孙武为将军。

后来，吴国军队在孙武的严格训练下，纪律严明，战斗力非常强，大败楚国，进入楚国都成郢。又对齐国晋国展示兵威，在诸侯中间声威大震，使吴国在当时威名远扬。

在这个故事中，孙武的行为并不是每一个人都能够做到的，很多人在管理下属的时候能够讲明纪律，但是在执行的过程中，一旦碰到人情，很多领导就是跨不过去，大多睁一只眼闭一只眼草草了事。而孙武却能够严格地按照纪律执行，丝毫不讲情面，也正因为这样，才能让所有的人都听令而行。

田穰苴斩庄贾以立军威的故事也同样说明了奖罚分明的重要性。

齐景公时，晋国燕国攻打齐国，晏子向齐景公推荐田穰苴，齐景公赶紧召见了田穰苴，并拜他为大将军，命他治军练兵、打退强敌。

田穰苴知道，自己从来没有带兵的经历，如今一跃成为三军统帅，肯定难以服众。所以他请求齐景公选派一个亲近的大臣来做监军，齐景公便任命自己的近臣庄贾给田穰苴做监军。田穰苴告诉庄贾明天中午时分到军营大门会合。

第二天上午，田穰苴先到军中，集合部队，等待监军庄贾。庄贾一向骄傲自大，觉得是率领自己国家的军队，自己又是监军，所以一点不着急。同僚、亲友给他设宴饯行，他就只顾饮酒作乐，把集合报到的命令抛到九霄云外去了。直到黄昏，庄贾才醉醺醺地到了军营。

田穰苴见状大怒，说："如今敌军深入国境，举国骚乱。士兵在边境拼死作战，国君也寝食不安，百姓的命运都握在你的手里，你竟然还有时间喝酒送行？"说完就召来负责军法的军正，问道："按照军法，迟到了该怎么处置？"

军正回答道："当斩！"

庄贾见田穰苴要来真格的，顿时酒也醒了，赶紧派人快马去向齐景公求救。可惜他派去的人还没回来，田穰苴已经下令把他斩了，砍下头来在军中示众。

齐军上下见田穰苴执法严明，再不敢轻视他，疲敝之风一扫而空，从此军威大震。

经过田穰苴的整顿，齐军面貌大变，成了纪律严明、军容整肃、令行禁止、悉听约束的能战之师。再加上田穰苴能跟士兵同甘共苦，军中人人争先恐后。田穰苴率领这支军队抵抗晋军和燕军，两国军队望风而逃。田穰苴乘胜追击，收复了全部失地。

曾国藩曾经说过："自来带兵之将，未有不专杀立威者。"但是这些将领"专杀立威"，并不是为了自己的名声，而是为了申明军法。从古至今，能征善战的军队、兴盛强大的国家，无一不法纪严明。任何一个组织想要发展壮大，都必须要有严格的制度，并且要严明地执行。领导者和管理者身为组织的表率，更应该做到公正严明、依法办事。

联想集团有个规定，凡开会迟到者都要罚站。在媒体的一次采访中，柳传志表示，他也被罚过三次。他说：公司规定，如果不请假而迟到就一定要罚站。但是这三次，都是我在无法请假的情况下发生的，比如有一次被关在电梯里边。罚站的时候是挺严肃，而且是很尴尬的一件事，因为这

不是随便站着就可以敷衍了事的。在20个人开会的时候，迟到的人进来以后会议要停一下，静默看他站一分钟，有点像默哀，真是挺难受的一件事，尤其是在大的会议时，会采用通报的方式。第一个被罚站的人是我的一个老领导。他罚站的时候，站了一身汗，我坐了一身汗。后来我跟他说："今天晚上我到你家去，给你站一分钟。"不好做，但也就这么硬坚持下来了。

在不计其数的人被罚站之后，出了问题就要受罚的观念就深入人心了。并且不管谁犯了错误都会受罚，公平感才会产生，团队才会精神百倍。所以说，任何一个组织想要健康、正常地运转，不但要有严格的奖罚制度，而且还要能够坚决执行奖罚制度，不被人情所阻的领导。身为领导，如果能够做到赏罚分明，起码会带来两个好处：一是可以树立自己的威信，让下属心服口服；二是有效地约束团队，让下属有制度可依。

所以，在现实工作中，领导要让下属知道工作出色可以得到奖励，消极怠工会得到惩罚，从而调动员工的工作积极性。

2.表明态度：杜绝"老好人"的管人方式

曾国藩指出：古人用兵，先明功罪赏罚。也就是说，在对待下属的错误时要表明自己的态度，不能一味迁就，害怕得罪人。这对今天的管理者来说仍是应该遵循的一条原则。

作为一名领导者和管理者，在日常工作中不能做"老好人"，对错误的事情必须要进行责备和惩罚。对于下属所犯的不该犯的错误，管理者必须强硬地表明态度，必要时该板起面孔训斥就不能模棱两可。因为下属会从你的态度中捕捉信息，决定自己是尽快改正错误，还是得过且过，甚至依然故我。

如果你不这样，错误的事情将会接二连三出现，团队目标的实现最终

会成为一句空话。此外，你做好好先生也就等于告诉你的团队成员：不管工作成绩或工作态度如何，你都不会在乎。既然你不在乎，那么你的团队成员就更不会在乎了！

所以说，作为领导者，不能像一棵墙头草一样，总是对员工的错误睁一只眼闭一只眼，装作没有看见；在员工执行不利的时候，宁可自己去做，也不愿意指出他们的不足；甚至当员工顶撞或拒不执行上级的命令时，他就算急得直打转，也不说一个字……

以上几种管理者当然不能算是合格的管理者，究其原因，主要有以下几个方面：

首先，管理者能力不足，或是业务技能不够过硬，自己心里发虚，没有底气，不敢理直气壮地提出批评，害怕员工对自己有意见。因此，只好极力迁就，甚至不惜逢迎、恭维，丧失了一个领导者和管理者的威严和地位。

其次，害怕得罪人。有些人的性格比较软弱，害怕批评员工会不服气，顶撞自己，使自己下不了台；又怕被责罚的人对自己有成见。实际上，这种人的思想就是“工作好坏是公家的，有了意见是自己的”，所以不求有功，但求无过。

再次，有些人出于好心，怕伤害员工的自尊心。这种领导者虽然和蔼可亲，但是婆婆妈妈，优柔寡断，虽然能和员工和平共处、相安无事，但是在员工的心里缺乏足够的威信。而且，这种做法常常会助长某些错误行为的泛滥。

最后，有些领导者是非不分，对员工工作的优劣好坏做不到心中有数。因而，当员工的行为已发展到影响团队目标完成的程度时，他仍然能够视而不见，不采取积极措施加以处理。也可能是对员工偏听偏信，导致对他们的错误不能及时发现和纠正。

美国四星上将巴顿将军曾劝告别人：对犯错误者应该立即责备。每次当他的部下犯错误时，他都会立即让他们知道自己犯了错误。他曾经说过

这样的话："虽然在战斗训练中我不能杀人，但是我会让那些错误的人因我发怒而情愿死去！"巴顿将军的这种观点，在今天仍然有着积极的现实意义。畅销书《一分钟经理人》中就有这样的建议："要在错误发生后立即加以责备，你要明白地指出他们错在哪里，用坚定的口气告诉他们，你觉得他们错了。"

当你的团队成员犯下的错误非常严重时，你必须执行某种形式的惩罚。当你必须用到惩罚时，切不可心慈手软、手下留情、犹豫不决。否则的话，拖得越久，对你自己和应该受到惩罚的成员来说，日子更难过，也越容易使团队其他成员认为你不公平。

惩罚的目的都是为了防止未来再次发生同类型事件。因此，在实施惩罚的过程中，重点在于防止未来发生同类事件，而不必太过严厉。管理者也不要太钻牛角尖，不要鸡蛋里挑骨头唠唠叨叨说个没完，只有保持一定的理性，才是上策。通常在惩罚时要附带某种形式的纠正行动。

有的管理者认为，只有照多数人的意见办事才不会把事情闹大，才能和平地收拾局面，其实不然。不讲原则，迁就多数，势必后患无穷。现代社会讲民主，因此，少数服从多数成了理所当然的事。但是，有的时候多数人的意见并不一定是正确的。此时，对于管理者来说，重要的是对真理的判断，哪边有真理，哪边就是对的。

真理在握，反对者越多，自信心就要越强，就要越发坚决地为贯彻目标而努力。

有家商店，店面虽然不大，地理位置却相当好，由于经营不善，连年亏本。新管理者一上任，便决意整顿。他制定一系列规章制度，这一来就结束了营业员逍遥自在的日子，因此遭到一片反对之声，新管理者被孤立了。但他坚持原则，说到做到。

不到两年，小店转亏为盈。当年终颁发奖金的时候，一个平时最爱在店堂里打毛线活儿，因而反对新规定也最坚决的女士说："嗯，还是这样好。过去结绒线，一个月顶多结一两件，现在这些奖金足可以买几件羊毛衫了。”

管理者以法不责众的做法求得一时的不孤立，最后只会更加孤立。管理者在管人的过程中一旦形成“法不责众”、“迁就大多数”做个“老好人”的思维定式，就会束手束脚，就会丧失原则。管人者欲求大多数人的支持，创造积极的管人局面，就必须坚决抛弃这种思维定式才行。

3.可白可黑：黑脸白脸要一起唱

这里所说的黑白，指的是人们常说的黑脸和白脸。黑脸指的是严厉、不容私情，而白脸则意味着和蔼与慈善。

从领导者的角度来看，需要用“黑脸”来表现自己的威严，统一员工的行动；而从员工的角度来看，他们希望领导者能以“白脸”示下，让他们无拘无束。然而，作为一名领导者就应该知道，你是要对上司和企业负责的，只唱白脸只会让效益滑坡；同时，企业的效益是靠每一个员工的努力获得的，如果你只唱黑脸，那么将失去民心，效益还是会深受影响。因此，你必须把黑脸白脸都唱起来，这样才能让两方面都照顾到。

三国时期，蜀国的诸葛亮率军北伐，迅速攻下了天水、南安和安定三郡，收降了魏将姜维，一时关中大震。马谡向诸葛亮主动请缨，带领军队进驻街亭，迎击魏军。临行前，诸葛亮再三嘱咐马谡：“街亭虽小，关系重大。它是通往汉中的咽喉。如果失掉街亭，我军必败。”并具体指示让他“靠山近水安营扎寨，谨慎小心，不得有误”。马谡自以为饱读兵书，娴熟韬略，因而既不遵照诸葛亮的部署，又不听副将王平的劝告，把营盘扎在山上，最终被魏军围困在山上，断了水源，大败而归。

由于街亭的失守，使得诸葛亮被迫退回汉中，第一次北伐就这样失败了。诸葛亮和马谡的友谊深厚，但马谡失了街亭，按照军法当斩，诸葛亮便黑着脸下了处死马谡的命令。在执法前，诸葛亮强忍悲痛，让马谡放心

去，告知将收其儿为义子。执法后，诸葛亮还流着泪亲自为马谡祭奠，这就是历史上有名的“挥泪斩马谡”，后世传为佳话。

诸葛亮身为蜀国的丞相，自然要严守军法的规定，只有这样才能服众，才能建立自己的威信，因此在马谡犯下如此大错的时候必须充当黑脸包公，公正执法；但诸葛亮又是一个重情义的人，马谡和自己交情甚好，因此才会有后来的“挥泪”，也就是需充当“白脸”。这样一来，既让马谡心中无憾，又让其他下属看到，丞相是一个重义气的人。诸葛亮这一个黑脸一个白脸，既树立了自己的权威，又笼络了军心。

诸葛亮的做法放到今天，就是告诉领导者，在管理下属的时候，既要敢于发火，又要善于及时抚慰。

老练的领导者，既敢于发火震怒，又有及时善后的本领。毕竟，尽管发火施威有缘由，但无论如何总是会伤到人，只是伤人的轻重不同而已。人与人之间，人格是平等的。因此，发火时需要注意方式方法，并做及时的善后处理，进行感情补偿。这种做法用一句俗话来说，就是：“打一巴掌给个蜜枣”。意思是对下属施威、批评或者责罚，使他惊醒于自己的错误，待他的愧疚心平息下来，又要恰当地给他一点甜头，引导他朝正确的方向走。这就是软硬两手管人策略的具体应用。

管理者发威之后，给下属一段时间检讨自己的行为，同以前的错误行为说再见。然后管理者要有计划地逐步做收服人心的工作。可以把自己认为有权威的下属找来，与他深入长谈，这时用词不妨恳切些，态度要真诚自然，让他感受到你确实是器重他，借助他达到与其他下属的交流。

管理者只需通过这些中间人的传播作用，稳定大众心理，而不必直接出面。由权威型的中间人将管理者的意图代为转述，每个员工都会反应过来：“原来上司也不是冷酷无情的。”他们也许会想到：好好干仍有升职加薪的机会。努力吧，领导也许会因为我的工作能力对我另眼相看。

任何一个人在一生中都无可避免地要犯错误，对待那些犯了错误的人，人们总是会给予批评。作为领导者，在下属犯错误的时候责怪他也是情理之中的事，但是，批评了下属之后一定要懂得善后，让其心服口服。当面棒打，背后喂补药的黑白脸相，既有刚柔相济，又含恩威并施。二者互相包含，各尽其用。

当下属犯下不可原谅的错误时，身为上司就必然要对其加以斥责。真正擅长于管人者，在斥责完下属之后，都会立即补上一句安慰或鼓励的话语。因为，任何人在遭受上司的斥责之后，必然垂头丧气，对自己的信心丧失殆尽。如此一来，造成的结果必然是他更加自暴自弃，甚至会产生挂冠而去的念头。然而，此时上司若能适时地有一两句温馨的话语来鼓励他，受斥责的部属听了后，必可深深体会“爱之深，责之切”的道理，而更加发愤图强。

但是，还需要注意的是，在运用这种方法的时候，黑脸与白脸的顺序一定不能变，如果先扮白脸，先对犯了过错的员工述说一番两个人的交情，再换上一副黑面孔，那就容易被人看成鳄鱼的眼泪，从心底里生出反感。先黑脸后白脸，距离逐渐减小，才能显出人情味来。

管理者对下属既要关心备至，又要严格要求。当下属出现明显过错的时候，管理者要给予严厉的批评。这种必要的批评，很可能使下属心情紧张，背上包袱。因此管理者还要抓住时机，因势利导，灵活巧妙地缓和紧张气氛，使被批评的下属既深受触动，接受批评，又放下包袱，轻装上阵。有时，独角戏难唱，如果另有一个人配合，一搭一唱，效果必定更好。例如，主管严厉斥责一名年轻下属时，主管的助理可悄悄地将这名下属拉到另一个房间，告诉他：“主管是希望你将来能……”如果觉得言过其实的话，也可以后再加上叮嘱，以免其自满自大。

所以管理者一般扮演黑脸，对下属严肃一些，强悍一些，而助理则应心思细密，缓解矛盾，从中调停，演一个白脸。这样，才能一起唱好这出戏。

有些管理者妄自逞能，一人演两角，一边称赞，一面叱责，结果弄得下属丈二和尚摸不着头脑，自己也弄得里外不是人。

一般情况下，若要有效地进行赏罚，也必须由两个人来担任两个角色，合作来完成，不可奢想一人占两角。

实战指南

【实战案例】

案例一：

20世纪70年代，日本伊藤洋货行的董事长伊藤雅俊突然解雇了战功赫赫的岸信一雄，在日本商界引起了一次震动，就连舆论都用轻蔑尖刻的口吻批评伊藤。

人们都为岸信一雄打抱不平，指责伊藤过河拆桥，之所以将三顾茅庐请来的一雄解雇了，是因为他已经没有利用价值了。在舆论的猛烈攻击下。伊藤雅俊却理直气壮地反驳道："纪律和秩序是我的企业的生命，不守纪律的人一定要处以重罚，即使会因此减低战斗力也在所不惜。"

那么，到底是怎么一回事呢？

岸信一雄是由"东食公司"跳槽到伊藤洋货行的。而过去伊藤洋货行是以从事衣料买卖起家，所以食品部门比较弱，因此伊藤才会从"东食公司"挖来对食品业经营有丰富经验的一雄。事实上，一雄到来之后的表现也相当好，贡献很大，十年间将伊藤洋货行的业绩提升了数十倍，使得伊藤洋货行的食品部呈现一片蓬勃的景象。

不过，从一开始的时候，一雄和伊藤的工作态度和对经营销售方面的观念就呈现出了极大的不同，随着岁月的增加裂痕愈来愈深。一雄非常重视对外开拓，常支用交际费，对部下也放任自流，这和伊藤的管理方式迥然不同。

伊藤是走传统、保守的路线，一切以顾客为先，不太与批发商、零售商们交际、应酬。对员工的要求也十分严格，要他们彻底发挥他们的能力，以严密的组织，作为经营的基础。这种类型的伊藤当然无法接受一雄的豪迈粗犷的做法，伊藤因此要求一雄改善工作态度，按照伊藤洋货行的经营方法去做。

但是一雄根本不加以理会，依然按照自己的方法去做。对于最重视秩序、纪律的伊藤而言，食品部门的业绩持续上升确实离不开一雄的努力，但是他却无法容许“治外法权”如此持续下去，因为，这样会毁掉过去辛苦建立的企业体制和组织基础的。所以，他才会解雇了岸信一雄。

案例二：

三洋机电公司前副董事长后藤清一先生年轻的时候，曾在松下公司任职。一次，因为一个错误，他惹恼了松下。当他进入松下的办公室时，松下气急败坏地拿起一只火钳死命往桌子上拍击，对后藤大发雷霆。后藤被骂得狗血淋头，正欲悻悻离去，忽然听见松下说道：“等等，刚才因为我太生气了，不小心将这火钳弄弯了，所以麻烦你费点力，帮我弄直好吗?”

后藤无奈，只好拿起火钳拼命敲打，当他把敲直的火钳交给松下时，松下看了看说道：“嗯，比原来的还好，不错!”然后高兴地笑了。

责骂之后，反以题外话来称赞对方，这是松下的高明之处。后藤走后，松下悄悄地给后藤的妻子打了电话，告诉她说：“你先生今天回家脸色一定很难看，请你好好地照顾他!”

本来，后藤在挨了松下的一顿臭骂之后，决定辞职不干，但松下的做法，使后藤佩服得五体投地，决心继续效忠于他，而且要干得更好。

【运用指南】

古代统帅带兵打仗数十年，从来都以军纪为约束军队、提高战斗力。治军以严明约束士兵，主张军队之中，以严厉为主，如果过于宽厚，那么下属的心就会松弛浮躁，所以绝不可因人才难得而迁就，舍军令而不顾。曾国藩对此深有感悟，故而治军之时纪律严明，注重军中风气。

领导一个团体，最重要的就是纪律。与纪律相比，其他的一切都是第二位的。为此，管人者要坚决，不能拖泥带水，当赏则赏，当罚则罚。

有威慑力的管理者一般决断力强，办事爽快果断，常常是一字千金，凭这使人折服。部下也会因为佩服你而不自觉地向你靠拢，感染上你的风格。

古今许多用人的实践早已证明，刚柔相济法远远胜于刚柔偏废，如同人的身体构造，有坚硬的部分——手、脚、骨骼等，也有柔软的部分——肌肉、软组织等，二者的有机结合，人才能灵活自如地从事多种活动。

虽然说领导者要敢发火，但是，发火也要有一定的限度。首先，在发火的时候不宜把话说过头，也不能把事做绝，而要注意留下感情补偿的余地，做到不当众揭短，伤人之心；其次，发火宜虚实相间。对有些下属不宜真动肝火，而应以半开玩笑、半认真或半俏皮、半训诫的方式去进行，虚中有实、语意双关，使对方既不能翻脸又不敢轻视。

对于发火后的善后抚慰工作，也要注意以下几点：

首先，要选好妥当善后的时机。

过早善后，因为对方火气正盛，效果不佳；过晚则对方郁积已久的感情不好开解。因而，宜选择对方略为消气、情绪开始恢复的时候为佳。

其次，善后抚慰要视不同对象采用不同的方法。

有人性格大大咧咧，领导发火他也不会往心里去，故善后工作只需象征性地表示就能解决问题；有的人心细明理，领导发火他也能谅解，就不需要下大工夫去善后；而有些人死要面子，对领导的指责会耿耿于怀，就需要善后工作细致而诚恳，好言安抚，并在以后寻机通过表扬等方式予以弥补。还有量小气盛的人，则不妨使善后拖延进行，以天长日久见人心的功夫去逐渐感化他。

再次，艺术地善后还应体现出明暗相济的特点。

所谓“明”是指领导者亲自登门进行谈心、解释，甚至“道歉”，受到批评的下属有了面子，一般就都会顺势和解。所谓“暗”是指有的时候，对器量小者发火过了头，单纯面谈也不易挽回时，便可以采用一些

“绕道而行”的方法，或借助他人之手进行抚慰。如，在一些场合中，故意对第三者讲他的好话，使这种善后语言能够间接传入他的耳中。另外，也可以在他困难时暗中帮忙，待他明白真相后，会对你由衷感激。

第七章　公正
——握生杀大权者，做事应出以公心

本章讲的是练兵、带兵的方略和原则之一——公正。“公正”一章紧承上一章“严明”，强调做事要公正无私，曾国藩和胡林翼认为，将帅身居高位，掌握军中生杀大权，做事就应当出以公心，尤其在用人之时，要做到“外举不避仇，内举不避亲”，任人唯贤。组织的领导者和管理者要知人晓事，在提拔人才、处理事务之时，力求做到公正无私，只有这样才能服众。

曾胡治兵语录·公正

【原文】

大君以生杀予夺之权授之将帅，犹东家之银钱货物授之店中众伙。若保举太滥，视大君之名器不甚爱惜，犹之贱售浪费，视东家之货财不甚爱惜也。介之推曰：“窃人之财犹谓之盗，况贪天之功以为己功乎？”余则略改之曰：“窃人之财犹谓之盗，况假大君之名器以市一己之恩乎？”余忝居高位，惟此事不能力挽颓风，深为惭愧。

窃观自古大乱之世，必先变乱是非而后政治颠倒，灾害从之。屈原之所以愤激沉身而不悔者，亦以当日是非淆乱为至痛。故曰：兰芷变而不芳，荃蕙化而为茅。又曰：固时俗之从流，又孰能无变化！伤是非之日移日淆，而几不能自主也。后世如汉、晋、唐、宋之末造，亦由朝廷之是非先紊，而后小人得志，君子有遑遑无依之象。推而至于一省之中、一军之内，亦必其是非不揆于正，而后其政绩少有可观。赏罚之任，视乎权位，有得行，有不得行。至于维持是非之公，则吾辈皆有不可辞之责。顾亭林先生所谓匹夫有责焉者也。

大抵莅事，以明字为第一要义。明有二：曰高明，曰精明。同一境而登山者独见其远，乘城者独觉其旷，此高明之说也；同一物而臆度者不如权衡之审，目巧者不如尺度之精，此精明之说也。凡高明者，欲降心抑志以遽趋于平实，颇不易易，若能事事求精，锱重长短一丝不差，则渐实矣，能实则渐平矣。

凡利之所在，当与人共分之；名之所在，当与人共享之。

居高位，以知人、晓事二者为职。知人诚不易学，晓事则可以阅历黾勉得之。晓事则无论同己、异己，均可徐徐开悟，以翼和衷。不晓事则挟私固谬，秉公亦谬；小人固谬，君子亦谬；乡愿固谬，狂狷亦谬。重以不知人，则终古相背而驰，决非和协之理。故恒言皆以分别君子小人为要，而鄙论则谓天下无一成不变之君子，亦无一成不变之小人。今日能知人能晓事，则为君子，明日不知人不晓事，则为小人；寅刻公正光明，则为君子，卯刻偏私晻暧，则为小人。故群毁群誉之所在，下走常穆然深思，不能附和。

营哨官之权过轻，则不得行其志。危险之际，爱而从之或有一二，畏而从之者则无其事也。此中消息，应默察之而默挽之。总揽则不无偏蔽，分寄则多所维系。

（曾语）

举人不能不破格，则须循名核实。否则人即无言，而我心先愧矣。

世事无真是非，特有假好恶。然世之徇私以枉事者，试返而自问，异日又岂能获私利之报于所徇私利之人哉？盍亦返其本矣。

天下惟左右习近不可不慎。左右习近无正人，即良友正言亦不能进。

朝廷爵赏，非我所敢专，亦非我所敢吝，然必积劳乃可得赏。稍有滥予，不仅不能激励人才，实足以败坏风俗。荐贤不受赏，隐德以及子孙。

国家名器，不可滥予。慎重出之，而候军心思奋，可与图后效而速成功。

天下惟不明白人多疑人，明白人不疑人也。

（胡语）

文正公谓居高位以知人晓事为职，且以能知人晓事与否判别其为君子为小人。虽属有感而发，持论至为正当，并非愤激之说。用人之当否，视乎知人之明昧；办事之才不才，视乎晓事之透不透。不知人，则不能用人，不晓事，何能办事？君子小人之别，以能否利人济物为断。苟所用之人不能称职，所办之事措置乖方，以致贻误大局，纵曰其心无他，究难为

之宽恕者也。

昔贤于用人一端，内举不避亲，外举不避仇，其宅心之正大，足以矜式百世。曾公之荐左中堂而劾李次青，不以恩怨而废举劾。名臣胸襟，自足千古。

近世名器之位滥矣。幸进之途，纷歧杂出。昔之用人讲资格，固足以屈抑人才，今之不讲资格，尤不足以激扬清浊。赏不必功，惠不必劳，举不必才，劾不必劣。或今贤而昨劣，或今辱而昨荣；扬之则举之九天之上，抑之则置之九渊之下；得之者不为喜，失位者不为歉。所称为操纵人才策励士气之具，其效力竟以全失。欲图挽回补救，其权操之自上，非吾侪所得与闻。惟吾人职居将校，在一小部分内，于用人一端，亦非绝无几希之权力。既有此权，则应于用人惟贤、循名核实之义，特加之意。能于一小部分有所裨补，亦为心安理得。

（蔡按）

【译文释要】

君主授给将帅生杀予夺的大权，就犹如东家把金钱货物交给店中的众伙计。将帅如果保举得太滥，对君主的名器(原指钟鼎宝器，这里指的是权位名号)不很爱惜，就如同伙计贱卖浪费，将东家的财货看得不很爱惜一样。介之推（春秋时代晋国的忠臣）说：“窃取别人的财物尚且被称为盗贼，何况贪天之功据为己有呢?”我把这句话稍微改动一下，变成：“窃取别人的财物尚且被称为盗贼，何况假借君主的名器，来为自己一个人沽取私恩呢?”我自己身居高位，唯有对此事不能力挽颓风，因而心中感到十分惭愧。

我发现自古以来天下大乱的时代，必定都是先变乱是非，然后才政治颠倒，灾害滋生。诗人屈原之所以激愤投江而不悔，是因为他对当时的是非混淆感到万分痛心。所以他说：兰芷变得不芬芳了，荃蕙(香草名)竟变成了茅草!又说：固时俗之从流，又怎能无变化！他感伤是非越来越颠倒、越来越混淆，几乎到了不能自主的地步。后世如汉、晋、唐、宋等朝代的末期，也都是因为朝廷的是非先乱，而后小人得志，使得君子有惶惶不安之象。由此推想，一省之中，一军之内，必定也是因为其是非混淆，才使得其政绩寥寥无几。赏罚这种事要根据自己权力地位的大小、高低而定，有的能行得通，有的行不通。至于维护是非公正，则是我们不可推卸的责任。正如顾炎武所说：国家兴亡，匹夫有责。

大致上，做事要以“明”字为第一要义。“明”有两种：一种是高明，一种是精明。同一块地方，登山观察的人看到的是辽阔万里，将全局尽收眼底，而登上城墙观看的人只是感觉到非常空旷，这就是高明；同一件东西，主观臆测，不如秤称得准确，眼尖的人不如尺子量得精确，这就是精明。高明的人，想要降低自己的心气抑制自己的志向来求得速归于平实，是很不容易的。如果能够事事求精，轻重长短丝毫不差，就会渐渐地平实了。

好处，应当与人共分；名誉，应当与人共享。

身居高位之人，要以知人、晓事这两条为职责。知人，的确是不容易学会；而晓事，则能够通过阅历、勤奋而做到。做到晓事，那么无论是自己的亲信，还是异己分子，都可以平心静气地逐步开导他们，使之能够和衷相济。如果不晓事，那么挟私报复固然是错误的，而秉公执法也是错误的；小人固然是错误的，而君子也是错误的；八面玲珑的伪善者固然是错误的，而无所顾忌的直介者也是错误的。若是再加上不能知人，就始终将背道而驰，绝不是和协之道。所以，常言都很强调辨别君子和小人的重要性，而鄙论则说天下没有一成不变的君子，也没有一成不变的小人。今天能知人、能晓事的就为君子，明日不知人、不晓事的则为小人；寅时公正光明，则为君子；卯时有私心杂念，则为小人。所以在群毁群誉的问题上，我非常谨慎，通常都要进行深入的分析、思考，而不轻易地随声附和。

如果下级军官的职权过轻，就不能各行其志。在形势危急的关头，因为爱戴而追随他的人或许有几个，可是因为畏惧而追随他的人是不可能有的。这里面的问题，应当默默地观察，默默地纠正。假若让他们总揽一切，则不能没有偏蔽；让他们权力分散，则相互间多有牵制。

(以上为曾国藩语)

选拔人才不能不破格，破格就必须循名核实。否则的话，即使别人不说什么，自己的心里已经先有愧了。

世界上的事情没有真正的是非，只有虚假的好恶。世上行事时徇私营弊的人，可以试着反过来扪心自问，今天你为了别人的私利而徇私舞弊，将来难道能够从这些人身上得到私利作为回报吗？届时，这些人大概也恢复其本来的面目了。

作为将帅，任何时候对自己身边的随从和亲信人选都不可不慎重。如果亲信、随从中没有正人君子，那么即使有良友直言也无法到你面前。

朝廷的爵赏，不是我所敢专擅的，尤其不是我所敢吝惜的。然而，必须是建立了一定功勋的人才能得到奖赏。如果稍有滥赏滥封，那么不仅不能激励人才，反而会严重地败坏社会风气。荐贤而不受赏，隐德必定会泽及子孙。

国家的名器，不能够随便就给予他人。只有慎重地封赏，才能使军心振奋，斗志旺盛，而后才有希望在短期内建功立业。

天下唯有不明白事理的人喜欢怀疑人，明白事理的人是不怀疑人的。

（以上为胡林翼语）

曾国藩认为身居高位的人应以知人、晓事为职责，并且以能不能知人、是否明白事理为判别君子与小人的标准。虽然这属于有感而发，但立论是非常正确的，并非是愤激之谈。用人得当与否，取决于知人的明暗；办事能力的强弱，取决于晓事是否透彻。不知人，则不能用人；不晓事，又怎么办事？君子和小人的区分，以能否利人济物来判断。如果所委任的人不称职，所经办的事措置失当；以致贻误了大局，那么即使当事人并无坏心，最终也难以宽恕他。

过去的贤人在用人一事上，内举不避亲，外举不避仇，其处心的正大光明，足以垂范于百世。曾国藩曾举荐左宗棠，弹劾李次青，并不因为恩怨而影响举劾。一代名臣的宽广胸怀，即便是千年之后也会令人敬佩不已。

近代名器、名位的泛滥，已经达到了极点。士人投机取巧以求升官发财的途经，纷歧杂出。过去用人是论资排辈，这种做法固然会屈抑人才，可是今天的不论资排辈，尤其不足以激扬清浊。受赏的人不必有功，得恩惠的人不必有劳，被荐举的人不必有才，被弹劾的人不必有劣迹。有的人今天贤良而昨天卑劣，有的人今天受辱而昨天荣耀；抬举人则把他捧到九天之上，压抑人则把他打入九渊之下；使得有所得之人不感到欢喜，有所失之人不感到歉疚。称名器封号为操纵人才、鼓励士气的工具，可是它的效力在这样的形势下，已经完全丧失了。要想改变这种局面，其权力掌握在中央政府手中，我们无法参与过问。只是我们身为将帅，在一个小的范围内，对用人一事也并非绝对没有一点儿权力的。既然有这点权力，就应当在用人惟贤的问题上特别注意。如果能在一个小的范围内有所补救，也可以心安理得了。

（以上为蔡锷按语）

【曾胡治兵实例】

自古以来，举荐贤才之人甚多，但是却并不是所有人都能达到“内举不避亲，外举不避仇”的境界的。有些人能够举贤荐能，但却害怕人言可畏，而不敢用亲；有些人出于私心，举贤之时不敢用与自己有过节的人。曾国藩在用人问题上一直主张唯才是举，不避亲仇，如果没有足够大的才能，即便是亲弟弟也不能委以重任。曾国藩还说：“办事者，莫恃上司之恩典，宜仗自己之本领。若有本领，办事好，虽仇人做上司，也不能压下去；若无本领，办事不好，虽父亲做上司，也不能抬起来。”

曾国藩的家族人丁兴旺，叔姑舅妻，子侄甚多。再加上他是科举出身，又屡当考差，同年同窗、门生故旧不少。故而从他创办湘军起家到出任两江总督，前来投奔之人有成百上千。但是曾国藩始终都注重唯才是举，非才不用。而且他还教育曾国荃等人，一定要“才能低劣的人，即使是至亲密友，也不宜久留，怕的是贤者不愿意与其共事”。

当年曾国藩进京赶考时，盘缠拮据，幸得南五舅变卖家产，才凑足了盘缠。对此，曾国藩一直铭记在心，念念不忘。做官后，曾国藩每年都要寄些银两接济南五舅，以报当年之恩。等到南五舅过世后，他的独子前来投奔曾国藩，曾国藩自然对他十分关照。可是他的这位表弟既无才能，人又十分懒惰，交给他办的事情总是搞得一团糟，偏偏还总是爱以总督的表弟自居。曾国藩见其不堪造就，尽管南五舅生前有恩于他，他还是委婉而坚决地劝说表弟离营回乡了。

还有一次，曾国藩的弟弟曾国葆（字季洪，后改名贞干，字事恒），喜欢搏击之术。当曾国藩奉命帮办团练时，曾国葆就已经招募了600人，镇压了当地的农民起义。当时的杨载福和彭玉麟都在曾国葆那里充当僚佐。曾国藩编练湘军需要用人，曾国葆就将二人推荐给了曾国藩。岳州、靖港之战中，湘军大败。曾国藩总结经验，认为导致战败的主要原因是功罪不清，赏罚不明，于是对湘军进行了大力的裁撤，曾国葆的部队也在被裁之列。于是，曾国葆只好黯然回到了老家。回家之后，曾国葆感到无脸见人，好几年都闭门深居，不见宾客。

由此可见，曾国藩对人才能力有多么看重。只要是有能力之人，即便是自己的亲信下属他也会照样举荐。

咸丰十一年，曾国藩奏保左宗棠、沈葆桢、李鸿章等人的八字考语极有力量，说李鸿章“才大心细，劲气内敛”，左宗棠“取势甚远，审机甚微”。在左宗棠评语中，又加“才可独当一面”，沈葆桢“器识才略，实堪大用，臣目中罕见其匹”。清廷很快准奏，左宗棠授浙江巡抚，沈葆桢授江西巡抚，李鸿章授江苏巡抚。

幕僚追随幕主，出谋划策，出生入死，曾国藩自然要酬以实惠，但是曾国藩奏保幕僚也是有条件的，那就是要确实为他干事，不怕艰难，不讲条件，否则，他是不肯保举的。

曾国藩之所以对用人唯亲保持警惕，是因为用人唯亲和用人以长是截然对立的。用人以长是以才能优劣为标准的，而用人惟亲是以关系亲疏为标准的，二者的出发点完全不同。用人唯亲，顾名思义，就是关系密切，感情好。从历史上看，用人惟亲至少会造成两方面的影响：一是不能选拔出真正的人才，打击人才的积极性；二是必然会造成一个集体的离心离德。当然，反对任人唯亲，并不是说凡是与自己有亲密关系的人都应当疏而远之，真正有德有才的人同样应该重用。内举不避亲，外举不避仇，一切以人才的高低为标准，只有这样，才能真正发挥出人才的长处。

领导与管理现代应用

1.做事公正：公正在企业管理中的重要性

先看这样一则寓言故事：

从前，有一个农夫，依靠一头老黄牛耕种几亩田地来维持生活。这个农夫还养着一只可爱的小花猫。

一天，老黄牛因为多吃了稻草而被主人打了一顿，正伤心哭泣时，小花猫走了过来。它笑着对老黄牛说："老牛啊老牛，你可真是可怜的老黄牛啊！"

"我都被主人打了，你还笑啊！"老黄牛呜咽着说。

"主人为什么要打你啊？"小花猫笑得更欢。

老黄牛委屈地说："主人说我多吃了稻草。可是你也知道，我平时耕地那么辛苦，流了那么多的汗水，消耗那么多的体力，我的块头还这么大，不多吃一点，我会很饿的。饿了哪有体力下地干活啊！"

"那主人是怎么说的啊？"小花猫问。

"主人说，就是要让你每天饿一点，你才能卖力地干活，你一旦吃饱了，就会变懒的。"

"哦？"小花猫一边听一边用爪子清理身上的毛。

老黄牛继续说："我说，主人啊主人，你可是误会我了啊，自从你把我买来，我就认定要跟着你一辈子，看到你生活这么困难，只依靠几亩地营生，我每天都在想，一定要帮助主人把地耕好犁好，让庄稼长得好一些，让主人有一个好收成。在田埂上看到主人的庄稼长势喜人，我就十分高兴，因为这里面也有我的一份功劳啊！"

"但主人还是教训你了啊！"小花猫说。

"是啊！"老黄牛说，"主人说，少说废话，你这是为了自己偷嘴而狡辩，不服从主人的规定，就得挨打！"

"想想，在耕种季节，我卖力耕地犁地；空闲时候，主人还要让我驮货，出远门时还要骑着我，让我做代步工具。可我只是为了要吃饱肚子才多吃了几口稻草啊！"老黄牛说着又呜咽起来。

小花猫咯咯地笑，说："你真是一个又勤快又憨直又老实的老黄牛啊！我跟你就不一样了，主人就从来没有打过我。不但没打过我，还经常带我出去散步，抱着我睡觉，经常去街上买鱼给我吃……"

"这是为什么啊？"老黄牛悲哀地问。

小花猫又咯咯地笑起来，说："主人说，我长得漂亮可爱、聪明伶俐啊，主人烦恼的时候，我可以给他解闷，还有，主人说，我会逮老鼠，能帮助主人逮那些经常偷嘴的老鼠。"

老黄牛呆呆地望着小花猫……

小花猫说着叹了口气，道："难道你不觉得最近主人打你的次数变多了吗？你知道为什么吗？"

老黄牛茫然地摇摇头。

小花猫压低声音故作神秘地说："主人跟我说，是因为你现在老了，没有力气了，没什么用了，他打算明年把你卖给屠宰场。"

老黄牛惊恐地瞪大了两只牛眼……

当天夜里，农夫正在床上睡觉，突然被一声"轰隆"巨响惊醒了，然后听到一阵急促的"哒哒"声音由近向远传去。农夫慌忙从床上跳下来，点灯，开门，发现牛圈里的老黄牛已经消失得无影无踪了。

这个故事寓意很深，如果从管理的角度来看，存在着以下问题：

1、利益分配不科学，没有从生产效能和岗位职能的角度优化分配方案，没有体现出多劳多得、少劳少得的公平原则，忽视真正的贡献者。“老黄牛”任劳任怨、勤勤恳恳、踏踏实实工作，是公司里面主要出业绩的，理应受到好的奖赏，从物质到精神层面，给予认可赏识，但“主人”非但不予奖赏，反而还一再对其苛责；小花猫乖巧灵敏，会讨主人的喜欢，抓老鼠，“献媚挠痒”，但实际上却并未为“主人”做出过多大的贡献，反而能获得“主人”的宠爱。这种管理方式无疑会使肯干、有能力的人心冷，乃至最终离去。

2.绩效考核不同。对待老黄牛和小花猫用不同的考核方法，不同的指标评估考核。当然，老黄牛和小花猫扮演的角色不同，价值不同，所花费的养护成本也不同，不能一概而论，应有针对性的分别对待。

3.忽视员工“老黄牛”的事业感、成就感、荣誉感和归属感方面的情感诉求，仅仅把员工“老黄牛”定位成一个赚钱工具，通过简单低级的“胡萝卜加大棒”的管理方式来管理员工“老黄牛”，甚至试图压榨老黄牛的“最后一滴血”。

4.作为老板的“农夫”一个“私”字当头，没有站在客观公平的角度去评判自己的员工，而是从个人情感和好恶角度来评估员工，让像“小花猫”这样巧言令色、无实际贡献和工作能力的员工享受特殊待遇。

通过对这个故事的分析总结，我们就能够看出“公明”在企业管理中的重要性。所以，身为领导者和管理者，在管理下属和处理事务的时候，一定要做到公正才算得上是一个优秀的领导者。

2.公正无私：做事公正，才能得到拥护

我们先看这样一个故事：

元世祖至元年间，大名路的达鲁花赤小甘浦每年冬天都要驱使百姓跟

随他去郊外打猎，严重扰乱了百姓正常的生产生活。事情传到朝廷后，世祖派姚天福前往查处。

姚天福接到命令后，轻车简从，悄悄进入了大名路。通过暗中调查，他掌握了小甘浦的罪证，并立即将他抓捕归案，进行审讯。小甘浦虽骄横不法，却没经过什么大事，结果没吓唬他几下，他便什么都招了。姚天福便派人把他押送到京城等候发落。

谁知刚到京城，小甘浦便在侍御史安兀失纳的庇护下，被无罪释放了。小甘浦一被释放竟跑到御史台门前破口大骂。姚天福大怒，带领手下又逮捕了小甘浦，并在他的口袋中搜出了贿赂安兀失纳的礼单，不久又从一个道士处搜出了赃物。由于事情做得隐秘，所以安兀失纳还不知道出了事。第二天安兀失纳正处理事情，姚天福率领手下突然冲了进去，要将他捆绑起来，吓得安兀失纳拔腿就跑。看着追赶不上，姚天福便让人抬着这些财物去面奏世祖。世祖不满地说："小甘浦犯了10条死罪我都赦免了，你想把他怎么样？"

姚天福说："小甘浦犯了17条死罪，你赦免了他10条，可剩下那7条让谁替他死呢？况且法律是我们太元祖定下的，对什么人都应该是公正、公平的，怎么能够随意破坏呢？"

世祖不得已，只好处死了小甘浦，并免去了安兀失纳的官职。这件事被传开以后，许多官吏都想要在姚天福的手下做事，因为姚大人不惧权贵，为人公正无私。

在国家的治理上要讲究公正无私，在企业管理上同样如此。作为一名领导者，上位之初，想要得到员工的拥护，就必须做到公正无私。

美国经济学家詹姆斯说："公正是人类社会发展进步的保证和目标。公正是对人格的尊重，可以使一个人最大地释放自己的能量。不公正则是对心灵的一种践踏，是对文明的一种挑衅，是对社会的一种罪行。所以坚持公正的管理和处世原则，是每一个人都要履行的责任和义务！"

尽管管理者的工作方法各不相同，但必须树立公正无私的形象，才能大大有利于自己凝聚能力的加强。公平无私，是公司管理中的规则，无私才能扬威，才能使自己在下属中树立权威。

用人上的不公正，会引起大家的不满，这是一个企业能否实现平稳发展的重要问题。如果待人失当、亲疏不一，则会在不知不觉中重用了某些不该得到重用的人，而冷落了一些骨干力量，这样做的结果是严重打击了受到不公正待遇的下属的积极性和创造性，直接影响到企业的全局发展。因此，要想成为一名受下属欢迎并具有凝聚力的管理者，就应该对所有的下属一视同仁，这样，不仅积极因素可以得到充分调动，一些消极因素也会转化为积极因素。

现在做如下假设：

假如你现在有一件难度颇大的任务，你想寻找哪一位合适的人选呢？

黄某很能干，他会迅速有效地完成任务，但是他目前手中有多项任务，无法腾出精力，李某现在比较空闲，但是他行动迟缓，做事错误百出，有时根本无法完成任务。

如果你内心想着：等到黄某有时间再让他去做，我可以轻松一下。或者让李某去做，趁机可以教训他一下，而且指出他的错误，必然可以增加我的威信。这样的念头，都会使下属对你的信心大减。

唯一的选择是：公平、无私，因为只有无私才能扬威。

明智的管理者最在意的是名声，有好名声才有凝聚力，才能做到众望所归。因此，作为管理者，不能不领会公正无私的内涵。只有顾及下属对自己品质的评价，只有在下属面前树立一个公正无私的贤者形象，才能更好地立权树威，做到取信于“民”。

深受下属欢迎的管理者总是以大局为重，不计个人恩怨，充分地调动多数人的积极性，通过公正地使用人才来激发下属为企业效劳的积极心理。

胡林翼说：“国家的名器，不能够随便就给予他人。只有慎重地封赏，才能使军心振奋，斗志旺盛，而后才有希望在短期内建功立业。”

受下属欢迎的管理者，往往在论功行赏方面也会做得相当完美，能够充分地调动下属的积极性，形成人人争上进的局面，给企业带来无限的生

机和活力。反之，如果论功行赏做得不好的话，不仅达不到激励下属的预期效果，反而会造成灾难性的后果。

例如，优秀的下属在工作中做出了相当大的贡献，但他并没有得到相对应的奖赏，工薪、奖金都没有与贡献呈现正比例增长。而那些并没有做什么实际工作的人却得到了加薪、分红。任何正常的人都会非常自然地感觉到管理者对他的不公平，从而产生种种抵触心理。这种使中坚力量产生抵触情绪的局面一旦形成，企业的前途命运也就非常危险了。

公正地评价下属也是优秀管理者公正无私的一个方面。为了客观评价下属，他们善于及时观察和做笔记。下属的表现通过长期的工作才能体现出来，只有长期记录他们的行为，才能对他们真正有所了解。在掌握这些资料之后，当你通过手头的记录去表扬某些工作干得好但又不被人注意的下属时，他会备感欣慰，从而促使他会努力地把工作做得更好。如果是批评某些下属干得不好，虽然他会在短时期内情绪低落，但很快就会了解你公正待人的做法，同时也会重新认识自己工作中的不解，变后进为先进。这样，下属才会逐渐消除对你的不满，对你的管理工作会更加满意。

3.制度公正：要站在公平与公正的起点上

追求公平与公正是一切管理者孜孜以求的目标。“黑包公”的形象之所以深入人心，是因为他代表的是公平、公正与正义。这一点现代的管理者也应牢记不忘。

在对制度、纪律和对下属的评价的把握上，公正是最基本的要求。任何一个机构，都必须有严明的制度和纪律，否则就无法有效地开展工作。关于制度的重要性，管理学家讲过这么一个故事：

有7个人住在一起，他们每天都分吃一桶粥，麻烦的是粥每天都是不够的。一开始，他们抓阄决定谁来分粥，每天轮一个人。结果一周下来，他们只有一天是饱的，就是轮到自己分粥的那天。后来他们推选出一个道德高尚的人出来分粥。但强权就会产生腐败，分粥者有了权力，其他人就开始纷纷拉拢贿赂他，搞得整个小团体乌烟瘴气，结果还是分不平均。再后来，他们又组成二人分粥委员会和四人评议委员会，但他们常常相互攻讦，扯皮不止，粥吃到嘴里都凉了。最后，有人出了个主意：还是轮流分粥，但分粥的人要等到其他人都挑完之后，拿剩下的最后一碗。为了不让自己拿到最少的，每个人都会尽量分得平均。大家从此快快乐乐，和和气气，日子越过越好。

同样的7个人，不同的分配制度就产生不同的风气。所以，一个组织如果有不良的工作习气，一定是机制问题，一定是没有做到完全公平、公正。一项集体行为要想取得预期结果，必须有合适的制度，制度是组织存在和发展的保障。制定和推行一个公平、公开、公正的制度是管理者必须思考的问题。组织的制度建设是一个长期的系统工程。那么，应该如何健全管理制度呢?

首先，制度要公正无私。制度一经公布，即对组织内部任何人都具有约束力，高级管理人员也不能例外。

其次，制定的制度要客观可行。要针对组织或企业的实际情况，制定出切实可行的制度，如果脱离实际，只图好看，无法贯彻落实，到头来就会落个“画虎不成反类犬”的结局。

再次，制定了制度就要严格执行。制度制定出来就必须严格遵守，并且要做到在法律和制度面前人人一律平等，所有人和所有事件都要严格依照制度的规定来执行。有法有制度而不遵守和依据，其危害会更严重。

春兰公司之所以能成功，靠的就是它行之有效的“三铁”法则：

第一，铁的条例。春兰公司强调从人的基本行为开始，进行严格管理，以法治厂。为此制定了一系列的规章制度，以严著称，比如迟到一分钟就罚款50元。

第二，铁的纪律。从上到下，都有严格的目标责任制，违反了就必须受罚，铁面无私，一视同仁。

第三，铁的管理。春兰追求铁的管理，尤其是铁的质量管理，这些要

求甚至外延到协作厂家，现场监督配套零部件产品的质量。

实战指南

【实战案例】

联想集团有个规定，凡开会迟到者都要罚站。

在媒体的一次采访中，联想集团董事长柳传志表示，即便是他也曾经被罚站过三次。柳传志说：公司规定，如果开会不请假而迟到就一定要罚站。但是这三次，都是我在无法请假的情况下发生的，比如有一次是我被关在了电梯里边。罚站的时候是挺严肃，而且是很尴尬的一件事，因为这不是随便站着就可以敷衍了事的。在20个人开会的时候，迟到的人进来以后会议会暂停一下，静默地看着迟到者站一分钟，有点儿像默哀，真是挺难受的一件事，尤其是在大的会议上，还会采用通报的方式。规定制定之后，第一个被罚站的人是我的一个老领导。他罚站的时候，站了一身汗，我是坐了一身汗。后来我跟他说：“今天晚上我到你家去，给你站一分钟。”不好做，但也就这么硬坚持下来了。

柳传志认为，公司新制定的规定很容易被人忽视，所以一定要严格执行，公平公正，不论是谁触犯都一视同仁地进行处罚，那么在不计其数的人被罚站之后，出了问题就要受罚的观念也就深入人心了。并且只有不管谁犯了错误都会受到处罚，团队之中才会产生公平感，整个团队才会精神百倍。

【运用指南】

其实，每一个管理者在自己的岗位上，都愿意标榜自己对下属公平、公正、无私。但是，怎样才能做到公正无私呢？

首先，公正地评价员工。

优秀的领导者为了能够客观的评价员工，都善于及时观察和做笔记。员工的表现只有通过长期的工作实践才能够体现出来。只有长期注意他们的行为，才能对他们真正有所了解。当你通过自己的记录和了解去表扬某些工作干得好但又不被人注意的员工时，他就会备感欣慰，从而促使他把工作做得更好。

如果是批评某些员工，虽然他会在短时期内情绪低落，但很快就会明白你公正待人的做法，同时也会认识到自己工作中的不足，变后进为先进。这样一来，员工才会对你满意。

其次，公正地任用员工。

深受员工欢迎的领导者会通过尽可能公正地任用人才来激发下属效劳的积极心理。

通常情况下，用人上的不公正，常会引起大家的不满。如果待人失当、亲疏不一，就会在不知不觉中重用了某些不该得到重用的人，而冷落了一些真正有能力的人。因此，要想成为一名受员工拥护的领导者，就应该显得对所有的员工一视同仁。

再次，做好“论功行赏”的工作。

领导者公正无私还表现在对员工的“论功行赏”上面。受员工拥护的领导者，往往在论功行赏方面能够做得相当完美，充分调动员工的积极性，形成人人争上游的局面。反之，如果论功行赏工作做得不好的话，不仅达不到奖赏的预期效果，反而会造成灾难性的后果。

最后，做事公私分明，切不可假公济私。

要了解一个人的品性只要看他使用金钱的方式就知道了。最被员工瞧不起的领导者就是用公家的钱挥霍无度而自己则一毛不拔的人。这种类型的领导者对组织是有百害而无一利的，严格说起来，他不但没有存在的价值，甚至会对公司造成危害。领导者在日常事务中要公私分明，切不可因贪图小便宜而使自己的形象受损，进而影响到自己的事业发展。

能够得到员工拥护的领导者必定是公正无私的。但是，还要记住一

点，公正不一定就能做到公平。

例如，管理者为实施激励，出台了一些相应的规定以配合奖惩。但很多人为了达到奖励标准，会根据考核办法，尽全力做到符合规定，这时真的、假的、半真半假的、亦真亦假的情况都会出现。弄得考核的人很不容易分辨清楚，以致每次公布结果，下属都觉得不公平。

最好的办法，便是根本改变公平的观念。如果你能坦诚说明“我只能够公正、却很难保证公平”，坚持公正但承认不公平的存在，是解开两难选择的突破。

第八章　仁爱
——以仁爱之心带兵

本章是讲练兵、带兵的方略和原则之一——仁爱。曾国藩和胡林翼都认为，在治军之时，应以仁爱之心带兵，使士兵有军营是第二家庭的感觉。而蔡锷也对此深表赞同。以仁爱带兵，让下属把企业当成自己的第二个家，这对于今天的企业领导者和管理者来说仍然有着借鉴意义。

曾胡治兵语录·仁爱

【原文】

带兵之道，用恩莫如用仁，用威莫如用礼。仁者，所谓欲立立人、欲达达人是也。待弁兵如待子弟之心，常望其发达，望其成立，则人知恩矣。礼者，所谓无众寡、无小大、无敢慢怠而不骄也。正其衣冠，尊其瞻视，俨然人望而畏之，威而不猛也。持之以敬，临之以庄，无形无声之际，常有凛然难犯之象，则人知威矣。守斯二者，虽蛮貊之邦行矣，何兵之不可治哉！

吾辈带兵，如父兄带子弟一般。无银钱、无保举尚是小事，切不可使之因扰民而坏品行，因嫖赌、洋烟而坏身体。个个学好，人人成材，则兵勇感恩，兵勇之父母亦感恩矣。

爱民为治兵第一要义，须日日三令五申，视为性命根本之事，毋视为要结粉饰之文。

（曾语）

大将以救大局为主，并以救他人为主。须有嘉善而矜不能之气度，乃可包容一切。觉得胜仗无可骄人，败仗无可尤人。即他人不肯救我，而我必当救人。

必须谆嘱将弁，约束兵丁，爱惜百姓，并随时访查，随时董戒，使营团皆行所无事，不扰不惊，戢暴安良，斯为美备。

爱人当以大德，不以私惠。

军行之处，必须秋毫无犯，固结民心。

长官之于僚属，须扬善公庭，规过私室。

圣贤、仙佛、英雄、豪杰，无不以济人济物为本，无不以损己利人为正道。

爱人之道，以严为主，宽则心弛而气浮。

自来忠臣义士，于曾经受恩之人，必终身奉事惟谨。韩信为王，而不忘漂母一饭之恩；张苍作相，而退朝即奉事王陵及王陵之妻如父母，终身不改，此其存心正大仁厚，可师可法。

（胡语）

带兵如父兄之带子弟一语，最为慈仁贴切。能以此存心，则古今带兵格言，千言万语皆可付之一炬。父兄之待子弟，虑其愚蒙无知也，则教之诲之；虑其饥寒苦痛也，则爱之护之；虑其放荡无行也，则惩责之；虑其不克发达也，则培养之。无论为宽为严，为爱为憎，为好为恶，为赏为罚，均出之以至诚无伪，行之以至公无私，如此，则弁兵爱戴长上，亦必如子弟之爱其父兄矣。

军人以军营为二家庭，此言殊亲切有味。然实而按之，此第二家庭，较之固有之家庭，其关系之密切殆将过之。何以故？长上之教育部下也，如师友，其约束督责爱护之也，如父兄；部下之对长上也，其恪恭将事，与子弟之对于师友父兄殆无以异耳。及其同莅战役也，同患难，共死生，休戚无不相关，利害靡不与共。且一经从戎，由常备而续备，由续备而后备，其间年月正长，不能脱军籍之关系。一有战事，即须荷戈以出，为国宣劳，此以情言之耳；国为家之集合体，卫国亦所以卫家，军人为卫国团体之中坚，则应视此第二家庭为重，此以义言之耳。

古今名将用兵，莫不以安民、爱民为本。盖用兵原为安民，若扰之害之，是悖用兵之本旨也。兵者民之所出，饷亦出之自民。索本探源，何忍加以扰害？行师地方，仰给于民者，岂止一端？休养军队，采办粮秣，征发夫役，探访敌情，带引道路，何一非借重民力？若修怨于民，而招其反

抗，是自困也。至于兴师外国，亦不可以无端之祸乱加之无辜之民，致上干天和，下招怨讟。仁师义旅，决不出此，此海陆战条约所以严掳掠之禁也。

（蔡按）

【译文释要】

带兵之道，施恩的最好方式莫过于用仁，立威的最好方式莫过于用礼。仁，就是所谓的自己想建功立业，就先让别人建功立业；自己想兴旺发达，则先让别人兴旺发达。对待官兵像对待自己的子弟那样尽心，总是希望他们兴旺发达，盼望他们建功立业。这样，将士们就会对你感恩戴德了。礼，就是所谓的无论人多少，无论官大小，都要一视同仁，不敢略有怠慢，也就是地位虽高，却不骄傲自大，盛气凌人。再加上将帅衣冠整齐，举止严肃，令人望而生畏，但威严而不刚暴。日常行事时十分恭谨，面对将士时十分庄重，在无形无声之中，常常有凛然不可侵犯的正气，这样，部属就会感觉到你的威严了。如果能够做到并坚持这两条，那么即使是蛮夷之国都可以去了，还会有什么样的军队治理不好呢！

我们带兵，就像父亲带儿子、兄长带弟弟一样。没有金钱，没有得到荐举提拔，都是小事，千万不能纵容他们因为骚扰百姓而坏了品性，因嫖娼、赌博、吸大烟而毁坏身体。如果士兵个个学好，人人成才，则不仅他们感恩戴德，而且他们的父母也会感激不尽。

爱护人民是治军的第一要义，必须天天三令五申，并把它视为治军最根本的大事，而不可将它看做是冠冕堂皇的官样文章。

（以上为曾国藩语）

大将以救大局为主要职责，同时还要以救援他人为主要职责。必须要有喜欢并嘉奖别人的成绩，同情并帮助能力不太强者的气度，才能包容一切，打了胜仗不觉得有什么可以骄傲的，打了败仗也没有什么可以抱怨的。即使别人不肯救我，我也一定要救援别人。

必须谆谆叮嘱军官严格约束手下士兵，让全军都知道爱护百姓，并随时进行访查，随时进行督促，使各营各团大都不惹是生非，侵扰百姓，反而能够除暴安良，为民服务，如此一来可以算是一支好的军队。

爱民应当以大德为原则，而不应当以私惠为原则。

军队所到之处，必须秋毫无犯，才能固结民心，赢得百姓的爱戴。

长官对在自己身边任职的大小官员，应当在大庭广众之下赞扬他们的成绩，而在没有外人的私室之中指出他们的过错。

圣贤、仙佛、英雄、豪杰等，无不以利人济物为本分，无不以损己利人为正道。

爱人之道，以严厉为主，宽厚就会令众人心驰而气浮。

自古以来，忠臣义士对曾经有恩于自己的人，必定是终身敬重，尽心尽力。韩信被封为王，却不忘洗衣妇的舍饭之恩；张苍身为宰相，可退朝之后就去侍奉王陵夫妇，如同对待自己的父母一样，并且终身不改。这些人的心灵正大仁厚，值得效法，值得学习。

（以上为胡林翼语）

曾国藩说带兵就像父兄带子弟这句话，最为仁慈贴切。如果心里能够永远这样想，那么古今带兵的格言，千言万语都可以付之一炬。父兄对待子弟，因为担心他们愚昧无知，于是就会谆谆教诲他们；担心他们饥寒痛苦，于是便会时时爱护他们；担心他们放荡无行，于是会严厉惩责他们；担心他们不能兴旺发达，于是就会精心培养他们。无论是宽还是严，是爱还是憎，是好还是恶，是赏还是罚，全部都出于至诚，没有虚情假意。如果能像这样大公无私，那么士兵们爱戴长官，也必定会像子弟爱戴父兄那样。

军人以军营为第二个家庭，这话听起来确实非常亲切有味。但是从实际情况考察，这第二个家庭比起本来的家庭，其成员之间关系的亲密程度，似乎还要有所超过。为什么这样说呢？因为长官教育部下时就像是良

师益友一样，约束、督责、爱护部下时就像严父仁兄一样；部下对待长官，其恭谨事奉，与子弟对待师友父兄，几乎没有什么不同。当他们一同走上战场后，同生死共患难，吉凶无不相关，利害无不与共。而且一旦从军，由常备军变成续备军，由续备军变成后备军，其间年月甚长，谁也不能随意脱离军籍。一有战事，就必须荷枪上阵，为国效劳。这是从情的方面讲；国是家的集合体，保卫祖国也就是在保卫家，军队是保卫祖国的中坚力量，自然应当把这第二个家看得更重一些，这是从义的方面讲。

古今名将用兵，无不以安民、爱民为根本。用兵本来是为了安民，如果反过来骚扰、侵害百姓，就违背了用兵的本意。军队，是从百姓中选拔出来的，军饷也是出自百姓。追本求源，又怎能忍心扰害他们呢?在地方上行军打仗，仰给于百姓的事情难道会少吗?休养军队，采办粮草，征发民工，侦察敌情，引领道路，哪一项不需要借重百姓的力量?如果因得罪百姓而激起他们进行武装反抗，便是作茧自缚，自讨苦吃。至于对外国用兵，也不可以把无端的灾祸强加给无辜的百姓，以致上伤天和，下招民怨。仁义之师，决不会这样做，这就是海、陆战条约之所以要严禁掳掠的原因。

（以上为蔡锷按语）

【曾胡治兵实例】

1. 己所不欲，勿施于人

曾国藩初办团练时，手中并无一勇一卒。而当时湖南已有江忠源的楚勇、罗泽南的湘勇，且各自都有一定的势力。其中江忠源的楚勇更是出境至广西，有著名的蓑衣渡之战，后保卫长沙城，转战江西，各有战功。可是，曾国藩却能成为他们的精神领袖，协调了各部的行动。江忠源战死后，接领其部的是刘长佑、萧启江等；罗泽南战死后，接领其部的是李续宾、李续宜、蒋益澧、刘腾鸿等，也大体上都接受了曾国藩的指挥和调度。而在湘军逐渐发展的过程中，一批非湘籍的将领也陆续得到了曾国藩的重用，如满族人塔齐布、蒙古族人多隆阿、河南人李孟群、广东人褚汝航、四川人鲍超、福建人沈葆桢等。这都说明了曾国藩在浓厚的宗族观念、地域观念之外，还有着坦荡的襟怀和识才善用的本领。

所有这些大体上接受曾国藩节制的湘军将领，除极少数如塔齐布等出身行伍外，绝大多数都是原先不甚得志、僻居乡间的士人，他们以维护名教为己任，以杀“贼”立业为职志，与曾国藩心心相印。然而，他们不听他人号令，却独尊曾国藩，除了思想上与之相通这一点之外，确是因为曾国藩过人的人格力量。

在这方面，曾国藩说：“人们谁不想自己能够成名显贵，若能推此心到别人，让别人成名显贵，则与万物同春！”反过来说，意思就是“己所不欲，勿施于人”。曾国藩说：“圣门好言仁。仁即恕也。曰富，曰贵，曰成，曰荣，曰誉，曰顺，此数者，我之所喜，人亦皆喜之。曰贫，曰贱，曰败，曰辱，曰毁，曰逆，此数者，我之所恶，人亦皆恶之……吾兄弟须从‘恕’字痛下工夫，随在皆设身处地。我要步步站得稳，须知他人也要站得稳，所谓立也。我要处处行得通，须知他人也要行得通，所谓达也。今日我处顺境，预想他日也有处逆境之时；今日我以盛气凌人，预想他日人亦有以盛气凌我之身，或凌我之子孙。常以‘恕’字自惕，常留余地处人，则荆棘少矣。”

所以，曾国藩强调严以律己，宽以待人，不怨天，不尤人。如果“无故而怨天，则天必不许；无故而尤人，则人必不服……凡遇牢骚欲发之时，则反躬自思：吾果有何不足而蓄此不平之气？猛然内省，决然去之。”凡不能严于律己、宽以待人的人，最终也不能立己达己。历史上的无数事实充分地证明了这点。所以，曾国藩主张“以能立能达为体，以不怨不尤为用”。

2. 自立立人，自达达人

曾国藩认为，善于夺心者无不从利害入手，因为只有当对方认为某件事有利于己时他才可能会欣然接受，如果当其认为于己有害时就一定会本能地拒绝。故而，曾国藩对孔子孟子的“自立立人、自达达人”之道尤

为推崇，把是否施于人的问题当做识量大小的高度来认识，知此则识大量大，不知此则识小量小。

曾国藩的“自立立人，自达达人”，体现了他对人性的彻悟。任何人不论说得如何，做得怎样，但从本性上来说，都是具有趋利避害的本能的。俗话说：“无利不起早”，如果一个人明知道自己要做的事是得不到任何利益和好处的，那么他怎么会情愿再继续干下去呢?同样的，对于一个统帅来说，如果手下众人明知道跟着自己东征西杀既没有什么发展，也得不到什么实际利益，那他为什么还要白白地送命呢?

所以，曾国藩认为：“我要步步站得稳，须知他人也要站得稳，所谓立也。我要处处行得通，须知他人也要行得通，所谓达也。”曾国藩把这种信念用在自己的事业中，就是功不己居，名不己出。在军营里，每次听曾国藩谈到收复安庆的事，他总是会归功于胡林翼的筹谋划策，多隆阿的艰苦战斗；谈到后来攻下金陵，则又归功于各位将领，而没有一句话提及他自己以及弟弟曾国荃。谈到僧格林沁进攻捻军的时候，赞扬他能吃苦耐劳，说自己比不上他的十分之一二；谈到李鸿章、左宗棠，称他们是一代名流，不是说自愧不如，就是说谋略莫及，这往往都从他的奏折和信函中表现出来。

蒋介石也对曾国藩佩服得五体投地。除了佩服曾国藩为人处世之高超外，蒋介石尤其钦佩曾国藩的“自立立人，自达达人”的收服人心之道。他在《曾胡治兵语录白话解》中说：“满清王朝之所以能够中兴，太平天国之所以归于失败，其原因并不是人才消亡的缘故，而实际上是道德事业兴盛衰替的证明。洪秀全、杨秀清、石达开、李秀成、陈玉成和韦昌辉等人的才略，难道比不上曾国藩、胡林翼、左宗棠和李鸿章等满清大臣吗?然而曾国藩标榜传统的思想品德，身体力行，以为一世的先导，其结果竟然能够移风易俗，挽回颓靡的风气。”从这段描述中，我们暂且不去讨论曾国藩等人在当时应对时变的手段、思想的新旧，事业成败的过程如何，光是他的苦心和毅力，自己要立身，也要扶持造就使别人也能立身，自己通达，也要使别人通达之道，就已经足够成为我们的老师了。

曾国藩不论是带兵打仗，还是处理政务，对待自己的下属都是从不吝啬的。虽然他一生不爱钱财，但是在治军和收服人心方面，却特别主张以“利”来获得军心，以厚赏来得兵将之勇。因此，他不惜精力，多方努力，坚持实行了一种厚饷养兵的统军方式，因而得到了一支勇猛无比的精兵。

在官位升迁方面，曾国藩不仅自己升迁，同时还荐举幕僚和下属升迁，从来都不吝于提拔他人。曾国藩一生荐举的人才甚多，其中有很大一部分都属于追随他的幕僚和下属。在曾国藩的四百余位幕僚之中，绝大多数人都受过他的推荐或保举。可以毫不夸张地说，凡为其幕僚者几乎人人都有顶戴，即便不是实缺官员，也有候补、候选、记名之类的名头，无此资格者反倒为数极少，凤毛麟角。很多受过曾国藩保举之人，有的甚至是一保再保，不止一次。至同治十一年(1872)二月曾国藩去世时，其幕僚官至三品者已达22人，其中总督4人，巡抚7人，至于道府州县则难以统计。

3. 关心和尊重下属

身为领导者，对于下属采取一种什么样的态度，是以上压下，还是尊重他们，栽培他们，大体上能够反映出自身的领导才能和品格修养。曾国藩在对待下属的态度上，关心和尊重占了主要部分，而利益等物质刺激只不过是一种辅助手段。

自曾国藩驻进南康，塔齐布每天都会给他写一封信，报告九江城下湘军与太平军的作战情况。曾国藩也每天都给塔齐布回信，就有关问题做出指示。由于塔齐布只是一介武夫，故而在他独当一面的时候，曾国藩总是不能放心，因而常常挂念着九江城下的事情。

1855年8月9日，曾国藩约塔齐布在位于南康附近的青山见面。他见塔齐布一脸倦容，心中很是不安，于是就告诉塔齐布说，既然九江久攻不克，不如暂时撤兵，转战湖口等赣东地区。这样既能够鼓励士气，又好向朝廷交代。

不料塔齐布听后，挽起自己的袖子，露出左臂上的“忠心报国”4个大字，道：“吾虽是一介武夫，然上感朝廷知遇之恩，下铭大人提拔之情，虽万死不足以投报。湘军久屯九江坚城之下，我心中亦焦灼无比。近

一个月来，军中已准备了大量的攻城器具，有云梯数百，布袋数千，另外还扎有不少的草人、竹筏、挡牌、竹盔之类。勇丁还专门进行了攻城作战的训练。现在就等哪个晚上月黑阴雨，即可大举发动攻击。所以，我请大人暂缓一月撤兵，我定在一个月内将九江拿下。如果一个月之后我还是不能占领此城的话，一定听您的话，带着部队去打湖口。”

曾国藩见塔齐布说得十分诚恳，对攻城作战好像也还有几分把握，也不想就此打消其积极性，便道：“弟之忠勇，举国皆知，朝廷也屡加表扬，更是令兄钦佩莫名。”于是就同意再给他一个月的时间，让他做最后一次努力。

塔齐布回到九江后，对手下各位将领宣称，他已在曾大人处立下军令状，务必在一个月之内将此城拿下，否则，他就将以死谢罪。众将士闻听后信以为真，对攻城的准备便越发卖劲。塔齐布最终因久攻九江不下，于8月30日呕血而死。曾国藩得知消息后悲痛万分。多少年后，“寸心以此为大憾事”。

虽然塔齐布最终因为九江之战而死，但是曾国藩这种对属下的尊重与关心，有利地加强了湘军各成员间的团结协作关系。

领导与管理现代应用

1.尊重下属：有人情味的领导必然尊重下属

曾国藩认为，带兵“用威莫如用礼”，不论所带之人多还是少，无论官职大还是小，都要做到一视同仁，尊重下属，不能有所怠慢。

能否成为一个成功的领导者，一方面是要有卓越的工作能力和竞争意识；另一方面则要有高超的驾驭下属的能力。身为一名领导者，你必然会有下属，每个下属都会有所不同，或性格有内向外向之别，或能力有高低之分。他们的无序组合组成了一个集体，而你就是这个集体的领导。要想使这个集体做出成绩，你一方面需要激发每个人的创造力，另一方面还要施展你的统御才能，使大家有团结一致的合力。那么，想要做到有效的统御，就要做一个有情有义、有人情味的领导。而想要做到这一点，首要的就是尊重下属，即使这个下属是最普通的员工也不例外。

尊重下属的同时尊重自己，才能使领导者的权威与尊严真正树立在下属的心中，而不是来源于一纸任命。

每个人都有自尊心，不论身处什么地位，都希望得到别人的尊重。同样，中层领导想要与自己的下属员工建立良好的关系，就要尊重下属，用主动和真诚的态度来制造出和谐轻松的气氛，缩短彼此的距离，让他们的自尊心得到满足，这样一来才能树立起自己平易近人的形象，得到下属的爱戴和拥护，进而令员工努力工作。

我们经常听到一些领导抱怨说很难找到一个满意的得力助手。他们在报纸杂志上都刊登了求贤纳士的广告，但就是找不到称心如意的。

事实上，这大多是因为这些雇主很自傲、自视甚高，脾气又反复无常，所以任何雇员到了他们的手下做事，都不会感到快乐。在这种领导的眼里，员工就像一个只知干活的奴隶一般，他每月给员工很低的工资以维持生活，但却要控制员工从早到晚的时间和自由，还决不允许其有自己的主见，更不让他有机会进修和发展。

不论领导者的地位有多高，权利有多大，如果你不发自内心地尊重你的下属，却想管理好下属，是永远都办不到的。

对于下属员工来说，他们渴望得到领导重视和尊重。在他们眼中，地位上的差异是客观存在的，也是他们能够接受的，但在感情上却希望自己能得到别人的尊重，尤其是上级领导的尊重。一旦得到领导的尊重，他们的自尊心得到满足，内心深处就会产生一种“不负使命”的责任感，工作意念和干劲儿就会促使他们尽全力做事。

事实上，总是有些领导者会以“统治者”或“监工”的面孔出现，这

样的做法往往会伤害员工的自尊心，并挫伤他们工作的积极性，进而影响到工作的效率和质量。

美国IBM公司提出的口号是“尊重个人”，如果员工不能在公司受到尊重，就谈不上员工能够尊重和认同公司的管理理念和企业文化。作为管理者，更应该身体力行，把尊重员工落到实处，而不只是停留在口头。

尊重员工首先是尊重员工的言行，管理者应该最大限度地与员工进行平等的沟通，而不是对员工的言行不闻不问。让员工能够在上司面前自由地表达自己的意见和看法，这一点非常重要。尊重员工还表现在尊重员工的价值观。公司的员工来自不同的环境，有着各自的背景，所以每个人的价值观也会不尽相同。只有尊重员工的价值观，才有可能让他们融入公司的管理理念和企业文化中。

美国的许多成功企业家，都十分尊重自己的员工。

美国著名企业家埃丝黛·劳德说过：“员工是我最重要的财富。”美国惠普公司创立人惠利特说：“惠普公司的传统是设身处地为员工着想，尊重员工，并且肯定员工的个人成就。”该公司也是这么做的，在20世纪70年代经济萧条时期，他们坚持不裁员，上下一心渡过了难关。

企业管理说白了就是对人的管理，而领导者也是人，不能把自己当成高高在上的“神”。领导者与员工之间只是职务上有所不同，但在人格上还都是平等的，都应该受到他人的尊重。所以，中层领导一定要讲究人本思想，以平等的身份与下级共处，这样才显得有人情味，才会让员工感受到你对他的尊重，从而接纳你、拥护你。如果把自己放在高不可攀的位置上，制造一种神秘感，让员工仰首而视，敬而远之，这样是绝对干不好工作的。

有位领导有事让员工到他办公室去的时候，从来不会用一种命令的语气说“你到我办公室来一趟，我有事找你”，而是说“我在办公室里等你”，虽然意思没有什么分别，但是后一种说法就会让员工感觉很舒服。

这是因为说话的时候，他用非常巧妙的方式把自己由主动变成了被动，而使员工由被动变成了主动。这样一来，自己没有损失任何东西，但

却使员工获得了充分的满足。员工会觉得自己受到了尊重，是自己为某事做主，而不是听命于人。于是，自然而然地就会对上司产生好感，并加倍地努力做事。

现在，很多大公司已经取消了领导者的一些特权，如专用洗手间或专用餐厅等。有的企业更甚之，领导会在工作时间同员工穿一样的工作服，一起干活，下班后一起到酒吧喝酒聊天。他们取消了自己的特权，以平等的身份与员工亲密相处，从而激发员工的工作热情。

某企业有一位领导者，他经常不在办公室里，一有时间就到员工中去，今天到这个车间，明天到那个科室。员工称他为“游击司令”。这个“司令”的脑子里有一部员工的活档案：谁的家庭情况怎样，工作有什么特点，经常闹什么情绪，甚至脾气、兴趣如何，他都一清二楚，与员工谈起话来十分亲切投机，员工有什么心里话都愿意对他讲。假如他高高在上，员工几个月也见不到他一次面，就不会有这种水乳交融的关系。

法国企业界有句名言：“爱你的员工吧，他会百倍地爱你的企业”。国外有远见的企业家从劳资矛盾中悟出了“爱员工，企业才会被员工所爱”的道理，因而采取软管理办法，的确也创造出了若干工人与老板“家庭式团结”的神话。

尊重你的员工，哪怕只是微不足道的事情，都能形成让员工努力工作的推动力。

2.人本管理：充满人情味的管人方式

曾国藩在治军之时，对手下的将领关爱有加，从其对塔齐布的态度上就能够看得出来，这正体现了他的仁爱之心。对于今天的企业领导者和管理者来说也有着很大的借鉴意义。

2001年底，美国翰威特公司公布了“亚洲最佳雇主”排行榜。该公司与《亚洲华尔街日报》《远东经济评论》联手对亚洲10个国家和地区的

355家公司进行了调研，涉及26种产业，9.2万名员工，最终评选出前20名最出色的雇主。根据这项调查，员工们心目中的“好公司”与公司资产规模、股价高低并没有直接联系，一些大公司如大众、IBM等并没有入选。对于这个调研结果，《环球时报》驻香港特派记者陈少波在《员工喜欢人情味浓的公司》一文中是这样分析的：“根据这个排行榜，丽嘉酒店集团是最大的赢家。上海波特曼丽嘉酒店高居榜首，新加坡丽嘉酒店排名第三，香港丽嘉酒店排名第八。成为‘最佳雇主’有什么诀窍？这20家上榜公司各有各的绝招，但是评委们发现它们都具有共同的特征——带着浓浓的人情味。这些公司未必给予雇员最优厚的薪酬，它们更注重关怀员工的生活，满足员工的需求，令员工产生一种强烈的归属感，从而吸引并留住企业所需要的人才。”

想要赢得员工的心，就更要关怀他们的个人抱负，这是上海波特曼丽嘉酒店总经理狄高志的经验之谈。他已在酒店业摸爬滚打了20年，管理过许多分店。他说，每个人都有梦想，而雇主能否帮助他们完成梦想是很重要的。狄高志显然成功了。根据这次调查结果，虽然与同业相比，上海波特曼丽嘉酒店的待遇不算是非常好的，但是任何一个部门的员工都强调，他们的满足主要是来自自我价值的实现。

上榜的20家公司向众多的企业管理者传递了这样一个重要的信息：那些员工满意度高的企业能比它们的竞争对手赚更多的钱。如，台湾福特六和公司的福利丰富多彩，除了基本的节日礼金、生日礼金和教育培训课程之外，公司员工还能享受幼儿接送服务、衣物送洗服务、老人照顾服务和免费停车场服务等。如果有员工不幸因病去世，公司会体贴地为其还在读书的子女提供暑期打工的机会。联邦快递亚洲公司送员工上大学、读研究生；新加坡安捷伦公司为已婚员工的家属提供医疗服务。

自古以来，领导与下属之间是一种“管理”与“被管理”的关系，领导者希望下属能够尽心尽力、尽职尽责地努力工作。因为只有做到这一点，才能证明自己的管理是成功的，自己是一个成功的领导者。可是，并不是每位领导都能一帆风顺地实现这一目标，恰恰相反，成功的领导者往

往只是少数人，古往今来，失败的领导者都是居于多数。

事实上，决定领导者管理成功与失败的关键因素，就是采取了什么样的管理方式，运用什么样的领导方法，这向来是领导学和管理学所讨论的一大重点问题。

企业的成功是全体员工共同勤奋努力的结果。一个管理者应该充分地重视员工的价值，为他们提供广阔的成长空间，汇聚员工的能量，从而促进企业的发展。员工喜欢人情味浓的公司，是因为这些公司能给他们带来精神上的满足，而这正是员工所孜孜以求的。相比薪酬等硬性物质条件，人情味是软性的，但它对员工的感召力、吸引力却是有过之而无不及。员工是人，不是机器，他们需要得到心灵的关怀和慰藉。如果企业只是一味提高薪酬标准，而没有相应的人情追加，那么在员工看来，这只是应得的回报，与公司对待机器和原材料没有什么本质的差别。追加人情因素，给员工发出的信号是把他们看作公司的主人，看作公司的“合作伙伴”。员工心目中的好公司无一不是把对员工的管理定位于人本管理上，鲜明地认识到人是企业中最活跃的、最具能动作用的因素，企业的发展取决于人的积极性、主动性和创造性的充分发挥，而不单是几个高层决策者所谓的“高明”决策。

在美国，国民收款机公司的创始人帕特森为员工在公司建筑物里建造淋浴设施，供上班时间使用；开办内部食堂，提供便宜的饭菜；建造娱乐设施、学校、俱乐部、图书馆，以及公园等。很多其他公司的经理对帕特森的做法大惑不解，甚至嘲笑他这是愚蠢的做法，但他说，所有这些投资都会取得收益的。事实证明了他的说法。

惠普公司在这方面也有自己的做法。惠普公司定期会举行“啤酒联欢会”来维系与员工的感情，增强“家族感”。全体员工可以在联欢会上开怀痛饮，一醉方休。豪饮中，穿插着各种节目，必不可少的“节目”是唱公司的歌，宣读公司的宗旨，公布公司的经营状况。公司领导人也频频举杯，大张旗鼓地表彰每一位值得表彰的职工。也正是在这个时候，员工们七嘴八舌，无所不谈，感情在杯盘之间流动，上下左右之间的距离拉近

了，亲近感增强了，家族感上升了，员工们感到自己没有被冷落，而是受到公司的重视，因而激发起一种更加努力工作的热情。

人情味浓的公司增进的不仅是员工的归属感，还能通过营造一种宽松的发展环境，使员工的潜能充分发挥，让企业迸发出旺盛的生机和活力。

在一家中型计算机公司，一位员工将自己拟好的销售计划提交给了经理，不久，他就被邀去说明情况。经理开门见山地说："计划写得不错，就是字迹太潦草了。"这位员工紧张的心放松了下来，随即问道："这项计划的预算开支可能较大，要不我再找两个同事一起商量商量，然后再向您汇报一下。看看我们如何干才好？"经理不等他说完便打断了他："费用对我们公司来说问题不大，我看计划确实不错，你要是有信心干好，那就去干吧，别让时机错过了！"

这位员工先是大吃一惊，然后便信心十足地拿着计划离开了。两个月后，这位员工将销售战绩摆在了经理的桌上，又谈起了扩大营销的策略。

事后这位经理说道："如果当时我们看了计划后，又是去审查，又是去考证，不但会贻误战机，而且肯定会令员工在心理上产生负担。要知道，牵扯这么大数目的费用，他再有胆量，也还是要犹豫的。看看现在不是干成了吗，给他们留出充分的发挥空间，对我和组织都没坏处。"

管理员工，制度当然重要，但绝不是唯一的，也不是最主要的，因为制度"铁面无私"、"冷冰冰"，压抑员工的情感。这些严谨有序但死气沉沉的制度，也许能规范员工的行为，但不会激发他们的创造潜能。潜能的发挥要靠宽松的环境和舒畅的心情。

我们说要以制度管人，以坚守原则来把握局面，这都没有错。但是管理者需要注意的一点是，制度是死的，而人是活的，只有以高度的灵活性来把握原则，在制度中揉进情感和人性化的因子，制度才具有生机和活力。

营造有人情味的环境，给员工的感觉是，你不必拘泥于死板的模式，你可以在一定的自由空间内挥洒自己的才华，鼓励有加，又允许失败。在这样的氛围中，每个员工都争先恐后贡献自己的才能，由此形成企业可持续发展的良性机制，比一千个、一万个制度都要强一千倍，管用一万倍。

由此可见，不仅员工喜欢人情味浓的公司，从公司自身发展的需要看，营造人情味也是必需的，其实也是营造向心力、活力和竞争力，是促进员工与公司“双赢”的人本管理的重要手段。

3.关心下属：做员工的好家长

曾国藩认为，带兵应该就像父亲带儿子、兄长带弟弟一样，使士兵有军营为第二家庭的感觉。同样的，作为领导者和管理者在管理员工的时候，也应该让员工把企业当成自己的第二个家，

一位成功的民营企业家曾说过这样一段话：“激励必须因人而异，要满足不同人的不同需要。但有一条是肯定的，即激励员工不一定花大钱，因为员工普遍喜欢有人情味的公司，要让他们有‘回家’的感觉。”人们向来十分重视“家”的感觉，“家”也一直都是人们渴望长久驻足的地方。所以，越来越多的公司开始注重对公司“家”的氛围的营造。

任何企业都是由人组成的，人是企业中最重要的组成元素，企业的发展离不开人。只有关心员工，上下同心，才能在企业中形成团结向上的气氛。从某种意义来说，一个企业就是一个大家庭，而管理者就是这个大家庭的“家长”。

日常工作向来都是繁重而琐碎的，长期从事同一项工作是很容易造成疲劳，进而影响工作效率的，这是任何一个企业都无法回避的现实。因而，要学会调节气氛。在紧张的工作之余，充分利用工作间隙与员工同乐，就显得特别重要。例如，元旦到了，如果不太忙的话，可以组织个文艺晚会，把员工们聚到一起，其乐融融，何乐而不为呢？想让公司效益提高上去，单靠加班加点是行不通的，只要大家轻松自在，信心十足，相信工作的干劲会更足，力量会更大。

每个人都希望被关心，尤其希望得到领导者的关心。有时一句亲切的问候，一番安慰的话语，立刻会使人感到心里热乎乎的，徒添了无穷的力

量。当一个人思想上有什么疙瘩，生活上有什么困难，工作上遇到什么挫折时，他都希望得到领导者给予的帮助和体贴。而在感受了领导者的关心之后，他很自然地就会想到：领导这样关心自己，自己还有什么理由不好好工作呢？

当然，作为一名企业领导者，你可能不会去过问每个人的饥寒冷暖，因为这是办不到的事情，尤其是对大型企业来说。但是，你可以适时、适当地参加一些细致入微的工作事务，这对你赢得人心大有帮助。小事足可以折射出领导人品质的整体风貌，大家会通过一些鸡毛蒜皮的小事，去衡量和评判领导者。如果领导者总是摆出一副官架子，遇到一些事就满脸的不高兴，不屑于做或者根本不情愿去做小事，那么，下属自然会会对你产生成见的。

俗话说："女为悦己者容，士为知己者死"，真心关心自己的下属，下属自然会为"知己者"拼搏。其实，关心员工有时候要善于从小事入手，从细节入手，往往是一句问候，一束鲜花，一个生日贺卡……便能起到意想不到的效果。

小事往往是成就大事的基石，两者之间是相互联系、相互影响、相辅相成的。管理者要善于处理好这两方面的关系，使两者相得益彰。如果管理者能在许多看似平凡的时刻，勤于在细小的事情上与下属沟通感情，经常用"毛毛细雨"去灌溉员工的心灵，下属会像禾苗一样生机勃勃，水水灵灵，茁壮成长，最终必然结出丰硕的果实。

关心员工不是一句空话，要做到实处，要让员工感到领导者的关心无处不在，这样才能真正赢得员工的尊重，让员工把企业当成自己的第二个家。关心员工不妨试着从以下方面入手：

记住下属的生日，在他生日时向他祝贺

能记住下属的生日并向其祝贺的管理者，能给下属留下难忘的印象。给下属庆祝生日，可以发点奖金、买个蛋糕、请顿饭，甚至送一束花，效果都很好，如果再趁机献上几句赞扬和助兴的话，更能起到锦上添花的效果。

下属生病或住院时，要亲自前去探望

下属生病或是住院了，管理者要亲自前去探望，其实下属此时是“身在曹营心在汉”，虽然住在医院里，心里却惦记着领导是否会来看看自己。如果领导不来，他难免会心有怨言，认为在平时自己工作干好了领导只是假装表扬一番，现在生病住院他也不放在心上，心中对领导的印象自然大打折扣。所以，领导者一定要注重探望下属。

关心下属的家庭和生活

家庭幸福和睦、生活宽松富裕无疑是下属干好工作的保障。如果下属家里出了事情，或者生活很拮据，领导却视而不见，那么对下属再好的赞美也无异于假惺惺。尤其是对公司里面年长的员工，年长的员工往往在自身身体、家庭、子女就业、本职工作等方面面临着很多困难和压力。这是客观因素，可以说是人生旅途中必然的经历。企业领导要多做些换位思考，正确看待年长员工的“多事之秋”，体谅他们的难处，对他们真心帮助，并尽量做到体贴入微。年长的员工有较强的自尊心，很少在领导面前讲个人困难，提个人要求。领导要注意在和他们相处的过程中，通过一些细微之处，了解年长员工的“底细”，帮其所需，解其所难。

一位大企业集团的经理每隔几个月会在各个分公司搞一次“会餐”，准备一些普通的自助餐或盒饭，请全体员工和家属自由参加。会餐在工厂的食堂内举行，在那里，大家无拘无束，品尝着自己喜欢的食物，畅所欲言，特别是厂领导与员工和家属们一起举杯，为他们所创造的业绩表示祝贺。这些家属在享受美餐的同时，还会领到公司发送的纪念品，以感谢他们对公司的支持。

当无数个小家庭融入了组织这个大家庭后，员工们从他们小家庭成员的笑脸上得到了身为组织一员的荣耀，同时也意识到，只有组织这个大家庭的发展才有他们小家庭的美满幸福。

总之，要做一名称职的“家长”，就必须做到尊重、关心和爱护员工，把员工作为企业的立足之本，使他们对企业更加忠诚，从而最终使企业繁荣昌盛。

实战指南

【实战案例】

案例一：

沃尔玛公司的创始人山姆·沃尔顿曾反复强调：“在沃尔玛公司里，任何员工都是公司内平等且重要的一员。”他是这样说的，也是这样做的。

在沃尔玛公司总部的办公楼前，公司的任何人，包括山姆本人在内，在停车场上都没有一个固定的车位。公司所有的员工都受到平等对待，还表现在公司内形成上下沟通的开放环境。每个人为企业的经营献计献策，都有机会充分表达出来；每位员工可以表达他的看法，包括建议，也包括不满。在每年的年会上，员工还可直接会见总裁，讨论从工作条件到发展方向的任何问题；而且，从山姆到各级主管、区域经理，每周都有三四天在各分店视察，了解店内情况，听取员工意见。

山姆认为，一个头脑灵活、懂得激励员工的好经理，无论在什么地方，都能够通过尊重员工，善待他们和要求他们，最终使他们成为公司的优秀一员。山姆极力保持内部管理层与员工之间的经常交流，努力让每个人感到自己是家庭中的一员。

山姆本人就很尊重每位员工。山姆特别强调倾听员工的意见，帮助他们解决问题。在本顿威尔总部，经常能看到一些员工大老远地从密西西比或堪萨斯等地方开着小货车来到本顿威尔，坐在总部大厅等着见董事长。虽说山姆并不可能与每位前来等待的员工相见，而且未必能解决每个问题或赞同每个意见，但通过这个过程和事实，它保持了公司内部的开放环境，让员工感到公司真正地关心他们，乐于帮助他们，并且非常欣赏他们的努力。这对员工来说，就是一种尊重，也可以肯定他们的价值。

沃尔玛公司并没有明确的等级差别，公司是一个为同一目标行动的团队，从董事会成员、管理层人员和所有合伙人那里获得力量。在这个团队中，每个人都是平等的，只有职位区分，没有等级高低。公司员工彼此互称同事，或直呼其名，显示出平等友善的风格。而且，公司给每一个员工提供平等的竞争机会，鼓励和诱导每一个人最大程度地展露才华，因而不少管理层都出身于普通员工，例如送货工或者收银员，这样更使员工感到一种归属感。

沃尔玛善待员工还有一个表现就是，以现实改变偏见，无论员工是男是女，学历高低，都一视同仁。早期零售行业有这样一个流行观念，认为“男性经理可以干更多体力活”，女性则适合作店员，因为女性主管不像男性主管那样可以自由迁移。这就使得很多优秀的女性主管能力得不到很好发挥。山姆则认为女性仅适合做店员的看法有失偏颇，实际上女性也可以成为出色的零售商。所以沃尔玛公司开始对男女员工一视同仁，并尽一切可能多招收女性参加重要的职位工作，这使沃尔玛很受女性的欢迎。

为激励员工不断取得最佳的工作实绩，沃尔玛公司设想出许多与其他公司不同的计划和方法。其中最核心的一条是感激之情。因为所有人都喜欢赞扬，希望别人的肯定。因此，公司寻找一切可以被赞扬的事。当员工有杰出表现时，沃尔玛要让他们知道，让他们了解自己对公司的重要性。因此，沃尔玛的员工对公司有一种异乎寻常的忠爱，也以同样的忠情回报给了顾客，这使员工、公司、顾客都得到了益处。

案例二：

索尼公司总裁盛田昭夫曾谆谆教导每个新入职的员工：“索尼是个亲密无间的大家庭，每个家庭成员的幸福都要靠自己的双手来创造。在这种生活开始之际，我想对大家提出一个希望：当你的生命结束时，你们不会因为在索尼度过的时光而感到遗憾。”

索尼的确是个大家庭，在公司里，领导和员工之间保持着良好的关系，大家都是索尼的家庭成员。在有些情况下，员工甚至与老板处于同等地位。索尼工厂的任何一位管理人员都没有个人办公室，连厂长也不例

外。公司主张管理人员与他的职员坐在一起办公，共同使用办公用品和设备。在车间，领班对每个人表现出真诚的尊重与关心。索尼公司强调家庭式的责任感和协调精神，以此激发每个成员发挥主动性，激发他们参与管理的热情。盛田昭夫主张，衡量一位管理人员的工作成果，主要是看他能把一大批人组织到什么程度，以及能否有效地使每个成员做出最好的成绩，并使他们真正融为一体。

索尼大家庭式文化还表现在对员工工作的关心和对偶然过失的包容。如果某个员工不适应他的岗位和工种，公司领导都不会漠然视之，公司也不会因偶然过失而解聘员工。公司认为，在出现事故时，最重要的不是把错误归罪于某人，而是要找出犯错误的原因，如果澄清原因并公之于众，犯错误的人就可以从中吸取教训，其他人也就不会犯同样的错误。这种做法是以对员工的充分尊重和坚定的信任为基础的。

【运用指南】

法国作家拉封丹写过一则寓言：北风和南风比威力，看谁能把行人身上的大衣脱掉。北风首先来一个冷风凛冽寒冷刺骨，结果行人把大衣裹得紧紧的。南风则徐徐吹动，顿时风和日丽，行人因为觉得春意上身，始而解开纽扣，继而脱掉大衣，南风获得了胜利。

这个寓言告诉我们：温暖胜于严寒。运用到领导和管理的实践中，就是要求管理者要尊重和关心下属，时刻以下属为本，多点“人情味”，多注意解决下属日常生活中的实际困难，使下属真正感受到管理者给予的温暖。这样，下属出于感激就会更加努力、积极地为企业工作，维护企业利益。

综合多家企业的管理实际，大家庭式企业管理文化的实现途径包括：坚持员工第一，以人为本的原则；提倡民主与平等，相互尊重、信任、关心与帮助；终身雇用，有福同享，有难同当；高福利；重视感情管理与感情投资等。

重视人和人情文化是我国传统文化的重要特征。中国人的家庭文化是很浓厚的，并渗透到社会交往的各个领域。现代企业管理的大家庭式文化

与我国传统文化在本质上是一致的。

我们知道，大多数人都有一种“你敬我一尺，我敬你一丈”的心理。作为管理者，如果能在人性的这种特点上做点文章，收效将是令人满意的。对员工进行感情投资，真诚地关心员工是每个管理者都应该做到的。许多有远见的管理者都赞同这个观点，因为一个真诚关心员工的管理者才会让员工感动。以下几种方式以供参考：

尊重员工

每一个人都有自尊心，都希望被尊重。而长期的管理实践证明，尊重是员工最根本的需要。尊重员工需要从以下几个方面着手：

1．给予员工一个私人的空间，即使是在上班时间。作为管理者不可以也不可能每时每刻都监督在员工的身边，你所能做的就是指导帮助员工学会时间管理，利用好自己的时间，做好自己职责范围内的工作规划和计划，做好自己的发展计划，用计划和目标管理员工。

管理者无须时刻都对员工灌输所谓的敬业奉献，也不用害怕员工自己管理不好自己。而应该对员工的自我管理水平抱有信心，对他们进行指导和帮助，帮助他们树立信心，帮助他们正确认识和评估自己，帮助他们有效规划自己的工作，安排好自己的时间，提高必备的工作技能和知识的储备，提高工作效率。

2．用建议的口吻下达命令。人们大多数是不喜欢被人呼来唤去的。与其用命令的口吻来指挥别人做事，倒不如采取一种商量的方式，“你可以考虑这么做吗？”“你认为这么做行吗？”这样的建议性指令方式，将会使你的雇员有一种身居某个重要位置的感觉，并对问题有足够的重视。

3．给下属面子。在实际工作中，不冷静的处理方法只会损伤下属的自尊，伤害他们的感情。请记住，平和宽容地待人，给员工做人的面子，他们会在工作中头抬得更高、更自信。

4．有事找下属商量。成功管理者总是将这样一个概念深入人心：组织的事就是大家的事。责任感的形成会为自信心的树立起到推波助澜的作用，也使他们更加明确自己在组织中所处的位置，更加珍惜自己辛勤的劳

动与业绩的取得。

适时给予鼓励和帮助

当员工取得较大成绩时，管理者要适时给予鼓励；当员工在工作中碰到困难时，管理者要给予支持和帮助。

当员工辛辛苦苦完成了一项工作，交差时如果领导反应平平、态度冷淡，那么他就会感到受了伤害，会产生“以后再也不如此卖力了”的想法。反之，如果在此时能够表扬员工几句，表示出对他的理解，并鼓励他以后好好干，结果就会截然相反，员工也会因此而认为领导重视自己。

员工在工作的过程中，无论是做什么样的工作，都会碰到一些难题。这时，老板就应该表示理解和支持，并给予指导性的意见，而不是批评和嘲讽。只有这样，才能充分鼓舞起员工的勇气，使其努力克服困难完成工作。

当员工提出创意时，管理者也应当鼓励他大胆地表达。对于敢于提出新看法尤其是与自己看法不同的员工，老板不应反感，应该进行鼓励，无论他的看法是否正确，是否可行，都应该对其勇气和精神表示认同，给予鼓励。

对每位员工都充满兴趣，不随意评价员工

对公司每位员工充满足够的兴趣，不能根据个人的好恶来亲近或疏远员工。对于管理者来说，需要对自己的下属公平对待，需要对公司所有的员工公平对待。对每位员工充满兴趣，并不是一定要让管理者整天与公司每位员工打成一片。但是，管理者应该让员工感觉到自己在公司中的重要性和地位。每个人都有被他人重视的需要，管理者要了解并满足这种需要，这样做可以更好地推进公司人力资源管理工作的进展。

管理者由于对公司的每位员工都比较了解，所以会有意无意地进行一些比较和评价。这种比较和评价并非绝对不可以，但它必须是公正的，并且是有意义的。对于一些随意的评价，最好能尽量减少。由于管理者的职位关系，给出的评价往往代表着公司的评价，有一定的权威性。有些无意识的评价由于缺乏严密的调查和思考，有时会失真，这种不正确的评价如果被当事人了解到，会产生抱怨的心理，并对公司和管理者不信任。如果管理者对员工做了不正确的比较，可能还会引起员工之间的矛盾和冲突。

第九章　勤劳
——时刻勤于训练

本章是讲练兵、带兵的方略和原则之一——勤劳。曾国藩和胡林翼指出，行军打仗，经常会遇到一些常人难以忍受的痛苦，军人只有时刻勤于训练，才能克服这些困难。对于现代的企业和组织的领导者来说，“勤劳”也是必不可少的，但要学会合理分配自己的时间。如果想要让下属勤于工作，那么就需要激发其工作热情。

曾胡治兵语录·勤劳

【原文】

练兵之道，必须官弁昼夜从事，乃可渐几于熟。如鸡伏卵，如炉炼丹，未可须臾稍离。

天下事，未有不由艰苦中得来而可大可久者也。

百种弊端，皆由懒生。懒则弛缓，弛缓则治人不严，而趋功不敏。一处弛则百处懒矣。

治军之道，以勤字为先。身勤则强，逸则病；家勤则兴，懒则衰；国勤则治，怠则乱；军勤则强，惰则败。惰者，暮气也，常常提其朝气。

治军以勤字为先，由阅历而知其不可易。未有平日不早起，而临敌忽能早起者；未有平日不习劳，而临敌忽能习劳者；未有平日不能忍饥耐寒，而临敌忽能忍饥耐寒者。

每日应办之事积搁过多，当于清早单开本日应了之件，日内了之，如农家早起分派本日之事，无本日不了者，庶几积压较少。

养生之事，莫大于惩忿窒欲，多动少食。

（曾语）

军旅之事，非以身先之劳之，事必无补。古今名将，不仅才略异众，亦且精力过人。

将不理事，则无不骄纵者；骄纵之兵，无不怯弱者。

凡兵之气，不见仗则弱，常见仗则强，久逸则终无用处，异日则必不可临敌。

兵事如学生功课，不进则退，不战则并不能守。敬姜之言曰：劳则思，逸则淫。设以数万人屯兵境上，无论古今无此办法。且久逸则筋脉皆弛，心胆亦怯，不仅难战，亦必难守。

淫佚酒色，取败之媒；征逐嬉娱，治兵所戒。金陵围师之溃，皆由将骄兵惰，终日酣嬉，不以贼匪为念。或乐桑中之嬉，或恋室家之私，或群与纵酒酣歌，或日在赌场烟馆，淫心荡志，乐极忘疲，以致兵气不扬，御侮无备。全军覆没，皆自宣淫纵欲中来也。夫兵犹火也，不戢自焚；兵犹水也，不流则腐。治军之道，必以苦其心志、劳其筋骨为典法。

（胡语）

战争之事，或跋涉于冰天雪窟之间，或驰驱酷暑恶瘴之乡，或趁雨雪露营，或昼夜趱程行军；寒不得衣，饥不得食，渴不得水。枪林弹雨之中，血肉横飞，极人世所不见之惨，受恒人所不经之苦。其精神、其体力，非于平时养之有素、练之有恒，岂能堪此？练兵之主旨，以能效命于疆场为归宿。欲其效命于疆场，尤宜于平时竭尽手段，以修养其精神，锻炼其体魄，娴熟其技艺，临事之际，乃能有恃以不恐。故习劳忍苦，为治军之第一要义。而驭兵之道，亦以使之劳苦为不二法门。盖人性似猴，喜动不喜静，宜劳不宜逸，劳则思，逸则淫。闲居无所事事，则为不善，此常人恒态。聚数百千血气方刚之少年于一团，苟无所以范其心志，劳其体肤，其不逾闲荡检，溃出堤防之外者，乌可得耶！

（蔡按）

【译文释要】

练兵之道，必须官兵昼夜苦练，才能越来越精熟。就像母鸡孵小鸡，火炉炼仙丹一样，不能有片刻远离。

天下的事情，没有不从艰难困苦中得来却能够广大、能够长久的。

百种弊端，都是由懒惰引起的。懒惰，则弛缓，弛缓则治人不严，行

动不快。所以，一处弛缓，那么很多事就都被耽搁了。

治军之道，以勤字为先。身体勤劳那么就会体格健壮，过于安逸就会生病；全家勤劳就会兴盛，懒惰则衰败；全国勤劳则大治，懈怠则大乱；全军勤劳就能获胜，懒惰就会失败。懒惰，就是暮气。我们应当常常培养和提高军队的朝气。

治军以“勤”字为先，我的阅历证明这是不可以变更的。没有平日不早起，而临敌之时忽然能早起的；没有平日不习劳苦，而临敌之时忽然能习劳苦的；没有平日不能忍饥耐寒，而临敌之时忽然能忍饥耐寒的。

如果每天应办的事情积压的太多，就应当在清晨开列本天应完成的事情，并在当天内办完，就像农家在早上分派本天的工作，本天没有完不成的，这样才会使积压较少。

养生之道，最重要的是戒怒禁欲，多动少吃。

（以上为曾国藩语）

军中之事，如果将帅不身先士卒，亲自操劳，事情必然办不好。古往今来的名将，不仅是才略出众，而且精力过人。

将帅不亲自理事，那么士兵没有不骄纵的；骄纵的士兵，没有不怯弱的。

军队的士气，不打仗就会低落，常作战就会高昂。长期安逸则终无用处，将来必定不能克敌制胜。

军事如同学生的功课，不进则退，不能战同样不能守。敬姜（春秋时期鲁国大夫公文伯的母亲）曾说过：参加劳动，才能想到爱惜物力，知道节俭；贪图安逸就容易放荡堕落。如果以数万兵马长期屯驻在边境之上，则无论古今，都没有这种做法。况且长期安逸则筋骨松散，胆气也差，不仅难以攻战，而且必定难以防守。

淫佚酒色，乃是导致失败的媒介；追求享乐，乃是治理军队的大戒。围攻金陵(今江苏南京市)的清军之所以溃败，完全是由于将骄兵惰，终日酣嬉，丝毫不把剿灭太平军的事放在心上。有些人沉湎于花前月下，有些人贪恋家庭的天伦之乐，有些人集体纵酒酣歌，有些人整日泡在烟馆赌场，淫心荡志，乐极忘疲，以至于军队的士气不高，御敌无备。他们最终会落得个全军覆没的下场，完全是由于宣淫纵欲造成的。军队，就像火一样，如果不加以控制，就会焚毁一切；军队，就像水一样，如果不流动就会腐败变质。治军之道，一定要以苦其心志、劳其筋骨为法典。

（以上为胡林翼语）

战争之事，有时会跋涉于冰天雪地之间，有时会驰驱于酷暑恶瘴之乡，有时会露营于暴雨大雪之中，有时又会昼夜兼程，火速行军；寒冷时没有棉衣穿，饥饿时没有食物吃，口渴时没有水喝。枪林弹雨之中，血肉横飞，鬼哭狼嚎，看尽人世间所不见的惨状，受尽常人所不曾经受的痛苦。这样的精神，这样的体力，如果不是平时养之有素，练之有恒，怎么能够承受得了？练兵的主旨，是让士兵能够以效命于疆场为归宿。要想让他们效命于疆场，就必须在平时竭尽全力以修养其精神，锻炼其体魄，并使其武艺娴熟，这样一来，在临阵之时，才能够有恃无恐。所以，让士兵们吃苦耐劳，乃是治军的首要任务。而驭兵之道，也是以使士兵们吃苦耐劳为不二法门。大概人的本性就像猴子一样，喜动不喜静，宜劳不宜逸。劳则思，逸则淫。闲居无所事事时，就会惹是生非，这是人之常情。数万、数十万血气方刚的青年汇集在一起，如果没有办法统一他们的思想，劳动他们的筋骨，要想让他们安分守己、遵纪奉法，不做出轨的事，怎么可能呢？

（以上为蔡锷按语）

【曾胡治兵实例】

长期以来，曾国藩高度重视军队的训练。在湘军成立之初，他提出要“辅之以训练勤”来改变八旗兵绿营兵缺乏训练、无胆无技、一触即溃的

弊病。因此，曾国藩特别强调军队训练的重要性和紧迫性，他说：要“练一人收一人的益处，练一月收一月的效果”。曾国藩为了把湘军训练成为一支劲旅，一支有胆有技、能征善战的子弟兵，是不吝花费心血的。他将湘军的训练分为训教与操练两种，而以训教为根本，特别注重思想性的教育。

湘军的训教，没有制成明文颁布，但在曾国藩所著的《劝训练以御寇》中有所反映。他写到：“禁嫖赌，戒游惰，慎言语，敬尊长，此父兄教子弟之家规也。为营官者，待兵勇如子弟，使人人学好，个个成名，则众勇感之矣。”

对湘军的操练，曾国藩强调勤与熟。曾国藩将湘军营规定为《日夜常课之规》七条：

一、五更三点皆起，派三成队站墙子一次。放醒炮，闻锣声则散。

二、黎明演早操一次，营官看亲兵之操，或帮办代看。哨官看本哨之操。

三、午刻点多一次，亲兵由营官点，或帮办代点。各哨由哨长点。

四、日斜时，演操一次，与黎明早操间。

五、灯时，排三成队站墙子一次。放定更炮，闻锣声则散。

六、二更前点名一次，与午刻点名同。计每日夜共站墙子两次，点名二次，看操二次。此外营决点全营之名，看全营之操无定期，约每月四、五次。

七、每次派一成队站墙唱更，每更一人轮流替换。如离贼甚近，则派二成队，每更二人轮流替换。若但传令箭而不唱得，谓之暗令。仍派哨长、亲兵等常常稽查。

曾国藩在操练上是要突出一个“勤”字，使士兵在营中日夜都有一定课程可做，严格遵守点名、演操、站墙子、巡更、放哨等营规。曾国藩对于治军中“勤”字的理解是“治军以勤为先，由阅历而知其不可易。未有平日不起早，而临敌忽能早起得；未有平日不习劳，而临敌忽能习劳者；未有平日不能忍铠耐寒，而临敌忽能忍饥耐寒者”。他在给朋友的信中也提到：“治军之道，以勤字为先。身勤则强，逸则病；家勤则兴，懒则衰；国勤则治，怠则乱；军勤则胜，惰则败。”只有在平日里保持高度的

紧张，才能有备无患，战时镇定自若。

曾国藩在操练上要体现一个“熟”字。在操练上分为两项：技艺和阵法。“练技艺者，刀、矛能保身，能刺人，枪、炮能命中，能及远。练阵法者，进则同进，站则同站，登山不乱，越水不杂”。为更好地提高湘军技艺，熟悉阵法，曾国藩还详细制定了一套课程，作为操练的依据：

一、每逢三、六、九日午前，本部堂（曾国藩）下教场，看试技艺、演阵法。

二、每逢一、四、七日午前，着本营官下教场演阵，并看抬枪、鸟枪打靶。

三、每逢二、八日午前，主要营官带领赴城外近处跑坡、抢旗、跳坑。

四、每逢十日午前，即在营中演连环枪法。

五、每日午后，即在本营练习拳、棒、刀、矛、钯、叉，一日不可间断。

当时，湘军练习的主要阵法是戚继光的鸳鸯阵、三才阵、《握奇经》的四面相应阵，以及后来的一字阵、二字阵和方城阵。

在练技艺和阵法上，曾国藩反复强调的是熟练，以达到保护自己、消灭敌人的目的。他说：“总不外一个熟悉字：技艺极熟悉，则一人可敌数十人；阵法极熟，则千万人可使如一人。”所以，曾国藩在湘军操练上，严格要求，从不间断，在循序渐进的基础上达到熟悉掌握技艺的程度，从而训练出一支精强的军队。

领导与管理现代应用

1.提高效率：管理者要合理使用时间

一个企业或组织的领导者、管理者对于“勤劳”的理解，绝对不是按

照保洁工清晨早起一样来要求，也不应该用每天工作18个小时来考量，而应该在提高时间的利用效率方面着手。

曾国藩曾说："每日应办之事积搁过多，当于清早单开本日应了之件，日内了之，如农家早起分派本日之事，无本日不了者，庶几积压较少。"意思就是说：如果每天应办的事情积压的太多，就应当在清晨开列本天应完成的事情，并在当天内办完，就像农家在早上分派本天的工作，本天没有完不成的，这样才会使积压较少。

管理者在安排自己的时间方面，往往有很大的压力。有些事情他们不得不做，比如说出席宴会、接待之类，即使算这些事情对组织根本没什么实际的好处。但往往一个管理者在组织里的地位越高，这类应酬就越多，因此他们想抽出大量时间做有用的工作也就越难。

而管理者想要提高工作效率，就必须安排出一整段的时间来处理一些重要的事。因为他们需要跟人打交道，他们做的是脑力劳动，必须保证思路不被打断。如果只抽出一些零碎的时间工作，肯定没有办法做好。比如管理者要和部下讨论工作计划，如果他真想讨论出什么结果，起码得花几个小时，如果只有15分钟时间，恐怕连沟通都做不好。再比如说管理者想要写一个报告，如果思路不被打断，5个小时就可以写出草稿，然后可以抽零碎的时间来修改。但是用零碎的时间来写，根本就没办法组织好自己的思路，自然也就写不出什么结果。

越是在大组织里，想要成员能够轻松、高效率的工作，就越是要求管理者和普通成员之间有良好的沟通。但是协调人际关系需要花费很多时间，而且组织越大，需要的时间就越多，使得管理者能自由支配的时间就会越少。

由此可见，管理者在时间安排上面临着很大的压力，一方面他们时间有限，可以利用的时间甚至比普通成员还要少；另一方面他们工作繁重，各种事情都要抽出大量的时间。所以不管是出于组织的需要，还是出于人事任免的需要，管理者都得学会管理自己的时间。

有位管理学家将时间管理分成三个步骤：记录时间，管理时间，统一安排时间。

第一步，养成记录时间的习惯。这项工作可以让秘书代劳，但必须要保证真实。要把确切的时间记录下来，而不是事后追忆。然后每个月定期检查工作记录，工作记录会如实反映管理者哪些时间被浪费掉了。要根据记录重新修改自己的时间安排。这样反复练习，才能最大限度的避免浪费时间。

第二步，就是要对时间进行有序的管理。从工作记录中找出，哪些活动可做可不做，哪些可以由别人代劳，哪些是浪费时间的，然后把它们从时间表上删掉。比如说演讲、饭局、做嘉宾之类，这些活动往往要占用管理者大量时间，但是这些活动里很大一部分，对组织和管理者本身、甚至对活动的组织者都没什么实际好处。只要管理者拒绝掉，问题就能解决了。再比如说有些会议别人也可以主持，管理者就不用亲自参加。一些文件、报表有专门的人员负责和处理，管理者就不必亲自参加讨论、核对。这些事情都可以根据情况删减。事实上很多事情并不是非得管理者亲自去做，所以就算删掉也没什么。相反，只做最重要的工作，反而会大幅提高管理者的效率。

除此之外，管理者还应该注意，管理不善或者组织本身有缺陷，也可能会造成时间浪费的现象。如，缺乏相应的制度，机构臃肿，组织机能不健全等。

一个组织成员越多，协调内部关系花费的时间也就越多，因此工作效率也就越低。如果高级管理人员发现他有1／10以上的时间都用来处理组织内部的人际关系，例如解决矛盾、减少摩擦、处理权限之争、加强合作等，那么这个组织肯定是已经人浮于事了。这个时候就应该改善组织结构、精简人员。

一次会议不管大小，通常都要花费好几个小时，这段时间参加会议的人都不能工作。如果一个组织一天到晚都在开会，那么工作什么时候做？而且如果会议没有明确的目标，或者提不出解决问题的方案，无疑是在浪费时间。当然开会有时是很必要的，比如说组织里有特定的任务需要不同

岗位的成员合作完成，这就需要通过会议将这些人聚集起来讨论工作方案、分配任务。但是开会不应该成为管理者日程上的主要工作——如果会议过多，就表明本来应该由一个部门来做的事，被错误地分派给好几个部门了。显然这个组织分工欠佳，或者说结构组成有问题。这种情况下，管理者就需要考虑合并一些部门，或者重新分配工作。

第三步，就是统一安排可以支配的时间。就算解决了浪费时间的问题，管理者能自由支配的时间依旧很有限。因为总是会有一些他们不得不处理的事情会占用时间，比如接待一些顺道拜访的重要客户、处理组织里的人际关系等。这种情况下管理者想要提高工作效率，那么在安排时间上最重要的原则，就是把自己可以支配的、零碎的时间集中起来，合并成一整段的大块时间用来工作。办法其实很多，有的人会每周抽一天时间在家里办公；有的人则每周专门拨出两天时间来处理日常事务，其他几天上午用来处理紧急的重要事务；还有一些人每天上班前在家里抽出一段时间工作。

时间是最特殊的资源，每个人的时间就只有那么多，少了没有其他手段补充，多了也不可能存起来以后用。因此优秀的管理者必须懂得合理地安排和使用时间，充分利用有限的时间做最重要的工作，努力提高自己的效率。

2.激发潜能：提出高标准目标激发员工潜能

美国管理学家德鲁克说：“并不是有了工作才有目标，而是相反，有了目标才能确定每个人的工作。所以，管理者应该通过目标对下级进行管理。企业的使命和任务必须转化为目标。”目标是能激发和满足人的需要的外在物。目标管理是领导工作最主要的内容，目标激励是实施目标管理的重要手段。设置适当的目标，能激发人的动机，调动人的积极性。

一般来说，目标的价值越大，社会意义就越大，目标也就越能激动人心，激励作用也就越强。因此，领导者要善于树立正确、恰当的总目标和若干阶段性目标，用来激发下属的工作积极性。

松下幸之助经常给员工提出一种相当现实的奋斗目标，使员工在劳动和工作中有奔头。例如，在“长期工的协定”中规定，在1966～1971年的5年间，工资增长一倍；在同一时间里，又提出了“生产率倍增计划”，这两个相对应的协定，大大刺激了员工的劳动积极性。这些规定后来都实现了。

从这里可以看出，松下把劳动者的物质福利和整个公司的生产成果紧紧地连接在一起，让劳动者关心并看得见自己的劳动成果。

另外，松下公司实行奖金制度，在每年7月和12月分两次兑现。奖金额多少取决于企业生产经营的好坏，这就使得每一个员工都关心企业的经营活动和生产活动。

1960年1月，松下幸之助在经营方针发表会上说：“5年后，将实行周休二日，每日劳动时间8小时。”按照这一预定方针，松下公司于1965年4月果然在日本最先实行了这个制度。值得一提的是，这个制度在实行前花了5年的准备时间。尽管这样必然会增大员工的劳动强度，但却实现了“周休二日制”，让员工感到自己期望的目标在一定程度上得到了实现，心理上有一种满足感，主动性和积极性就会随之提高。

斗志激昂的员工更喜欢迎接挑战。如果企业能不断地提出高标准的目标，他们的潜能就会不断地释放。事实上，许多员工并不完全了解自身的实力，领导者必须引导他们去发现自身的潜力，否则他们将难以得到发展。作为企业领导要学会向员工传递你对他们的高期望值的信息。在实践中应掌握以下主要途径：

*为员工提供一项比较棘手的工作任务，设立一个具有挑战性的目标。

*提供一份比较详细而又准确的关于员工的工作业绩方面的反馈资料。

*倾听员工心声，并给他们足够的表达自己的想法和建议的时间。

*适度地表扬员工付出的努力和获得的成功，并表示他的成功是意料之中的结果。

*让员工自己解决困难，以显示领导对他的信任。

*向员工布置一些需要技巧和独立判断的工作任务。

领导者和管理者在目标制定、分解时，目标的难度以中等为宜，目标的难度太大，容易失去信心；目标难度过小，又激发不出应有的干劲。只有“跳一跳，够得着”的目标，积极性才是最高的。因为，这样的目标满足个人需求的价值最大。同时，目标必须是具体而明确的。要干什么，怎么干，用什么办法去达到，什么时候达到，都要明明白白。也就是说目标是看得见，摸得着的东西，绝不能画饼充饥。因此，领导者不但要为下级树立远大的目标，而且要学会把这个目标和实实在在的工作结合起来，一步一个脚印地前进。

给员工设立目标，是领导者的重要工作之一。目标的设立要比自己想的结果高一些，这样才有望实现目标。但目标的设立也不能太高，让员工看到了桃子，却无法拿到手，这样的目标就失去了意义，还会打击员工的积极性。

3.懂得授权：不做一个被累坏的主管

一些领导者和管理者会整天忙得团团转，甚至还要经常加班来完成工作，一年365天，总是忙得四脚朝天，恨不得自己会分身术。这样的人通常喜欢什么事都亲力亲为，不懂得授权于人的工作方法，或是对别人不信任，不放心将工作交给下属去做。

但是，想要成为一名优秀的领导者和管理者，就要学会“分身之术”，该授权的时候，要适当的放权，将一些小事交给下属去做。

授权是领导者走向成功的分身术。今天，随着经济、科技和社会协调的发展，管理也变得越来越复杂，即使领导者是超人，也不可能独揽一切。这个时候，领导者的职能已不再是做事，而在于成事。因此，他们必须敢于向员工授权。

在现代企业管理中，成功的老板都知道充分的授权是调动员工的积极性、提高工作效率的最有效方法。他们不但有独到的一面，而且懂得如何

去挖掘员工的本领。这样自己就不必深陷于杂务中，可以腾出更多的时间和精力做更重要的事情。对此，老板应该做到：大权独揽，小权分散。对员工工作可以进行有效的指导和控制，但要保证他们有相对的自主权、自决权和行动权。

领导者将一定的权力授予员工，可以使领导者从琐碎的事务中解脱出来，专门处理重大问题；同时还可以激发员工的工作热情，增强员工的责任心，提高工作效率；更可以增长员工的能力和才干，充分发挥员工的专长，弥补领导者自身才能的不足。

在纽约，哈默有一个客户：当他在自己的办公室时，除了要与客户电话联络外，还要处理公司大大小小的事情，桌子上的一大堆公文等他去处理，每天都忙得不可开交。

每次到加州出差，哈默都要约他早上6：30见面，他必然会提前3个小时起床，处理公司发来的传真，然后，再将传真回发给公司。哈默曾与他谈论，觉得他做得太多，而他的员工只做简单的工作，甚至不必动脑筋去思考、去回答客户，也不必负担任何的责任与风险。像他这种做法，好的人才不可能留下奉陪到底。

而这位客户说，员工没有办法做得像他一样好，对此，哈默向他说明两点：

“第一，如果你的员工像你这么聪明，做得和你一样好的话，那他就不必当你的员工，早就当老板了；第二，你从不给他机会去尝试，怎么知道他做得不好呢?”

他进而又说，身为领导者，就必须明白：请别人为你做事，你才可能从他们中发现有才能的人。给他们机会，为你完成更多的工作，也可以说是训练他们承担额外的工作。

所以，作为管理者，不可能什么事都自己做，必须有意栽培值得你信赖的有潜力的员工，耐心地教导他们。刚开始的学习阶段，难免发生错误，致使公司蒙受些损失，但只要不是太大，就把它当作培训费用。你一定要脱身去处理首要的事情，因为它可能关乎整个企业的前途。适时放手

让你身边的人承担责任，并考核他们的表现。当他们妥善地完成工作时，就要让他们知道自己做得不错。

在哈默的劝说下，这位客户改变了自己的工作方法，学会了放权让有能力的员工去处理事情，最终他的公司取得了相当不错的业绩。

每个领导者在将本部门的工作目标确定以后，都是需要交付员工去执行的。既然如此，就有必要将相应的权力同时授给员工。一般来说，将工作委托给员工去干，这一点是不难办到的，但是将权力授给员工，就不那么简单了，因为这意味着对自己手中现存权力的削弱。所以，身为领导者，就应该使自己成为一个明白人，敢于把权力授给承担相应工作的员工。这样，员工会感到上司对自己的信任和期望，为了不辜负这种期望，就会一心一意地去拼命工作。

领导者和管理者不仅要敢于授权，更要善于授权。因为正确的授权能提高工作效率，否则，就会将事情弄得一团糟，只能事倍功半。所以，领导者和管理者在授权时，一定要遵循以下几点要求：

1. 因事择人，视能授权

领导者要力求将权力和责任授予最合适的人来承担。一切以被授权者才能的大小和水平的高低为依据。授权前，要对被授权者进行严密的考察，要选择有知识、有才能、守纪律的人授予权力，力求将权力和责任授给最合适的人。

2. 责权统一，授权明确

下属履行其职责必须要有相应的权力。责大于权，不利于激发下属的工作热情，即使处理职责范围内的问题，也需要层层请示，势必会影响工作效率。权大于责，有可能会使下属不恰当地滥用权力，最终会增加领导者管理和控制的难度。领导者授权时，必须对被授权人明确其所授事项的任务、目标和权责范围，让他们清楚地知道自己有什么样的权力，有多大的权力，同时要承担什么样的责任。分派职责时要同时明确下属要做的工作是什么，达到的目的标准是什么，对于达到目标的工作应如何奖励等。只有目标明确的授权，才能使下属明确自己所承担的责任，盲目授权必然带来混乱不清。

3. 明确职能界限

中层领导者不可将不属于自己权力范围内的职权授予下属，也不可越级授权，只能对直接下属授权。否则势必会造成中层领导的被动，增加管理层和部门之间的矛盾。而被授权者只能在其职权范围内行使权力，不得越界。领导者对被授权者的工作也不得做过多干涉。

4. 统一指挥

授权后，领导者要纵观全局，掌握大方向，对被授权人进行监督、指导，对整个组织系统实行统一的协调和控制，及时纠正局部存在的问题，确保整体目标的实现。并做到尽量支持被授权者的工作，被授权者能够解决的问题，授权者不要再作决定或指令。

5. 授权适当

授权的工作，应当力求是被授权者感兴趣或是乐于完成的工作。工作量以不超过被授权者的能力和体力所能承受的负荷为限度，适当留有余地。

涉及有关全局问题的，如决定组织的目标、方向和重大政策等，绝不可轻易授权。一般应由有关部门提出方案，最后由高层领导直接决策。

6. 充分解释授权的内容

中层领导要确定下属已经了解了授权的内容、任务，并明确告诫下属他们可能会遇到的问题。还要向下属说明之所以授权的原因和自己对授权工作的结果的要求等，帮助下属全面地了解授权工作的意义，避免下属只是单纯地接受任务。告知下属授权工作内容后，领导者应该要求下属复述一遍，以确认他对授权工作了解到何种程度。

7. 定时追踪进度，给予适当的指导

身为一个领导者，决不应该以为授出了权力就万事大吉了。成功的授权并非是在交代完下属工作任务的时候便结束了，而是需要定时追踪下属的工作进度，给予下属应得的赞赏和具有建设性的意见，并且不时表示出关心，必要时还要提供下属需要的协助和指导。若员工走偏了方向，就该着手帮其修正；若员工遇到了难以克服的困难，就应该给予指导和帮助。

8. 做到真正授权

作为一名中层领导，应该相信下属能够做出正确决定，给予下属完成任务所需的弹性和自由，不要处处插手。不要口头上放权了，而实际上决定权仍握在你的手上。身为中层领导既然放权就不要干涉细节，只注重结果和做到有效监督就足够了。

领导者如何对待权力，反映了他的管理观念是进步还是落后。有些领导对别人办事，一万个不放心，凡事都要亲自过问，死抓不放，结果束缚住了下属的手脚，反而使工作迟缓、缺乏创意。这就叫事必躬亲、死抱权；相反，有些领导能够给下属权力，鼓励他们多动脑筋、放开手脚，结果工作突飞猛进、效益倍增。可见，有效授权可以让领导者管人理事更轻松。

实战指南

【实战案例】

1963年，玫琳凯·艾施女士用自己的名字创建了玫琳凯化妆品公司，时至今日，已经成为了一家业务遍布五大洲三十多个国家和地区、在全球拥有5000名员工和一百八十余万名美容顾问的大型化妆品跨国企业集团，也是世界上最大的护肤品和彩妆品直销企业之一。她在谈到领导方法时说，她用人之道的成功所在就是“善用激励艺术”。

在玫琳凯的化妆品公司中，“人”是最重要的。她说，关心别人的信念，其实并没有与追求利润的公司目标相冲突。玫琳凯的意思就是：如果你以诚待人，激励下属，他们的工作效率就会更高，那么利益就接踵而来。

一般公司的领导者和管理者最喜欢炫耀的就是公司雄厚的资金、先进的生产线、新建的高层建筑和最先进的设备。而玫琳凯则认为她最宝贵的财富是公司里的人才，并为拥有这样一支有知识、有能力、敢于接受挑战的人才队伍而骄傲。“任何一家大型企业之所以能够发展、兴盛，完全靠的是公司里的人才”。这是玫琳凯从自己几十年的创业生涯中得出的结论。

正是由于玫琳凯个人的热情，使下属们从感情上信赖公司，从而在行动上加倍服务于公司。上下协同一致，以一种奇妙的力量推动玫琳凯化妆品公司向前发展。

【运用指南】

作为一名现代企业中的领导者和管理者，想要管理好自己的下属，让下属勤于工作，激发下属的工作热情，不仅仅要了解下属的内心需要，还要为他们多发奖金，多说好话。人是复杂的情感生物，想要让他们为自己卖命，就需要施展一些微妙的手段。

领导者和管理者要让下属了解工作计划的全貌，并让他们看到自己努力的成果，下属越是了解公司目标，对公司的向心力就越强，就会更愿意充实自己，以符合公司发展的需要。

说到激励，大多数人就会想到薪水和奖金，这些物质奖励固然重要，但是作为一个优秀的领导者和管理者，还必须掌握其他激励下属、让下属勤奋工作的方法。

1．每隔一段时间要进行部门范围内的沟通

每隔一段时间，如一周，可以让下属知道公司和部门这一周的工作情况、经营业绩和重大事项，这能够让下属及时了解公司的情况，尤其是当取得了一些振奋人心的业绩的时候，能很大程度上鼓励和刺激下属，激发大家的荣誉感和归属感。

早在20年前，迪斯尼公司就开始实行公司范围内的员工协调会议，每月举行一次，公司管理人员和下属一起开诚布公地讨论彼此关心的问题。这样的双向意见沟通，可以在短时间内增进中层领导与下属的了解，解决一些棘手问题，并可以大大提高管理的透明度和下属的满意度。

沟通不仅可以及时发现工作中的问题，而且可以增进双方的感情和关系。有不少中层领导不善于沟通或者不屑于沟通，事实上有效和及时的沟通不仅能够解决许多工作中现存的和潜在的问题，更能激发下属的工作热

情，形成和谐的团队。

2．让工作更有挑战性

从人们的心理上来说，没有人喜欢平庸，尤其是那些年纪轻、干劲足的人，富有挑战性的工作更适合满足他们的成功感。这比实际拿多少薪水更有激励作用。因此，作为一名中层领导要懂得根据下属的要求，适当地进行授权，让下属参与难度更大、更有挑战性的工作，这一方面是对下属的培养和锻炼，另一方面也提高了下属的满意度。

3．让下属制订弹性的工作计划

传统管理的办法，是自上而下进行的，缺乏灵活性，目标也是相对固定的，很多时候，外界环境的变化会导致目标的不可行或者无法完成，这样一来就会引起考核者与被考核者之间的矛盾。为了解决这样的矛盾，中层领导应该充分授权，给予下属更大的权力和自主空间，可以让下属制订弹性的工作计划，按照实际情况自己来安排完成任务的时间和方式，从而充分调动下属的积极性，激发下属的工作热情和创造性。

第十章 和辑
——联合行动，团结协作

本章是讲练兵、带兵的方略和原则之一——和辑，即和睦团结。曾国藩和胡林翼认为，当几支部队联合行动时，必须号令统一，团结协作。胡林翼还说："为大将之道，以肯救人顾大局为主。"不论是历史上敌我双方对战还是如今的企业经营管理，都离不开团队合作。只有具备团队精神、精诚协助，才能够战胜对手，屹立不倒。

曾胡治兵语录·和辑

【原文】

祸机之发，莫烈于猜忌，此古今之通病。败国、亡家、丧身，皆猜忌之所致。《诗》称“不忮不求，何用不臧？”忮、求二端，盖妾妇穿窬兼而有之者也。

凡两军相处，统将有一分龃龉，则营、哨必有三分，兵、夫必有六七分。故欲求和衷共济，自统将先办一副平恕之心始。人之好名，谁不如我？同打仗不可讥人之退缩，同行路不可疑人之骚扰。处处严于治己，而薄责于人，则唇舌自省矣。

敬以持躬，恕以待人。敬则小心翼翼，事无巨细，皆不敢忽；恕则凡事留余地以处人，功不独居，过不推诿。常常记此二字，则长履大任，福祚无量。

湘军所以无敌者，全赖彼此相顾，彼此相救。虽平日积怨深仇，临阵仍彼此照顾；虽上午口角参商，下午仍彼此救援。

（曾语）

军旅之事，以一而成，以二三而败。唐代九节度使之师，溃于相州。其时名将如郭子仪、李光弼亦不能免。盖谋议可资于众人，而决断须归于一将。古来将帅不和，事权不一，以众致败者，不止九节度使相州一役。

为大将之道，以肯救人、固大局为主，不宜炫耀己之长处，尤不宜指摘人之短处。

兵无论多寡，总以能听号令为上。不奉一将之令，兵多必败；能奉将之令，兵少必强。

（胡语）

古人相处，有愤争公庭而言欢私室，有交哄于平昔而救助于疆场，盖不以公废私，复不以私而害公也。人心之不同如其面，万难强之使同、驱之相合，则睚眦之怨，芥蒂之隙，自所难免。惟于公私之界分得清，认得明，使之划然两途，不相混扰，则善矣。发捻之役、中日之役、中法之役，列将因争意气而致败绩者，不一而足。故老相传，言之凿凿。从前握兵符者，多起自行间，罔知大体，动以意气用事，无怪其然。今后一有战役，用兵必在数十万以上，三十余镇之师，情谊夙不相孚，言语亦多隔阂，统驭调度之难，盖可想见。苟非共矢忠诚，无猜无贰，或难免不蹈既往之覆辙。欲求和衷共济，则惟有恪遵先哲遗言，自统将先办一副平恕之心始，功不独居，过不推诿，乃可以言破敌。

（蔡锷）

【译文释要】

引发祸机的，没有比猜忌更厉害的了，这是自古至今的通病。败国、亡家、丧身，都是由猜忌所导致的。《诗经》说：“不嫉妒不贪求，那么还有什么不好呢？”又嫉妒又贪求，就是同时兼有妾妇和盗贼的特点了。

两军相处，如果统帅有一分的龃龉，那么营哨官就必定会有三分，士兵就会有六七分。所以，要想和衷共济，必须从统帅先有一副平恕之心开始。世人都喜欢好的名声，有谁会不喜欢呢?一同打仗不可讥笑别人退缩，一同行路不可怀疑别人骚扰。处处严于律己，而薄于责人，那么自然就会少费唇舌。

敬以持躬，恕以待人。敬则小心翼翼，无论大事小事，都不敢有丝毫的疏忽；恕则凡事都为别人留有余地，功不独居，过不推诿。如果能常常

牢记这两个字，就可以长期担当重任，福祚无量。

湘军之所以能够无敌于天下，全凭将士们彼此相顾，彼此相救。即使平日里有积怨深仇者，临阵之时仍能相互照顾；即使上午刚发生过激烈的争吵，下午仍然能彼此救援。

(以上为曾国藩语)

军中的事情，由一人主持则胜利，由数人主持则失败。唐朝九位节度使的军队，溃败于相州(今河南安阳)。当时的名将如郭子仪、李光弼等人，也不能幸免。可见，谋议可以征求众人的意见，而决断权必须掌握在一个人手中。自古以来，因为将帅不和、指挥不统一，而导致以多负于少的战例，并不止是九节度使败于相州一役。

为大将之道，应以愿意救人，能够顾全大局为首要职责，不应该炫耀自己的长处，尤其是不应该指责别人的短处。

士兵无论是多是少，以能听从号令为上等。不能服从最高将帅的命令，则即使兵多也必定会遭到失败；能够服从最高将帅的命令，则即使兵少也必定能获得胜利。

(以上为胡林翼语)

古人相处，有在厅堂之上声色俱厉地怒争，在私底下握手言欢的；有平日里相互仇视，但是在战场上鼎力相助的。这大概是因为不能因公废私，又不能因私而害公的缘故。人心各不相同，就像人的面目各不相同一样，万难强行使他们相同、相合，所以有些人之间心存芥蒂，相互怨恨，是在所难免的。只要能把公与私之间的界限分得清，认得明，使之能够截然分开，不相互混扰就好了。在围剿太平军与捻军的战争中，在中日战争、中法战争中，我们的将校因为相互不和、意气用事而导致的大败，不止一次两次。老人们都这样说，言之凿凿。以前手握兵符的将帅，多数发迹于行伍之间，不懂得顾全大局，动不动就意气用事，因而无怪乎他们会这样。今后一旦发生战争，用兵必定在数十万以上，三十多镇的军队，其情谊素不相孚，语言也多有隔阂，统驭调度的难度可以想见。如果不同心同德，坦诚相待，难免还要重蹈以前的覆辙。要想求得和衷共济，唯有谨遵先哲的遗言，从将帅先有一副平恕之心开始。能够做到有功不独居，有过不推诿，才可以谈克敌制胜。

（以上为蔡锷按语）

【曾胡治兵实例】

1. 呼朋引类，团结一心

对于团队凝聚力，曾国藩曾说“呼吸相顾，痛痒相关，赴火同行，蹈汤同往，胜则举杯酒以让功，败则出死力以相救。贼有誓不相弃之死党，吾官兵亦有誓不相弃之死党。”还说：“湘军所以无敌者，全赖彼此相顾，彼此相救。虽平日积怨深仇，临阵仍彼此照顾；虽上午口角参商，下午仍彼此救援。”

可以说，曾国藩的成功更多的是来自于他组建湘军、对抗太平军的功绩。而曾国藩在组建湘军时进行的兵制改革，其中的一大特色就是他改变了清代军队的性质，把由清王朝直接控制和指挥军队，改变成为由地方督抚和某些将领直接控制，而朝廷只能间接指挥的私属军队。而且他在建立湘军这种私属军队的时候，刻意强化了封建宗法关系，以血缘和地缘作为强韧的纽带。

清朝末期的绿营已经是腐化的军队，军力日衰，所以当太平军义旗一举，便由广西一直打到江苏，如暴风骤雨，所向披靡。而且，当时全国约有绿营兵五十余万人，国家开支中，“兵饷为一大宗”，岁费二千余万金，致使国家“财政不够”。

据咸丰十年曾担任福建布政使的张集馨的记载，绿营之所以无战斗力，主要是带兵大员既不知兵，又趁机克剥，连肚子也填不饱的绿营兵，

平时怎会操练，战时又怎会有战斗力呢？

至于当时绿营的将帅，张集馨则记载了一件闽浙总督庆端于咸丰十年奉命救援杭州的事。当时，杭州被太平军占领，有人建议庆端凑足3000人，带饷10万，立即出发，因为兵贵神速。但庆端拒不接受，说：“我除非带兵一万八千名，饷40万，否则决难动身。仍需照（咸丰）八年在延平时章程，每月解饷15万。”于是他派人赴广募勇，渡台募勇，又派人至泉州、至湖南募勇，又派人在南台借饷，在广行借款，赴台劝捐，又令省内外各官捐输，“纷纷扬扬，每日羽檄纷驰，拉杂如火”。可是不久，太平军退出了杭州城，庆端的“一篇大热闹文章，化为烟云，然已用去十二余万矣，又添得一案军需也。”这样的支援战，更是耗费了巨额的军需。

根据绿营的这种状况，面对强大的太平军，曾国藩断言道：“即有十万众在我麾下，亦且各怀二心，离心离德。居今之世，用今之兵，即使诸葛复起，未必能灭此贼也！”又说：绿营“习气太深，安能新创其面目而荡涤其肠胃？恐岳王复生，半年可以教成其武艺；孔子复生，三年不能革除其恶习。”曾国藩对绿营采取了彻底否定的态度。他指出：“今日将欲灭贼，必先使诸将同心，万众一气，而后可以言战，而以今日营伍之习气，与今日调遣之成法，虽圣者不能使之一心一气。”

所以，曾国藩在创建湘军之时，便趁机改革兵制。与清代传统的父子兄弟相承袭的世兵制不同的是，湘军实行的是勇由将招的招募制。而曾国藩变世兵制为招募制的第一步，就是变乡勇为官勇。乡勇本是各地官绅为维持地主阶级在当地的统治，镇压“土匪”和其他民间组织而设立的一种临时性的军事组织。其特点是重在“团”，而不在“练”，兵农合一，有事则聚，无事则散。粮饷则由当地的官绅捐募，或直接派自民户。

同治八年五月，曾国藩向朝廷陈述湘军募勇的“良法美意”时说：“湘军勇营之制，营官由统领挑选，哨弁由营官挑选，什长由哨弁挑选，勇丁由什长挑选。”他认为这种层层挑选的好处是，“比之如树木，统领如根，由根而生干、生枝、生叶，都一气所贯通，因此口粮虽出自公款，而勇丁感营官挑选之恩，都好像受其私惠，平日既有恩谊相存，临阵自能

患难相顾。”在这种层级关系中，每个人都会把自己的前途和身家性命与自己的上司紧密相连。如果“师欲更易统领，则并其全军撤之，而令新统领自拣营官如前制；或即就地募人，分别淘汰保留，由此成立新军，不相互沿用”，因而形成“其将死，其军散；其将存，其军完”的特异局面。

由于湘军多实行这种将荣俱荣，将损俱损的建制，故一营之内多为本家、亲戚、师友等。很多都是全家参军，也有不少人是师生关系，如罗泽南“仅用其弟子为营哨”，“所部将弁皆其乡党信从者，半属弟子”。还有不少人有姻亲关系，如曾国藩与罗泽南、郭嵩焘兄弟、李续宾兄弟、李元度等，王鑫与左宗棠、杨昌浚等，江忠源与刘长佑等，都是姻亲。这种邻里关系、家族关系、姻亲关系、师生关系，在下层官佐与勇丁中同样广泛存在。如此“勇由将募”的结果，使得湘军被打上了地缘和血缘的深深烙印。而湘军内部这种盘根错节的封建宗法关系，也彻底改变了绿营所存在的“卒与卒不相习，将与将不相和”的弊病，从而使军队具有相当程度的凝聚力，具备了一定程度的战斗力。

2. 协调上下级关系

曾国藩对下级推诚相待，不夹杂权术，凡事出于公心，不夹杂私念，鼓励下属发展，从不嫉贤妒能，即使对于下级无理的拂逆和抵触，也是“反求诸己”，在自己身上找原因，这使他获得部下发自内心的爱戴，上下级之间的关系也就很容易理顺了。从他处理与李鸿章的关系中，就能够看出他是怎样协调与下级之间的关系的。

曾国藩一直都很欣赏李鸿章的才能，还把李鸿章当作自己的接班人来培养。李鸿章曾劝曾国藩不要驻军祁门，后来又因为李元度丢失徽州一事说情，而惹恼了曾国藩，负气离开祁门老营，在江西游荡了七八个月，后经郭嵩焘的劝说又重入曾国藩幕下。曾国藩虽对李鸿章临危出走心中颇有怨言，但经过祁门遇险，觉得李鸿章“颇知兵”，于是更加予以重用。曾李两人之间的关系危机被曾国藩的宽容所化解。

对自己力主创建的淮军，曾国藩视如己出，多次强调湘军淮军是一家人。对于李鸿章逐步取代自己执掌中枢的状况，曾国藩也没有嫉贤妒能的

想法。

一次，在两江总督署内，曾李二人谈笑风生，曾国藩对李鸿章说："我每次遇到困境，全靠你相助，你的才能超过我。我聊以自解的是，你毕竟是我所举荐的人才。祁门一别，胡林翼曾来信说：李某早晚会出人头地，不如顺势利导，还可以壮大我们的力量。现在想来，他的话得到验证了。"通过这件事可以看出曾国藩的雅量，胡林翼的高见。

对于曾国藩的批评，李鸿章总是能够虚心接受，他一直以学生自居，言必称曾国藩为"我师"，不仅嘴上这样说，心中也是十分敬佩曾国藩的。由于李鸿章的默契配合，曾李两人度过了一次又一次的关系危机，从而实现了权力的顺利交接，保持了政局的稳定和政策的连续性。

3. 认真对待反对者的意见

曾在曾国藩身边工作过的秘书人员大约有上百人，有名可稽者只是其中较有地位、名气的那部分，而那些仅任抄写、收发、保管等一般事务性工作的人则未留下姓名。在曾国藩上百人的庞大秘书班底里，赵烈文是个十分特别的人物，他随侍曾国藩终生，两人私交甚密，无话不谈，可说是曾国藩的心腹。而他第一次入曾国藩的幕府时，却因直言湘军"暮气"，致使两人不欢而散。

咸丰五年(公元1855年)底，曾国藩坐困南昌。南昌此时已危如累卵，太平军在江西的军事形势发展到最高峰，控制了13府中的8府54州县。曾国藩被困守在南昌和南康两府的狭小地区，文报不通，联系中断，连送家书都不得不用隐语腊丸，化装潜行。即便如此，送信人还是往往会被太平军识破，被捕杀者达百人以上。由于曾国藩处境堪忧，随行的幕僚大多星走云散，离他而去。有人便极力向曾国藩推荐赵烈文。曾国藩正值用人之际，便下聘金百两，修书一封，请赵烈文入幕。

咸丰六年(公元1856年)正月，曾国藩命赵烈文参观驻扎樟树镇的湘军水陆各营，本想借以显示湘军军威，令其折服。不料赵烈文回到南康大营时却对曾国藩说："樟树陆军营制甚懈，军气已老，恐不足恃。"曾国藩闻之"怫然"，曾国藩的行为令赵烈文"未便深说"，且深感自尊心受到

损伤，认为曾国藩并非是虚心纳谏之人，决心离去。恰在这时接到了家信，信中说其母卧病在床，赵烈文便趁此机会向曾国藩“乞归”。曾国藩也没有特意挽留。显然，曾国藩对赵烈文虽颇为欣赏，亦未尝不以狂放书生视之。5天之后，正当赵烈文将行未行之际，传来周凤山部湘军在樟树败溃的消息。赵烈文向曾国藩辞行之时，曾国藩定要赵烈文说出如何看出周军不可恃，赵烈文不愿深说，只以不幸而言中逊辞搪塞。

赵烈文可以说是对湘军的弊端发现较早的一位。曾国藩精心操练，亲定营规，倾注了满腔心血，以为湘军是天下最好的军队，打了胜仗，颇为自得。而赵烈文的话虽是直言，但当局者迷，旁观者清，自是比曾国藩看得清楚。但也正是因为赵烈文的直言有损曾国藩的形象和信心，所以曾国藩面露难色，大不高兴。不过，曾国藩是一位能够勇于面对现实的人。在事实面前，他勇于承认错误，并立即改变了对赵烈文的看法。对赵烈文开始重视，时间一长，赵烈文在大营里越来越受到曾国藩的器重，经常与之商谈军事，最后两人之间几乎到了无话不谈的地步。

领导与管理现代应用

1.精诚协助：要组建一支精诚协助的团队

团队就是有着互补技能的一小群人，为着共同的目的，建立一系列现实的目标并通过共同的努力而达成。有效的团队往往是由跨专业、不同背景、不同部门的人员组成的协作体，通过相互补充、相互激发各自的潜力而完成特定的任务，从而提升士气和生产力。合作能将一件事情简单化、专业化和标准化，也就能集合众人的力量，完成更大的事情。合作是团体存在的基础，是团体得以高效运作的保证。合作可以使团体产生协同效

应，使团队的产出达到比成员单个工作的产出之和大的效果。一个成功的团队，必定是一个合作良好的团队，合作是一切团体繁荣的根本。

美国UPS快递公司成立于1907年，是一家全球性的公司，是世界最大的快递承运商和邮递、包裹与货运公司，同时也是运输、物流、资本与电子商务服务的领导性的提供者，其商标是世界上最知名、最值得景仰的商标之一。1999年，它的营业收入达到207．52亿美元，利润额为8．83亿美元。在2000年《财富》杂志全球500强的排名中位列第130位。现在UPS在美国亚特兰大、佐治亚分别设有全球业务总部，拥有344万名员工。连续3年被《财富》杂志评为“全球最佳邮件、包裹、货运公司”。2012年3月，UPS收购欧洲快递巨头TNT，成为全球第一大快递公司。

UPS快递公司的企业文化是：携手工作就能成功!其有两重含义：一是强调团队精神极为重要；二是表明相互帮助、相互信任是企业之本。在UPS快递公司，不分种族、民族、性别、年龄，只要你是公司的员工，公司就会给你提供相同的发展机会。公司强调，员工之间是融洽的伙伴关系，应该互相协作、互相帮助，共同为公司的发展出力。

UPS快递公司为了让员工能愉快地工作，在录用员工时通常会问他们，最喜欢干什么，最讨厌干什么，从而在安排工作时将他们放在最合适的位置，以便于能够让他们取长补短，精诚合作。UPS快递公司认为，如果有人受过很好的教育，又很聪明，可是团队协作精神很差，公司还是不会用的。许多被公司“赶走”的人都是有能力但协作能力较差的人。

UPS快递公司每年都会进行“民意测验”，根据调查的结果，确定管理人员的工作是否合格。公司判断一个管理人员的业绩如何，其中一部分要看他是否愿意并且是否善于与其他员工合作。正是这种强调合作的企业文化，促成了UPS快递公司一派欣欣向荣的景象。

曾国藩曾说：“湘军之所以能够无敌于天下，全凭将士们彼此相顾，彼此相救。即使平日里有积怨深仇者，临阵之时仍能相互照顾；即使上午刚发生过激烈的争吵，下午仍然能彼此救援。”就是说，不论人与人之间存在着什么样的矛盾，在大是大非上还是应该做到精诚协助，顾全大局。

想成就大事，首要的就是组建一支能够精诚协助的团队，不论是行军打仗还是经营和管理企业，都应该明确这一点。

1977年成立的苹果电脑公司，之所以能够发展成为可以与IBM具有同等竞争力的电脑公司，其秘诀就在于有一个精诚合作的团队。

在苹果公司成立之初，面对强大的竞争对手IBM公司，二十几岁的董事长史蒂夫·乔布斯并没有打算让路。因为在他麾下，有一帮充满着青春活力、有着亲密无间合作关系的伙伴们为他撑腰。在这群年轻人中间，乔布斯在充当着教练、班子的领导和冠军栽培人的多重角色，是一个完美的典型。

乔布斯是一个既狂热又明察秋毫的天才，他的工作就是专门出各种新点子，对传统观念提出挑战。而团队中的年轻人则是他的各种构想的实践者。他们精诚团结，相信他们的领导者——乔布斯的眼光，都希望在从事的工作中做出伟大的成绩。他们对技术需要有最新的理解，并知道如何运用这些技术来创造出理想中的产品。

苹果公司招聘的办法是面谈，通常一个新来的人可能要到公司面谈好几次才可能会被录用。通过几次面谈，当要对录用做出最后决定的时候，负责招聘的人一般会把公司的个人电脑产品拿给应聘者看。如果应聘者没有显出不耐烦的样子，那么苹果公司的负责人就会告诉他说这是一部挺棒的计算机来刺激他一下，目的是让他的眼睛一下子亮起来，真正激动起来，这样就知道他是否能和苹果电脑公司志同道合。正是由于这样的招聘方式，使得苹果公司的员工都是一群志同道合的人，有着共同的目标，所以他们很容易就能进行密切的合作。也正是这种密切合作的文化氛围，造就了苹果计算机的一个又一个突破。

在现实社会中，我们每一个人都希望自己能够做事井然有序，新的点子和方法源源不断，处事机敏，并具备洞察细节与掌握全局的能力，但事实上这是不可能的，我们只能拥有其中某项能力，而不可能这么全能。

在现今竞争激烈、合作越来越密切的社会环境中，有的时候，单是靠个人的力量做不到的事或是能做到却要花费太多精力和时间的事，团队

会很轻易地就做到。如：有人需要一台机器，你得到这一消息后，自己一个人研制开发，最后终于组装完成，但是你会花费多少时间呢？同样有一群人在同一时间知道这个消息，根据每个人的特长，负责研发的研发，组装的组装，理所当然他们会比你提前将机器制作出来。并且从某一方面来说，他们制造出来的机器，在质量和性能上可能会优于你的，因为你一个人的精力、时间和认知有限，不可能有一群人考虑的周全。从这个例子中我们就能够看出个人与团队之间的优劣，单单依靠一个人的力量不仅所投入的时间和精力要多，并会因此丧失有力的时机，并且得到的效果远比一个团队合作的效果要差。

所以说，想在这个社会中成就一番事业，获得成功必须要组建一个团队，一个精诚协作的团队，这样一来，只要能汇集团队里各成员所具备的能力，每个人各自发挥所长，便可以更快更好的将事情做好。

当然，团队对一个企业起着十分重要的作用，但是，并不是你拥有一个团队，就能达到预期的效果。团队的领导者和管理者还要做好日常的管理工作。

首先，要提倡员工对企业的奉献精神和集体主义精神。如今，人们生活的意义不仅体现为社会对个人的满足，更重要地体现为个人对他人、对社会的贡献。对社会的奉献精神是我们每个人对社会应该采取的生活原则和生活态度，是培育企业价值观的重要方法，也是实现人生价值的途径。

在当今的市场经济条件下，企业在工作中强调奉献精神是必要的，但同时必须充分体现按劳分配、多劳多得的原则，让有奉献精神的人得到更多的物质利益。一个企业就是一个大集体，企业内的各部门也是大小不等的集体。管理活动的目的和行为都是为了保持集体的协调，维护集体的利益，充分发挥团体的力量。例如，在生产方面，企业主仅要鼓励每个员工提高效率，更要注重整个集体提高效率。这种集体主义成了企业中个人与团体、个人与个人之间的基本规范。它寻求员工把个人利益置于团体利益之下，团体利益第一，团体利益高于个人利益。同时也要求把个人利益置于他人利益之后，做到先人后己，他人利益第一。当然，企业的集体主义并不完全排斥个人主义，只不过是要求个人从属于集体而已。

其次，培养员工爱岗敬业和团结协作精神。在市场经济条件下，员工的命运和企业的兴衰是紧密联系在一起的。员工一旦有了爱岗敬业的精神，就会牢固树立“一荣俱荣，一损俱损”的理念，顾全大局，自觉地与企业荣辱与共，真正从内心里关心企业的成长和发展，并积极为企业的发展献计献策。

俗话说，人心齐，泰山移，团结就是力量。企业领导要在企业内部营造一种开放坦诚的沟通气氛，使员工之间能够充分沟通意见，每个员工不仅能自由地发表个人的意见，还能倾听和接受其他员工的意见，通过沟通增进了解。在团体内部提倡心心相印、和睦相处、合作共事。但强调“以和为本”并非排斥竞争，而是强调内和外争，即对内让而不争，对外争而不让。一个小组团结如一人，与别的小组一争高低；一个部门团结如一人，与别的部门一争高低；一个企业团结如一人，与别的企业一争高低。所谓竞争意识就是要提高一个集体的竞争能力。企业内部的“和”，也并非一团和气，失误不纠。要鼓励员工参与管理，勇于发表意见和提出批评。企业要采取各种激励措施，引导员工团结向上，增强凝聚力，使员工之间、员工和企业之间产生一体感，使得大家团结协作、同心同德、齐心协力，共同完成企业的经营目标。

2.团队精神：团队合作不是人力的简单相加

一个人的本事再大、能力再强，如果要做成一件事，没有其他人的帮助也是无法实现的。特别是在当今激烈竞争的年代，世界经济的高度发展，社会分工越来越细化，个人英雄主义时代早已成为历史，相互团结的协作时代已经成为社会发展的主流。但是，组建一个团队，并不是将一群人组织在一起就可以的。

胡林翼曾说：“士兵无论是多是少，以能听从号令为上等。不能服从

最高将帅的命令，则即使兵多也必定会遭到失败；能够服从最高将帅的命令，则即使兵少也必定能获得胜利。”由此可知，团队合作并不是单纯的比拼人数，并不意味着人数越多力量越大。

德国科学家瑞格尔曼德教授曾做过一个拉绳试验：把参加试验的人分成4组，每组人数分别为1、2、3、8。然后，要求各组用尽全力拉绳，同时用敏感的测力器测量拉力。测量的结果出人意料：两人组的拉力总和只有单人拉绳时的95%；3人组的拉力总和为单人拉绳时的85%；而8人组的拉力总和只达到单人拉绳时的49%。

人们常说“人多力量大”，但是从上面这个实验来看事实并非如此。一个人敷衍了事，两个人互相推诿，三个人则永无成事之日，这个道理类似于“三个和尚挑水喝”的故事。所以说，人与人的合作不是人力的简单相加，而是要复杂和微妙得多。

组建团队的目的便是要发挥团队的整体威力，使得团队的整体大于各部分之和。而瑞格尔曼德拉绳试验却告诉了我们另外一个事实：便是1+1<2，即整体小于各个部分之和。这无疑是对团队的组织领导者发出了一个警告：组建一支优秀、高效率的团队并不只是将一群人组织在一起就够了。

那么，要怎样才能组建一支高效率的团队呢?这就要求管理者要着重于培养团队精神。

尽职尽责、团结协作

一个好的团队，必然会有好的成员。一个好的成员要在工作上尽职尽责，在处理各种事务上充分发挥主观能动性，为体现自我价值而工作。团队成员的尽职尽责，体现了团队的向心力，使每个团队成员都心甘情愿地在公司里为实现自己的理想事业而奋斗。

拥护团队合作却不使人们承担团队协作的责任，只能被认为是表里不一。假如一个管理者不断地谈论团队精神，却在管理上独断专行，如果这位领导者奖励了有悖于团队协作精神的行为，那么，不管这位领导者如何强调团队协作那些被奖励的行为都会被效仿。所以说，团队协作模式对个人的素质有较高的要求，成员除了应具备优秀的专业知识以外，还应该有优秀的团队合作能力，这种合作能力，有时甚至比专业知识更加重要。

确保员工的忠诚

每一个企业都必须确定忠诚这个核心，每一个员工都必须忠于自己的企业，因为这是企业发展和壮大的根本保证。确定员工的忠诚，是整个企业实现战略规划的关键因素。一个企业一旦形成了忠诚的企业文化，必然会产生巨大的合力，就会无坚不摧、一往无前。试想，在一个企业里，如果员工朝秦暮楚、三心二意、得过且过、经常顶撞领导，这样的企业必然没有发展前途。因此，缺乏忠诚就没有资格当员工。

和谐的人际关系

一个优秀团队的凝聚力和竞争力是不容忽视的，没有哪个企业希望自己的员工是一盘散沙，个个都去单打独斗。那么，一个企业领导者如何使自己领导的团队具备这种凝聚力和竞争力呢?首先，必须处理好团队成员之间的人际关系，如果一个团队没有良好的人际关系，是不可能真诚合作的。而失去了这种合作关系，企业的发展也会受阻。因此，要想成为一个卓越的团队组织，就必须在团队精神建设方面有好的建树，必须把团队的精神教育与良好人际关系的建立紧密结合起来。由此可以看出，拥有团队精神的团队，成员都会心情舒畅、干劲十足、协作性强，并能够创造出骄人的业绩。

3.精简机构：合理有效地配置资源

西方管理学中有一个著名的苛希纳定律：如果实际管理人员比最佳人数多两倍，工作时间就要多两倍，工作成本就要多4倍；如果实际管理人员比最佳人员多3倍，工作时间就要多3倍，工作成本就要多6倍。

从以上叙述中，我们能够看出，在管理上，并不是人越多就会越好，有时管理人员越多，工作效率反而会越差。只有找到一个最合适的人数，

管理才能收到最好的效果。在一个公司中，只有每个部门都真正达到了人员的最佳数量，才能最大限度地减少无用的工作时间，降低工作成本，从而达到企业的利益最大化。

事实上，执行能力低下的企业基本上都有一个显著的共同点，就是这些企业的组织机构复杂，程序繁琐，从而影响了工作任务的执行。

当著名的通用电气公司经营陷入困境之时，新总裁韦尔奇一上台就大刀阔斧地进行改革，削减职务重叠的机构。当时全公司有四十多万名职工，其中有“经理”头衔的就达2．5万人，高层经理五百多人，副总裁130人。管理层次有12层，工资级别竟多达29级。从 1981年到现在，他至少砍掉了三百多个部门，将公司职工裁减为27万名。有人称他为“中子弹韦尔奇”，意思是他像中子弹一样把人干掉，同时使建筑物保持完好无损。不过，这比喻并不十分恰当，因为韦尔奇连建筑本身也要加以摧毁和改造。他在裁减冗员的同时大力压缩管理层次，强制性要求在全公司任何地方，从一线职工到他本人之间不得超过5个层次。这样，原来高耸的宝塔形结构一下子变成了低平而坚实的扁平结构。

以家用电器事业部的销售部为例，从一线销售人员到公司总裁之间仅4个层次：公司总裁——家用电器事业部总裁——家电销售部副总裁——30个地区共400个家电销售代表。再以通用电气的重型燃气轮机制造基地为例。共有两千多名职工，年销售收入达二十多亿美元，全厂由一位总经理负责，下面是几位生产线经理，如叶片生产线、装配线、调试线等，每个生产线经理直接面向一百多名工人。没有班组长，也没有工长、领班、更没有任何副职。公司采取了这种较宽松的管理制度，管理人员向下级授更多的权，让下级充分发挥其自主性，同时有利于上下级之间的信息沟通，特别是基层人员的意见能很快反映到公司的决策层。

对于领导者和管理者来说，怎样才能形成最佳的组合方式，将团队成员的能力发挥到最大呢？

首先，确定团队的发展目标。团队成员的发展目标可以将整个团队紧紧地联系在一起，一个团队成员不管能力有多强，只要能够认同他为之奋斗的目标是什么，认同企业的价值观，就能够看到这个团队存在的价值，并为之奋斗。

其次，对团队有明确的定位。所谓团队的定位，内容有二：一是团队在企业中的位置，这属于整个团队的定位；二是作为团队成员在团队中的具体定位，这属于个体的定位。一个团队领导者只有合理地搭配人才，用好人才，充分发挥群体优势，才能取得巨大的工作成效。特别是随着社会化大生产的实现，单纯地依靠一个人或者一类人，已经是远远不够了。一个有效的团队群体，只有明确团体定位和个体定位才能把各成员优化组合，才能产生新的巨大的集体能量，才能取得卓有成效的业绩。

最后，明确团队职位的职责，找到适合团队的人。选择一位合适的团队成员首先要明确其工作职能，确定其并不是一系列不相关任务的集合，因为杂乱的组合不但会让团队管理者不能挑选出合适的团队成员，也会给以后的团队工作带来巨大的影响。

4.未雨绸缪：化解冲突要未雨绸缪

曾国藩曾说："如果统将之间有一分矛盾，营官、哨官之间就会有三分矛盾，而士卒之间就会有六七分矛盾。这样的团队，必然就要解体了。所以要想和衷共济，就应该先从统将有一副平和宽容的心开始。"在企业管理中也应如此，管理者想要化解矛盾冲突，最好的办法就是从源头治理，从自身开始做起。不过有的时候，化解下属之间的冲突和矛盾还要做到未雨绸缪。

社会学家认为，一个群体间的矛盾就像是一个大气球，必然是越积越多。因此，必须在达到爆破的极限前，先释放一些气，这样能够避免矛盾激化，不至于形成冲突。

这里所讲的冲突，主要是指下属在利益、意见、态度及行为方式诸方面不协调，相互之间发生的矛盾激化状态。这些冲突给正常的秩序造成不

同程度的危害，对目标的实现有着负面影响。

在工作中想要有效防止和解决冲突，就要抓准矛盾焦点。无论是个人之间还是群体之间，当冲突尚未发生之时，某一矛盾积累的问题，就会成为双方关注、争执、互不相让的焦点，如政治方面的某个观点，切身利益的具体项目，道德方面的某一行为倾向，情感方面的隔阂等。如双方继续在某个焦点上积累矛盾，发展到一定程度，就会围绕这一点形成冲突。

从现实生活中的许多具体冲突事例可以看出，矛盾不断激化的一个重要原因，是群众不满意的地方太多，又压着不能讲，问题长期得不到解决，就像高压锅一样，持续高温又没有出气的地方，到一定程度非爆炸不可。

当然，矛盾和冲突发生后领导要果断处置，迅速控制事态，最大限度地减少冲突导致的消极影响和破坏。处理冲突的技巧，是领导的办事。处理得好，将提升领导的威信。处理得不好将严重影响领导者在群众中的声誉，甚至导致领导者不能再做领导。也正因为如此，无论是理论界还是领导者，都非常注重对冲突的研究与处理。

美国西点军校的《军事领导艺术》对领导者采取的策略归纳为五种：回避、建立联络小组、树立超级目标、采取强制办法、解决问题。而在领导实践中，领导者处理冲突的方法更加多种多样。

对性质比较严重，事态可能扩大的冲突，领导者要快刀斩乱麻。在情况不明、是非不清而又矛盾激化在即的时刻，先暂时“冷却”、“降温”，避免事态扩大，然后通过细致的工作和有效的策略适时予以解决。只要把握了解决矛盾的主动权，任何矛盾和困难都是可以解决的。

在危机比较严重时，领导者处理冲突最常用的方法是转移视线。

巴拿马总统诺列加曾是一介平民，他在当总统前名声不佳，掌握权力后比较独断，同时政绩不佳。也正因为有这些劣迹，他当总统遭到国内正义人士的强烈反对。为了提高自己在国民中的形象，转移国内民众的视线，他在巴拿马运河的问题上选择了维护国家尊严的道路，对美国人的要求置之不理。美国对巴拿马施加了不断升级的军事、经济压力，而诺列加越来越不把美国放在眼里，他寸步不让，态度强硬。由于在强权面前维护国家的尊严，使他在巴拿马人民中的形象陡然高大起来，他们称诺列加为“巴拿马强人”，全国上下空前团结，反对党也停止了活动，给了诺列加能够调动一切的权力。虽然诺列加在强权下不得不在美国的监狱中度过余生，但无论在国内还是在国外都博得了好名声。

领导者处理冲突最常用的另一方式是利用冲突。在中国古代有一个利用冲突的典型事例，即二桃杀三士。

战国时，齐国有三个大力士：公孙接，田开疆，古冶子，号称“齐国三杰”。他们因为勇猛异常，深得齐景公宠爱。相国晏子遇到这三个人总是恭恭敬敬地，可是这三个人却根本不把晏子放在眼里，仗着齐景公的宠爱，为所欲为。晏子是看在眼里，忧在心里：这些莽夫如果势力太大可不是好事，他们可不讲究什么礼仪伦法，将来必定惹来祸患。于是晏子把想法对齐景公说了，认为应该将三人除去。齐景公觉得晏子的话有道理，便同意了。

在一次朝会上，晏子拿出两个外国进贡的桃子，说要赏给功劳最大的两个人。公孙接得意洋洋地说：“我曾跟着主公上山打猎，忽然一只吊睛大虎向主公扑来，我用尽全力将老虎打死，救了主公性命，如此大功，还不该吃个桃吗？”说完拿了一只桃子。古冶子喊道：“打死一只虎有什么稀奇！我护送主公过黄河的时候，有一只鼋咬住了主公的马腿，一下子就把马拖到急流中去了。我跳到河里把鼋杀死了，救了主公。像这样大的功劳，该不该吃个桃？”话音一落也自取了一只桃子。田开疆一见两人将桃子都分走了，急得跳起来大喊：“我曾奉命讨伐徐国，杀了他们的主将，抓了五百多俘虏，吓得徐国国君称臣纳贡，临近几个小国也纷纷归附咱们齐国。这样的大功，难道就不能吃个桃子吗？”接着，田开疆手按剑把，气呼呼地说：“杀鼋打虎有什么了不起！我跋涉千里，出生入死，反而吃不到桃，我还有什么脸活着呢？”说着竟挥剑自刎了。

公孙接听了心中羞愧，拔出剑来说：“我的功小而吃桃子，真没脸活了。”说完也自杀了。此时古冶子沉不住气了，说：“我们三人是兄弟之交，他们都死了，我怎能一个人活着？”说完也拔剑自刎了。

领导者处理冲突最常用的方法还有拖延。拖延是解决冲突的一种微妙的办法。冲突的双方不直接采取措施解决冲突，而是拖延，以期待一旦环境发生变化，分歧会迎刃而解。对问题不做出决定所引起的冲突，要比拒绝他人或群体的要求。似乎好一些。目前有一些组织对棘手的问题，往往采取“研究研究”的方式，以应付了事，就是典型的例子。

此外，折中妥协是社会中的现实，只要存在差异、派别、权力之争，组织就必须利用它。妥协也是组织试图解决冲突的最常用的手段之一。

实战指南

【实战案例】

案例一：

本田车的创始人本田宗一郎为日本汽车业和摩托车业的发展做出了巨大的贡献，在日本乃至整个世界的汽车制造业里，都可谓是一个很有影响的传奇人物。

1965年，在本田技术研究所内部，人们为汽车内燃机是采用“水冷”还是“气冷”而发生了激烈的讨论。因为本田宗一郎支持采用“气冷”的内燃机，所以新开发出来的N360小轿车采用的都是“气冷”式内燃机。

1968年，在法国举行的一级方程式冠军赛上，一名车手驾驶本田汽车公司的“气冷”式赛车参加比赛。在跑到第三圈时，由于速度过快导致赛车失去控制后撞到围墙上。随即，油箱爆炸，车手被烧死在里面。此事引起巨大轰动，也使得本田“气冷”式N360汽车的销量大减。因此，本田技术研究所的技术人员要求研究“水冷”内燃机，但仍被本田宗一郎拒绝。一气之下，几名主要的技术人员决定辞职。

本田公司的副社长藤泽感到了事情的严重性，就打电话给本田宗一郎说：“您觉得您在公司是当社长重要呢，还是当一名技术人员重要呢？”

本田宗一郎回答道："当然是当社长重要啦!"

藤泽毫不留情地说："那就同意他们去搞水冷引擎研究吧!"

本田宗一郎这才省悟过来，毫不犹豫地同意说："好吧!"

于是，几个主要技术人员开始进行研究，不久便开发出适应市场的产品，公司的汽车销量也大大增加。几个当初想辞职的技术人员后来均被本田宗一郎委以重任。

案例二：

被誉为"日本经营之神"的松下幸之助曾说过："公司要发挥全体员工的勤奋精神"，并不断向员工灌输所谓"全员经营"、"群智经营"的思想。为打造大的团队，在20世纪60年代，松下会在每年正月的一天，带领全体员工，头戴头巾，身着武士上衣，挥舞着旗帜，把货物送出。在目送几百辆货车壮观地驶出厂区的过程中，每一个工人心中都会升腾出由衷的自豪感，为自己是这一团队的成员而感到骄傲。

在树立一种团队意识的同时，松下公司更是花大力气发动每一名员工的智慧和力量。为达到这一目的，公司建立提案奖金制度，不惜重金在全体员工中征集建设性意见。虽然公司每年颁发的奖金数额巨大，但正如公司劳工关系处处长所指出的一样："以金额来说，这种提案奖金制度每年所节省的钱超过给员工所发奖金的13倍以上。"不过，松下公司建立这一制度的最重要目的，并不在节省成本上，而是希望每个员工都参加管理，希望每个员工在他的工作领域内都被认为是"总裁"。

松下公司与员工之间建立起可靠的信任关系，使员工自觉地把自己看成是公司的主人，产生为公司做贡献的责任感，焕发出了高涨的积极性和创造性。松下公司因此形成了极大的亲和力、凝聚力和战斗力，使公司不但从一个小作坊发展成世界上最大的家用电器公司，而且成为电子信息产业的大型跨国公司，其产品品种之多，市场范围之广，成长速度之快和经营效率之高都令人惊叹。

【运用指南】

要知道，领导者仅仅只是一个人，只有一个头脑，没有办法去帮助团体中的每个人，而每个人都有自己不同的方法和主意，你想把自己的思想渗透每个具体操作人员，那是不现实的，是注定要失败的。人们都知道，人多力量大。同样，人多方法也多，大家的主意远比某些个人的想法要全面得多。如果你作为一个领导者却忽略了集体的力量和才智，那将是最大的损失。但是，管理者如果想通过组建团队去提升企业整体的执行力，发挥团队的优势，就必须做好下面的工作：

1．合理搭配人才，整合团队力量

在硅谷有这样一个“规则”：有两个MBA和MIT博士组成的创业团队几乎是获得风险投资人青睐的保证。当然，这未必是个定则，里面还蕴涵着这样一个真理：一个优势互补的创业团队对于高科技企业举足轻重，研发、技术、市场、融资等各方面合作伙伴组成的团队是创业成功的法宝。同时也说明，一个团队在成立之初就需要有良好的组合，如果组合搭配不好，则会影响团队整体的效率。

2．及早着手处理团队内部的矛盾

上下级交往，贵在心理相容。彼此间心理上有距离，内心世界不平衡，积怨日深，便会酿成大的矛盾。当矛盾的苗头刚刚出现的时候，应立即处理，别让问题发展到不可收拾的地步。不妨和对方确定一个时间和你一起解决分歧，并尽量安排在私人场所进行会晤。会晤时，应制造出有利于交换意见的气氛，说话和表达身体语言时要有建设性和积极性，指出矛盾对双方都没有好处，并且表明你具有解决矛盾的诚意。

谈话时要坚定明了地突出你的情况，并保持眼神接触。谈到使你烦恼的事情时要具体，举例子说明，不要夸大其词或者曲解事实的真相。不要使用刺激性的语言。否则，对方会对准你的言辞而不是对准问题的解决。不要翻旧账，只针对眼前的事情进行讨论。

同时，也要仔细听取对方的情况，不要打断。尽管你可能不同意每一件事．但也要积极寻找同意的那些方面。保持客观的态度，对合理的地方要点头或予以肯定。听完对方的情况后，可以归纳对方的要点以表示你理解了，并表现出同情心。诸如“我也有同感”，这样会对于排解怒气很有作用，双方也容易一道解决问题。

一旦你们双方对问题取得了一致意见，就马上趁热打铁向着解决问题的方向迈进。提出你准备怎样做，以及处理他关切的事情，问对方怎样做可以解决问题。找不出解决办法时可以保持不同的意见，表明你尊重对方的立场，即使你并不赞同。

结束会晤时，你应当对你们的讨论和双方承诺进行总结归纳，对对方愿意解决你们的分歧的态度给予赞赏。

当然，解决矛盾不一定都要正式会晤不可，管理者也可以采取一些非正式的沟通方式，来化解彼此之间的不快。比如：见面时先开口，向对方打招呼；在合适的场合，适当地开开玩笑；根据具体情况做些解释；对方有困难时，主动提供帮助；多在一起活动，不要竭力躲避；战胜自己的“自尊”，消除别扭感等。从以上几方面，你就会很容易消除了与下属间的不快感。

3．引导团队成员进行充分沟通

作为管理者，一定要引导部属之间展开充分的沟通，通过相互沟通，消除隔阂，增进了解。管理者引导部属之间的互动沟通与交流，可以消除误会，增进了解，融洽关系。如果彼此缺乏沟通，就会产生矛盾，酿成隔阂，形成内耗，影响企业的正常运转。

4.提高团队的凝聚力

团队凝聚力是维持团队存在的必要条件。如果一个团队丧失凝聚力，就会像一盘散沙，难以维持下去，并呈现出低效率状态；而团队凝聚力较强的团队，其成员工作热情高，做事认真，并有不断的创新行为，因此，团队凝聚力也是实现团队目标的重要条件。

首先，通过企业信念来加强对员工凝聚力的培育。企业信念是企业全体成员所追求的固有价值观、思维方式、行为方式和信念的综合，它是企业的生命力，对企业的现在和未来都有着巨大的影响。企业信念能够通过

种种微妙的方式来沟通人们的思想感情，融合人们的理想、信念、作风、情操，培养并激发人们的团队精神。员工通过自己的切身感受，产生对本职工作的自豪感和使命感，并对企业产生认同感和归宿感，就会使企业产生一种强大的向心力和凝聚力，发挥出巨大的整体效应。

其次，使员工从心底里认同企业文化。调查研究表明：世界500强成功的根本原因就在于，他们善于给企业文化注入活力。现在有越来越多的企业认识到企业文化比机器设备对企业发展更有力量，因为最先进的管理都是用“文化”来管理的。但必须强调的是，企业文化不是用来标榜企业的漂亮外衣，它是企业里每一个人心目中的价值观念和行为准则，它需要企业中每个员工的参与和认同。只有当员工的价值观和企业的价值观保持一致并完全融为一体的时候，员工的潜能才能发挥到最大值，才能创造出奇迹。领导者若能创造出一种良好的企业文化氛围，就能凝聚起员工的人心和力量，员工就会与企业融为一体。

第十一章　兵机
——养精蓄锐，不打无准备之仗

本章所论多与用兵谋略相关，集中反映了曾国藩和胡林翼的战略战术思想。曾国藩和胡林翼两人论兵都主张谨慎稳重，并一再强调，如果没有做好准备，决不轻言出战。他们特别强调运用士气，讲究养精蓄锐、以逸待劳。曾、胡善于将古代军事理论的精华，灵活运用于战争实践之中，并能根据新的情况提出新的解决办法。不打无准备之仗对今天的领导者和管理者来说，仍是一个十分重要的经营管理法则。

曾胡治兵语录·兵机

【原文】

前此为赴鄂救援之行，不妨仓卒成军；今日为东下讨贼之计，必须简练慎出。若不教之卒，窳败之械，则何地无之，而必远求之湖南，等于辽东自诩之豕，仍同灞上儿戏之军。故此行不可不精选，不可不久练。

兵者，阴事也。哀戚之意，如临亲丧；肃敬之心，如承大祭。故军中不宜有欢欣之象，有欢欣之象者，无论或为和悦，或为骄盈，终归于败而已矣。田单之在即墨，将军有必死之心，士卒无偷生之气，此其所以破燕也。及其攻狄也，黄金横带，有生之乐，无死之心，鲁仲连策其必不胜。兵事之宜惨戚，不宜欢欣亦明矣。

此次由楚省招兵东下，必须选百炼之卒，备精坚之械，舟师则船炮并富，陆路则将卒并愤，作三年不归之想，为百战艰难之行。岂可儿戏成军，仓卒成行？人尽乌合，器多苦窳，船不满二百，炮不满五百，如大海簸豆，黑子着面，纵能速达皖省，究竟于事何补？是以鄙见总须战舰二百号，又补以民船七八百，大小炮千余位，水军四千，陆军六千，夹江而下；明年成行，始略成气候。否则，名为大兴义旅，实等矮人观场，不直方家一哂。

夫战，勇气也，再而衰，三而竭。国藩于此数语，常常体念。大约用兵无他巧妙，常存有余不尽之气而已。孙仲谋之攻合肥，受创于张辽；诸葛武侯之攻陈仓，受创于郝昭；皆初气过锐，渐就衰竭之故。惟荀罃之拔逼阳，气已竭而复振；陆抗之拔西陵，预料城之不能遽下，而蓄养锐气，先备外援，以待内之自毙。此善于用气者也。

日中则昃，月盈则亏，故古人有“花未全开月未圆”之句，君子以为知道。故余治兵以来，每介疑胜疑败之际，战兢恐惧、上下悚惧者，其后常得大胜；当志得意满之候，各路云集，狃于屡胜，将卒矜慢，其后常有意外之失。

国家之强，以得人为强，所谓无竞惟人也。若不得其人，则羽毛未丰，亦似难以高飞。昔在宣宗皇帝，亦尝切齿发愤，屡悔和议，而主战守，卒以无良将帅，不获大雪国耻。今欲罢和主战，亦必得三数引重致远、折冲御侮之人以拟之。若仅区区楚材，目下知名之数人，则干将、莫邪，恐未必不终 折。且聚数太少，不足以分布海隅。

用兵之道，最忌势穷力弱四字。力则指将士之精力言之；势则指大局大计及粮饷之接续、人才之继否言之。

能战，虽失算亦胜；不能战，虽胜算亦败。

悬军深入而无后，是用兵大忌。

危急之际，尤以全军保全士气为要。孤军无助，粮饷不继，奔走疲惫，皆散乱必败之道。

（曾语）

有不可战之将，无不可战之兵；有可胜不可败之将，无必胜必不胜之兵。古人行师，先审己之强弱，不问敌之强弱。

兵事决于临机，而地势审于平日，非寻常张皇幽渺可比。

军事有先一着而胜者，如险要之地先发一军据之，此必胜之道也；有最后一着而胜者，待敌有变，乃起而应之，此必胜之道也。至于探报路径，则须先期妥实办理。

兵事之妙，古今以来莫妙于拊其背、冲其腰、抄其尾，惟须审明地势、敌情。先安排以待敌之求战，然后起而应之，乃必胜之道。盖敌求战而我以静制动，以逸待劳，以整御散，必胜之道也。此意不可拘执，未必全无可采。

临阵之际，须数万人并力，有前有后，有防抄袭之兵，有按纳不动以

应变之兵，乃是胜着。如派某人守后，不应期而进，便是违令；应期而不进，便是怯战。此则必须号令严明者也。徇他人之意，以前为美，以后为非，必不妥矣。

夹击原是上策，但可密计而不可宣露，须并力而不宜单弱，须谋定后战，相机而行，而不可或先或后。

不轻敌而慎思，不法战而稳打。

兵分则力单，穷进则气散，大胜则变成大挫，非知兵者也，不可不慎。

敬则胜，整则胜，和则胜。三胜之机，决于是矣。

我军出战，须层层布置，列阵纵横，以整攻散，以锐蹈瑕，以后劲而防抄袭。临阵切戒散队，得胜尤忌贪财。

熟审地势敌情，妥谋分击之举，或伺敌之缺点，蹈瑕而入，或趋敌之重处，并力而前，皆在相机斟酌。惟临阵切忌散队，切戒贪财，得胜之时，尤宜整饬队伍，勿求痛杀。

军务只应以一处合围以致敌，其余尽作战兵、援兵、兜剿之兵。若处处合围，则兵力皆为坚城所牵缀，顿兵坚城之下，则情见势绌。

用兵之道，全军为上策，得土地次之；破敌为上策，得城池次之。古人必四路无敌，然后围城。兵法所谓“十则围之”之义也。

兵事有须先一着者，如险要之地，以兵据之，先发制人，此为扼吭之计，必胜之道也；有须后一着者，愈持久愈神妙，愈老到愈坚定，待敌变计，乃起而乘之，此可为奇兵而拊其背，必胜之道也。

一年不得一城，只要大局无碍，并不为过；一月而得数城，敌来转不能战，则不可为功。

军队分起行走，相隔二日，每起二千人。若前队遇敌先战，非必胜之道也。应于近敌之处，饬前茅、后劲、中权，会齐并力，乃可大胜。

临阵分枝，不嫌其散，先期合力，必求其厚。

荀悦之论兵也，曰：“权不可预设，变不可先图。与时迁移，随物变化。”诚为用兵之至要。

战阵之事，恃强者是败机，敬戒者是胜机。

军旅之事，谨慎为先；战阵之事，讲习为上。盖兵机至精，非虚心求教不能领会，矧可是己而非人；兵机至活，非随时谨密不能防人，矧可粗心而大意。

侦探须确、须勤、须速。博访以资众论，沉思以审敌情。敌如不分枝，我军必从其入境之处并力迎剿；敌如分枝，则我军必于敌多之处专剿。

（胡语）

曾、胡之论兵，极主主客之说。谓守者为主，攻者为客，主逸而客劳，主胜而客败。尤戒攻坚围城。其说与普法战争前法国兵学家所主张者殆同（其时俄土两国亦盛行此说）。其论出师前之准备宜十分周到，谓一械不精不可轻出，势不厚不可成行。与近今之动员准备用意相合。其以全军、破敌为上，不以得土地、城池为意，所见尤为精到卓越，与东西各国兵学家所倡导者如出一辙。临阵分枝宜散、先期合力宜厚二语，尤足以赅括战略、战术之精妙。临阵分枝者，即分主攻、助攻之军，及散兵、援队、预备队之配置等是也；先期合力者，即战略上之集中展开及战术上之开进是也。所论诸端，皆从实行后经验中得来，与近世各国兵家所论若合符节。吾思先贤，不能不馨香崇拜之矣。

（蔡锷）

【译文释要】

此前为了到湖北增援，不妨仓猝地组成部队；最近，为了东进讨伐敌人，则必须简练慎出。未经过训练的士兵，朽蚀不堪的器械，何处没有，为什么一定要舍近而求远，到湖南来找呢?这样的军队，相当于辽东引以为自豪的猪，等同于灞上儿童做游戏的兵。所以，此行的军队不可不精心挑选，长期训练。

战争，属于阴事。其哀戚之意，就像是参加亲人的丧礼一样；肃敬

之心，就如同面对重大的祭祀活动一般。所以，军队中不应当有欢欣的气象。如果有了欢欣的气象，那么无论是和悦，还是骄傲自满，最终都必然要落得失败的下场。齐国的田单在即墨固守时，将军有必死之心，士兵无生还之意，这就是他能大败燕军的原因。到他攻打狄人时，黄金横带，趾高气扬，只知有活着的快乐，而没有以死报国的心思，鲁仲连因此料定他必然不会获胜。由此，军事应当惨戚，而不应当欢欣，已经显而易见了。

这次由湖南招兵东下，必须选拔百炼之卒，挑选装备精坚的器械，水军则船多炮足，陆路则将士同仇敌忾，抱定三年不归的信念，勇敢地去迎接千百次艰苦卓绝的战斗。难道可以儿戏般地组成军队，匆匆忙忙地启程上路吗?如果士兵都是乌合之众，器械多是腐败朽蚀之物，船只不满二百，大炮不到五百，就像大海簸豆，黑子着面，纵然能够迅速赶到安徽战场，对战事又有什么帮助呢?所以，我认为必须有战舰二百艘，再补充民船七八百只，大小炮一千余尊，水军四千，陆军六千，夹江而下；而且必须等到明年成行，才能略成气候。否则的话，名义上为大兴义师，实际上则等同于矮人观场，只能贻笑于大方之家。

战争，是靠勇气的，一鼓作气，第二次就衰减了，到了第三次时就竭尽了。我对这几句话，常常在心里仔细玩味。大约用兵是没有其他奥妙的，只是经常保持用不尽的士气而已。孙权进攻合肥，受挫于张辽；诸葛亮进攻陈仓，受挫于郝昭；都是因为起初锋芒太露，士气过高，接着便逐渐衰竭所造成的。只有荀罃攻克逼阳，是在士气已经衰竭的情况下又振作起来的；陆抗攻克西陵，是早已预料到城池不可能在短期内拿下，因而蓄养锐气，安排好外援，以等待城内守兵的懈怠。这都是善于利用士气的人。

太阳升到了最高点就要向西偏，月圆以后就开始亏缺，因此古诗中有“花未全开月未圆”之句，君子认为包含丰富的哲理。所以，我自从治军以来，每当对胜败狐疑不定、战战兢兢、全军上下惊惧不安时，后来常常能获得大胜。而当我志得意满之时，各路大军云集，不费多大劲就打了几个胜仗；将士们开始头脑发热、居功自傲，后来却常常有意外的损失。

国家的强盛，是以得人才为强，所谓的无竞，只是指在人才方面无

敌。如果不得其人，则如羽毛未丰，似乎也难以高飞。当年，高宗皇帝也曾切齿发愤，屡次对和议感到后悔，而坚决主张战守，但最终因为没有优秀的将帅，以致不能大雪国耻。今天要想罢和主战，也必须得到三五名能够引重致远、勇于御侮的杰出人才来承担重任才行。如果仅靠南方目前比较知名的寥寥几个人才，即便是最杰出的人才也未必能济事，况且所聚的人数太少，无法分布到全国各地。

用兵之道，最忌讳“势穷力竭”四字。力，是指将士的精力而言；势，则是指大局大计及粮饷、人才能否接续而言。

善于作战，那么即使失算也能获胜；不善于作战，即便握有胜算也会遭到失败。

孤军深入而没有后续兵力，是用兵者的大忌。

在形势危急之时，最重要的事情是保全部队，保持士气。孤军无援，粮饷不继，奔波疲惫，都是散乱必败之道。

（以上为曾国藩语）

有不会打仗的将军，没有不会打仗的士兵；有只可以打胜仗而不可以打败仗的将军，没有必胜必不胜的士兵。古人治兵，先审视自己的强弱，不问敌人的强弱。

军事是随机应变的，而地形、地势的审察则是在平日就应做好的，这不是寻常的张皇幽渺所能比拟的。

军事上有因为棋先一招而获胜的，如险要的地方，自己先派一支军队据守住，这就是必胜之道；也有棋后一招而获胜的，如等到敌情有变以后，再看准时机做出反应，这也是必胜之道。至于侦察道路情况，必须预先妥善办理。

军事的巧妙，自古以来，没有比拊其背、冲其腰、抄其尾更妙的了。只是必须审明地势、敌情，先做周密的部署以等待敌人求战，然后根据具体情况做出反应，这才是必胜之道。大概敌军求战，而我军以静制动，以

逸待劳，以整御散，所以是必胜之道。这种说法不可过于拘泥、生搬硬套，但也未必完全没有可取之处。

临阵之时，必须万众齐心协力，有前有后，既有防备敌人抄袭后方的兵力，又有按兵不动以应对突发变故的兵力，这才是胜招。如果派某人殿后，不到规定的时间他就向前方进发，便是违抗命令；可是若到了规定的时间，他却不向前推进，便是怯战。这些都是必须号令严明的事情。屈从于他人的意志，以前进为美，以后退为非，肯定是不妥当的。

夹击敌人原本是上策，但是只可以秘密计划而不可以泄露消息，只可以集中兵力而不应当力量单薄，只可以周密运筹而后战，相机行事，而不可以过早或过晚，使得步调不一致。

不轻敌才能慎思，不法战才能稳打。

兵力分散就显得力量单薄，一味穷进就会士气低落，获得大胜则转而严重受挫，这是不懂军事的表现，我们为将的人不可不谨慎。

严肃认真则获胜，整齐划一则获胜，上下和谐则获胜。这三胜的关键，取决于此了。

我军出战，必须要层层布置，列阵纵横，以整攻散，以强攻弱，以殿后的精兵防范敌人的偷袭。临阵切记不可队形散乱，得胜尤其忌讳贪财无厌。

仔细地侦察地势、敌情，妥善部署分兵攻击的行动；或者伺机抓住敌人的弱点，趁虚而入；或者看准敌人的要害，集中兵力，迅猛进击。战场形势，瞬息万变，全在将帅相机斟酌，妥当应变。尤其需要注意的是，临阵切忌队形散乱，切戒贪财无厌。得胜之时，更应当整饬队伍，不可散乱无章。

在作战时，应当合围敌人一处以引蛇出洞，其余的人马都作为战兵、援兵和兜剿之兵。如果处处合围，那么兵力就都被坚城所牵制，且长期屯兵于坚城之下，我方的虚实完全暴露在敌人的眼皮子底下，形势当然会越来越不利了。

用兵之道，使敌人全军归降为上策，占领敌人的土地次之；击破敌人的军队是上策，夺取敌人的城池次之。古人必定是在自己的归路确实没有

敌人的情况下，才围攻敌人的城池。这就是兵法中所说的“当自己的兵力十倍于敌人时，就可以包围它”的含义。

军事上有必须抢先一招的，如险要的地形，自己派兵予以占领，先发制人，这叫做制敌死命的计策，乃是必胜之道；军事上还有必须晚一招的，越持久越神妙，越老成越坚定，等到敌人被迫变计换招时，便趁机发动袭击，此时可以使用奇兵从敌后掩杀，这也是必胜之道。

一年时间都没有占领过敌人一座城池的，只要对大局没有妨碍，就不算是过错；如果一个月之内就占领了数座城池，可是当敌军又转回头来时自己却无能力交战，难以应付的，就不能算是有功。

军队应当分批行进，相隔两天，每批两千人。如果前队遇敌先开战，不是必胜之道。应当在靠近敌人的地方，命令前军、中军、后军会齐，全力对敌才能获得大胜利。

临阵分派军队时，不怕它分散；而事前集结兵力时，务必要雄厚。

荀悦论军事说：“权宜之策不可事先设定，风云变幻不可事先安排。因时制宜，因地制宜，因人制宜。”实在是用兵的最重要原则。

统兵打仗，恃强凌弱、骄傲自大是败机，枕戈待旦、谨慎行事是胜机。

军中之事，以谨慎为先；战阵之事，以讲习为上。因为兵机极为精深，奥妙无穷，若不虚心求教是无法领会的，岂可自以为是而非议别人；兵机是极为灵活，变化无穷的，若不能够随时谨慎，就不能防范人，怎么可以粗心大意呢？

侦探敌情必须准确、勤快、迅速。必须广泛访问以便集思广益，要进行深入思考以便弄清敌情。敌军如果不分兵，我军就必须从其入境的地方并力迎剿；敌人如果兵分几路，那么我军必须在敌人最多的一路专门进行剿灭。

（以上为胡林翼语）

曾国藩和胡林翼两人论兵，极力主张主客之说。他们称防守的一方为

主，进攻的一方为客，主方安逸而客方劳顿，主方获胜而客方失败。这种说法，与普法战争之前法国军事家的主张差不多同(当时，俄国、土耳其两国也盛行此说)。他们论述出师前的准备工作时，认为应当做得十分周到，如果有一件器械不精良，都不能轻率出兵；如果实力还不够雄厚，就不能仓猝成行。这种看法，与今天的战前动员、战前准备，用意相合。他们以使敌人全军归降和攻破敌军为上策，而不注重占领土地和城池，其见解尤其精到卓越，与东西方各国军事家所倡导的如出一辙。临阵分派兵力应当散，事先集结兵力应当雄厚，这两句话尤其足以概括战略、战术的精妙之处。临阵分派兵力，就是指确定主攻、助攻部队，以及散兵、援兵、预备队的配置等；事先集结兵力，就是指战略上的集中展开以及战术上的开进等。二人所论的几个方面，都是从自己亲身经历的战争实践中得来的，与近代各国军事家所论述的观点十分吻合。想起这些睿智的前人，我们不能不佩服得五体投地。

（以上为蔡锷按语）

【曾胡治兵实例】

1. 将正确的战略决策执行到底

一般情况下，制定了正确的战略决策，并不意味着就一定能够通向胜利，其关键还在于是否有决心能够将这种战略决策执行到底。曾国藩的过人之处，就在于他的定力不是一般人所能比的。而只要是他认准的，他就会排除一切干扰，争取一切机会，将胜利的可能变成胜利的现实。

湘军与太平军之间于1860年发生的安庆会战，是关系到湘军与太平军最终胜负的一次战略决战。早在1859年的时候，曾国藩就已经制订了进攻安庆的战略，希望集中力量全力进攻安庆，迫使太平军前来进行战略决战，达到先取安徽、次取江浙、以上制下的战略目的。因而太湖之战后，湘军立即长驱直入，将安庆太平军团团围了起来，准备实施这一既定计划。

然而，就在安庆会战的计划刚刚制定不久，曾国藩就遇到了来自各方面的压力。首先就是来自朝廷的压力。1860年，太平军采取围魏救赵之计，先是进攻杭州，以吸引正在围攻南京的清军前来支持，然后又出其不意地杀了一个回马枪，趁着清军调动围攻南京的兵力救援杭州的机会，一举攻破了清军的江南大营，并且乘胜追击，连下苏州、常州等地。苏南地区就此全部落入了太平军的手中。

要知道，江苏、浙江等地向来为财赋（财货赋税）之区，更是当时清政府的主要赋税来源和粮食供应地，所以清政府十分重视苏杭的得失。早在太平军开始进攻杭州的时候，清政府就已经慌了手脚，急忙命令曾国藩与杨载福水陆东下，以分散太平军的兵力。不久，清政府得到江南大营溃败、苏州常州危在旦夕的报告，又再次命令曾国藩从安庆撤围东下，救援苏州常州等地，并说为今之计，以保卫苏常为第一要务，湘军现在屯兵于坚城之下，很难马上得手，即便是能够很快就攻打下安庆，但若是丢掉了苏州和常州等地，也是得不偿失的。故而，为了促使曾国藩能够东援苏浙，清政府随后又赏给曾国藩兵部尚书衔，并授以署理两江总督的职务，命令他兼程赶赴江苏上任。

后来，当清政府得知苏州已经落入太平军之手后，仍然坚持认为苏州是财赋之区，而且是数省的咽喉，自然应该立即想办法予以收复，因而就要求曾国藩如果安庆马上可以打下来的话，就可以先攻取安庆再进军支援浙江，否则，就应该马上大举东援，保卫浙江，以收复江苏等地。

在这种情况下，安庆会战还要不要打，还能不能打，就成了关系到是否坚持以上制下战略的一个关键性问题。但是，面对来自清政府的压力，曾国藩对于这一战略没有丝毫的动摇。他决心置江浙于不顾，依然将战略重点放在了安庆会战上。为此，他还专门给朝廷上奏，表示说，自古以来，想要平江南之贼，就必须占据长江的上游，建瓴而下，才可以成功，战争初期向荣所率领的清军，原本是准备控制江苏浙江的，然而几次进攻都以失败而告终，不但未能打下南京，反而还丢掉了苏州和常州，这并不是因为自身的兵力不够，而是因为从下游进攻上游，形势不利所导致的。如今这个情况，若是仍然执意先攻打苏州、常州，然后再从东面进攻南

京，必然就要重蹈覆辙。所以绝对不应该分安庆之兵进军苏、常地区。安庆之兵不但不能撤，反而应该进一步加强，因为安庆一军，目前关系整个皖北的大局，将来是进攻南京的基础，也是整个胜利的基础，是决不可撤的。

针对清廷对太平军的担心，曾国藩又强调说，虽然目前太平军声势很大，但只要我们能够拿定主意，立稳脚跟，形势就会慢慢地发生转变。否则，只能欲速则不达。非但苏、常等地拿不回来，就连整个安徽地区也可能会就此丢掉，若是如此，那么现在的有利形势就彻底失去了。由于曾国藩的分析很透彻，态度也很坚决，清政府终于同意了他的安庆会战计划。而事实也正如曾国藩所认为的那样，安庆会战的胜利，对于彻底打败太平军，起到了至关重要的作用。

安庆会战的计划，除了来自朝廷的压力外，曾国藩也遇到了来自湘军内部的压力。1860年9月，太平军为了解安庆之围，决定再用围魏救赵之计，发动了第二次西征，兵分两路，合取武汉，以迫使清军回兵，以解安庆之围。太平天国的英王陈玉成率部自桐城出发，很快便逼近了武汉。当时湘军的主力都分布在安庆前线，湖北的兵力极为空虚，只有湖广总督官文所率的三千防兵驻守于武昌，而且战斗力也极差。一听说太平军来攻，整个武汉三镇的官员富户都逃徙一空。正在太湖作战的胡林翼也惊慌失措，骂自己是“笨人下棋，死不顾家”，十分害怕武汉失守，甚至急得连日吐血。湘军内部也因此而发生了意见分歧，许多人包括胡林翼都要求撤安庆之围，回救武汉。然而此时的曾国藩却仍然十分清醒和坚定，死死盯着安庆，不为所动。

曾国藩看得很明白：即使太平军有破湖北之势，却也无守湖北之力，武汉即使是一时失去也能马上就收复，而围攻安庆的军队一旦撤离，便再也没有这么好的机会了。故而，他在给曾国荃的信中说：“太平军在江西、湖北攻城掠地，都无非是要分散我的兵力而已。我只求攻破安庆，此外的得失一概不与之争，再过一两个月，大局就可以定了。”

曾国藩下定决心，即使是武汉落入太平军之手，围攻安庆的湘军仍然不可退。他叮嘱曾国荃说：如果武汉能够保住，太平军必然会回头以全力来进攻围攻安庆的湘军；若是武汉有个三长两短，落入了太平军之手，那太平军也必然就会分出一部分力量来守武汉，而以剩余的大部队回来攻打安庆，甚至会打下武汉后弃而不顾。

曾国藩认为，去年以围魏救赵之计破清军的江南大营，可以说是太平军的“得意之笔”，此次也肯定是“抄写前文无疑”，目标仍在安庆。所以无论武汉能否保住，总以太平军回来攻打安庆时湘军能不能坚持住，以定“乾坤之能转不能转”，如果安庆之围能坚持住，即使是武汉落入太平军之手，李续宜的部队也能够很快收复，这样局势就存在着转机；如果安庆之围坚持不住，即使是武汉没有什么事情，太平军的声势也会大涨，这样局势就完全没有转机了。

因此，曾国藩一再对曾国荃强调说：这次安庆的得失，既关系到我们曾家日后的气运，也关系到天下的安危。

在曾国藩的鼓动下，曾国荃所率领的湘军不惜一切，拼死攻打安庆。陈玉成部攻武汉受阻后，不得不直接救援安庆，与湘军在安庆进行战略性的决战，最后不但未能解安庆之围，陈玉成也在转战途中英勇牺牲了。从此，太平天国后期的战争形势更加恶化。亲身经历过此次战役的洪仁玕曾在事后沉痛地说：“我军最重大的损失，就是令安庆落在了清军之手。安庆是天京的锁钥，直接保障着天京的安全，一旦落入了清军之手，就成为了进攻天京最为便利的根据地。安庆一失，沿途至天京之城也相继陷落，天京也就无法再守了。”从洪仁　的这段话中我们可以看出，曾国藩专图安庆的这一战略确实是十分高明的。而曾国藩在关键时刻敢于坚持定见，更是令人佩服。

2. 用兵稳慎

两军对战，就如同弈棋一般，曾国藩就曾说过：“善弈棋者，常于棋危劫急之时，一面自救，一面破敌，往往因病成妍，转败为功。善用兵者亦然。”不论是下棋也好，用兵也罢，都是既要自救，又要破敌，所以，曾国藩采取的战略方针就是稳慎用兵。

曾国藩对待战争中的快慢问题，是主张慢中求快的；对待战争中的战

守问题，则主张先守后战；而对待战争中的静动问题，主张以静制动；至于战争中的主客问题，则主张以主待客。所有的这些原则都是以“稳慎”二字为出发点来立论的。

咸丰七年(1857年)，曾国荃刚刚组建了吉字营准备攻打吉安之时，曾国藩一再劝告自己这个初出茅庐的弟弟用兵要稳慎，切不可急躁求速效，他说：“到吉安后，专为自守考虑，不为攻城之计”，“不好小利，不求速效”，“不求近功速效”。

同治元年（公元1862年）的三、四月间，当时已经攻占了安庆的湘军，开始夹江而下，连克数城。刚刚获得了浙江按察使衔的曾国荃也率部渡过长江，于五月初进抵周村，距金陵只有四十余里。此时的太平军在天京上游，可以说已是兵败如山倒了。曾国藩在接到这一连串的战报之时，是又喜又惧，根据曾国藩当时的设想，围攻金陵，应该多路进击，才能收到南北夹击的效果。但北岸多隆阿部不愿与曾国荃合作，长江中的水师统领彭雪琴又与曾国荃“嫌隙已深，难遽期其水乳”。曾国荃孤军深入，实在是自置于危地，曾国藩对此的忧虑是有根据的。后来曾国荃打退了李秀成救援天京的大军，在雨花台立定了脚跟，并且合围金陵，取得了一些重大突破，甚至连向朝廷报告攻克金陵的奏稿，曾国藩也已为曾国荃设计好了，写信通知了他。

但是，即便是在这种情况下，曾国藩还于同治二年(1863年)十一月起至同治三年(1864年)四月初的这段时日中，五次告诫曾国荃道：“望弟不贪功之速成，但求事之稳适。”“专在‘稳慎’二字上用心”。“务望老弟不求奇功，但求稳招。至嘱!至嘱!”其实，只过了一个多月，金陵就被湘军占领。曾国藩即便是在临胜之前也不忘这些叮咛，这固是针对急功贪利的曾国荃的一剂攻心之药，同时也说明，“稳慎用兵”在曾国藩的战略思想中是一以贯之的。

曾国藩在称赞清军将领萧启江的时候说道：“阁下一军，向以‘坚稳’二字著名。”咸丰十年正月，当湘军正在迅速进军时，他曾写信给胡林翼说：“十一日全军获胜后，罗溪河实已无虞。山内一军，其妙无穷；

脑后一针，百病皆除。但此后仍当以‘稳’字为主，不可过求速效。”

从上述内容可以看出，曾国藩是非常反对速战速决的。尹杏农曾两次写信给当时正在“剿捻”前线的曾国藩，借指责周亚夫委弃梁孝王的故事，力陈“兵贵神速”之义。公元前154年，西汉的大将军周亚夫在平定七国之乱时，接受了一个幕客的建议，让梁国与精锐的吴楚大军接战，而自己则壁于昌邑，深沟高垒，只出轻兵至淮泗口，绝吴饷道。吴楚大军经过与梁国之战后，锐气大挫，且饥饿不堪，勉力向周亚夫军挑战时，周亚夫又坚壁不出，双方只得引军而去。这时，周亚夫立发精兵追击，一举而破吴楚大军。

曾国藩在回信中则盛赞周亚夫的这种深沟高垒，后发制人的战术，并说道：“国藩久处兵间，虽薄立功绩，而自问所办，皆极拙极钝之事，与‘神速’二字几乎相背，即于古人论兵成法，亦于千百中而无什二之合私心。”曾国藩认为，“兵，犹如火，易于见过，难于见功”。与其因求神速而立即见过，不如但求稳慎而渐缓见功。他曾称赞曾国荃说过的两句话为“良为至论”：“稳扎稳打，机动则发”，然后他又马上补充道：“然‘机’字殊不易审，‘稳’字尤不易到。”故须亟力追求，处处用心。

正因为用兵讲求稳慎，所以曾国藩极力反对浪战，极力反对不知敌我、不知深浅的轻浮举措。他说：“未经战阵之勇，每好言战。带兵者亦然。若稍有阅历，但觉我军处处瑕隙，无一可恃，不轻言战矣。”

“不轻言战”，即不打无准备之仗。曾国藩在称赞李续宾时，说他“用兵得一‘暇’字诀，不特平日从容整理，即使临阵，也回翔审慎，定静安虑”。又说：“迪庵（李续宾，字迪庵）善战，其得诀在‘不轻进，不轻退’六字。”曾国荃统兵在吉安前线时，他又叮咛说：“凡与贼相持日久，最戒浪战。兵勇以浪战而玩，玩则疲；贼匪以浪战而猾，猾则巧。以我之疲敌贼之巧，终不免有受害之一日。故余昔在营中诫诸将曰：‘宁可数月不开‘一仗，不可开仗而毫无安排算计。’”

曾国荃在金陵前线时，曾国藩又嘱咐他说：“总以‘不出壕浪战’五字为主。”曾国藩所说的“浪战”，指胜负不分情况下的战争，即或有

小胜，或仅小挫，浪战都带来严重恶果，士卒不但因浪战而疲困，且因浪战而对战事玩忽。与其如此，不如坚而守之，弁勇身心强健，斗志昂扬，一战可胜。这就涉及战争中求胜的快与慢的问题。不浪战，或坚守不战，似乎胜之甚慢，实际上，养足精力，看准时机，战而必胜，虽慢实快；否则，欲速则不达。曾国藩这个于稳慎中求进取的战术，是他的战略思想的核心。

也正是因为求“稳慎”，曾国藩还特意强调“扎营宜深沟高垒，虽仅一宿，亦须为坚不可拔之计，但使我真能守垒安如泰山，纵不能进攻，亦无损于大局”。关于进军，他还说：“用兵之道，可进而不可退，算成必同时算败，”因此须“先清后路，脚跟已稳而后进”。关于战役，他主张“宜先守后战，脚跟站定，庶免震撼之虞”。他常采用围城打援之法，静待城中敌人的疲蔽，然后一战克之，如攻太湖、攻安庆、攻金陵，均用此法。

领导与管理现代应用

1.有效预测：有效预测是英明决策的前提

日本著名企业家松下幸之助在《谈经营秘诀》中指出：“只有努力创新的商店或生产公司，才会有前途，墨守陈规或一味模仿他人，到最后一定会失败。不可为商品的滞销找借口，一定要拿出魄力和决断力，在创新方面去寻求机会。”美国的卡斯特认为，企业的成功，“依赖于不断地适应和创造”。德鲁克指出：“管理者必须抛弃过去，丢弃已经存在和为人所知已过时的东西，他必须创造未来”。

20世纪50年代中期，李嘉诚创办了“长江塑胶厂”来生产塑料玩具。

结果由于玩具市场饱和，工厂面临倒闭。为此，李嘉诚每天都要工作十多个小时，工作完毕，还要自学知识，思考塑胶厂的生产前景。

一天临睡前，李嘉诚斜靠在床头翻阅一本英文版的《塑胶》杂志，目光被一则简短的消息吸引住：意大利的一家公司，开发出了利用塑胶原料制成的塑胶花，即将投入生产并推向欧美市场。一直在寻找突破口的李嘉诚看到这则消息，兴奋不已。他敏锐的感觉到，塑胶花的面市，将会引发塑胶市场的一次革命，前景极为乐观。

1957年春天，李嘉诚前往意大利考察。李嘉诚以香港经销商的身份，购买了各种款式和颜色的塑胶花，并详细了解了一些有关塑胶花的常识。后来又专门到工厂里去“学艺”。等到李嘉诚学成归来后，他把几个部门负责人和技术骨干召集到办公室，把带来的样品展示给大家看。众人为这种千姿百态、栩栩如生的塑胶花拍案叫绝。李嘉诚当即宣布，长江厂将以塑胶花为主攻方向，一定要使其成为本厂的主打产品，使长江厂更上一层楼。

李嘉诚四处寻访，重酬聘请塑胶人才，把样品交给他们研究，并要求顺应香港各界大众消费者的喜好，设计出全新的款式，不必拘泥于植物花卉的原有模式。经过不断的调配和反复试验，终于研制成了第一批样品。

正是靠着这些塑料花，几年后的李嘉诚成为了香港大富翁之一。

李嘉诚依靠自己敏锐的目光有效的预测，及时抓住了这次商机，用他的塑胶花掀起了香港消费新潮，也因此使得长江塑胶厂这个名不见经传的小企业得以立足，并逐渐蜚声香港产业界。

当今是科学技术迅速发展的年代，也是信息爆炸的年代。据统计，世界各地每天约有上百亿信息单元的信息量在全球各地传递着。这些信息在当今世界，被称为第四类战略资源。它与自然资源、财物资源、人力资源，统称现代社会发展的四大资源。这四大资源被大量使用，构成当代世界各国经济社会发展战略计划的基础。任何国家和地区，若要迅速发展经济，获取综合最优化社会经济效益，必须对这四类战略资源进行系统综合的开发，如偏废任何一类，都会给长远发展带来严重制约和影响。

与李嘉诚相似的是，林炯灿能在香港建立食米王国，也与他超凡的预测能力有关。林炯灿很早就经营着自己的米店，但由于竞争激烈，效益总是不好。林炯灿日思夜想，想要改变这种状况。后来他从渐渐开始流行的小家庭的社会现实中看到了商机：从前流行大家庭，一家七八口人，甚至三代同堂，所以客户会一次购买好几袋米储存。自从小家庭制度流行之后，市民已无意一次购买太多食米。可是，食米包装仍沿用传统的大麻袋包装法，显然食米包装追不上社会转变。于是他预测到：小包装的大米将会受到客户的欢迎。想到就做。林炯灿于是先行改良了食米的包装，推出了“小包米”，用胶袋包装，摆放在超级市场售卖，结果大受欢迎。不久其他米商就开始纷纷仿效。正是通过这一招，使林炯灿的米店取得了在食米行业中的高地位。

在瞬息万变的市场大潮中，面对诸多的信息，企业的领导者应该怎样利用呢？答案就是预测！一个成功的企业家能从繁复的信息中预测出未来市场的走向，并马上将其转化为决策的行动。没有预测活动，就没有决策的自由。那么，企业的经营管理者应该怎样去了解信息、把握信息，从而做到有效预测和万全的准备呢？

首先，做好市场调查

市场调查是信息收集的重要途径，虽说这是一个琐碎的过程，但是却能够为企业提供相关的、准确的、可靠的、有效的信息，为经营管理者从竞争激烈、变幻莫测的市场环境中寻找到有利于生存与发展的空间提供参考依据。事实证明，在这个信息时代，无论企业的规模是大还是小，只有对市场的信息有了足够的了解，才能寻找到生存与发展的空间，从而做大做强。

其次，与他人沟通交流，挖掘到自己想要的信息

信息就跟空气一样，无处不有又无处不在。在实际中，不是缺少信息，而是缺少发现信息的一双“火眼金睛”。任何时候，决策者都须利用自己敏感的神经，不放过每一个可能有用的信息，哪怕是一点一滴的事，一次交谈，甚至一堆垃圾，只要留心观察，都可能挖掘到自己要寻找的信息。

松下幸之助最大的成功秘诀之一，就是他从不拒绝与任何人交谈。他的员工、他的朋友，甚至素不相识的路人，他从不放弃机会和他们“聊几句”。这样既显得他平易近人，又显得他和善仁慈，关心疾苦。其实，他是在做廉价而正确的信息收集工作。他说，我的许多改进的构想和新鲜的主意，都是在与人交谈中“谈来的”。

美国联合航空公司的总裁卡尔森，使联合航空公司起死回生的妙诀，就是不坐在办公大楼楼顶的大办公室里“办公”，而是常常一有空就随便搭着航班，一边飞，一边和服务员“随便谈谈”，和乘客“随便谈谈”。于是他把医治联航致命伤的灵丹妙药都“谈”到手了。另一边就拼命改。不到一年，联航的业绩就一跃而居全国第一位，声望至今不衰。

领导者必须懂得运用沟通的方法，保证与同事和下级的最大限度的合作。拒绝沟通，也就意味着拒绝接受信息。索尼创始人——盛田昭夫就是在与员工的非正式沟通中激发获得信息的，如在一次与中下级主管共进晚餐时发现一位小伙子心神不宁，于是鼓励他说出心中的话，几杯酒下肚后，小伙子诉说了公司人力资源管理中存在的诸多问题，盛田昭夫听后马上在企业内部进行了相应的改革，使企业的人力资源管理步入良性轨道。

2.危机意识：时刻防范，保持危机意识

未雨绸缪是人们常挂在嘴边的一句话，但真正能做到的却不多。人类天生有一种惰性，不到迫不得已就不会去改变各种现行的还过得去的做法，当这种做法还能够让人得到很大的满足时尤其如此。但是，如果一个管理者、一个部门、一个人失去了必要的刺激，处在一种安逸的工作氛围中而不自觉，那么，就会失去工作活力。当危机真正到来时，就来不及了。美国大陆航空公司总裁格雷格·布伦尼曼曾说：“没有危机感，其实就有了危机；有了危机感，才能没有危机；在危机感中生存，反而避免了危机。”

一个管理学家曾说："21世纪，没有危机感是最大的危机。"危机与安逸如影随形，哪里有安逸，哪里就有可能潜伏危机。很多私营企业在经营困难、发生亏损、濒临倒闭的情况下，一般都会有危机感，并会想尽一切办法解决，然而在成功时却极容易忽略风险。但风险并不会随成功的到来而消失。因此，作为管理者，要居安思危，经营中多一份危机意识，这样才能避免亏损的危机。

齐国扁鹊作为最有名的医生，出生于医生世家。有人问，扁鹊，你在你家的医术排第几呢？扁鹊说，排最末。人们很奇怪，你名气这么大，怎么会排最末呢？扁鹊笑笑告诉人们，我家弟兄三个，老大医术最高，其在病还尚未发作时，就把病治了；老二次之，其在病刚开始发作时，就把病治了；我呢，在病人的病已经非常严重时才能看出问题所在，然后才出手，所以看起来名气很大，其实医术很低。

其实，企业也如人一样，不可能没有病，没有危机，所以正视危机的最高境界，就像扁鹊的大哥一样，在危机还没发生前，在日常中警醒，提前化解危机。面对日常生产、研发、销售、推广中的每一个微小变化，总能从中看到深刻内涵和潜在危机，然后预测危机的危害并采取措施，危机也就不存在了。但人非圣贤，不是所有危机都能扼杀在萌芽状态，那么就要学扁鹊的二哥，发现了打喷嚏就赶紧吃感冒药，不要顾虑重重。企业是一个整体，而毕竟危机在一个点上，所以只要控制了点上的症状，不让其扩散，企业同样能良性运营，而这也就是正视危机的第二境界了。至于像扁鹊，尽管只能治疗肿瘤等一些大病，但只要把生病组织多往下切一些，多做些化疗，将癌细胞控制在一定范围内，小则可以让生命延长，大则辅以锻炼，采用达观的态度生活，多讲究科学，少点任性，未免不能产生奇迹。

危机产生的原因是多种多样的，并具有偶然性，可能在某一天因某件事或某个人而引发。但是，危机局面的产生却有一个从"准备期"到"爆发期"的变化过程。也就是说，危机的发生都有预兆性的信号。如果领导管理者有敏锐的洞察力，能根据日常收集到的各方面信息，对可能面临的

危机进行预测，及时做好预警工作，并带领全体员工采取有效的防范措施，完全可以避免危机的发生或使危机造成的损害和影响尽可能减少。因此，预防危机是危机管理的起点。

英特尔公司前CEO安德鲁在价值5亿美元的有缺陷的英特尔奔腾芯片必须被召回并更换的灾难性事件后，在其自传《只有偏执狂才能生存》一书中说，商业成功饱含自身毁灭的种子。因为商业环境变化不是一个连贯的过程，而是一系列亮点或者“战略转折点”。一个公司运营的基础突然发生变化并且没有预先的警告，这些点的出现可能意味着新的机会或者是终点的开始。因此，经历一个战略转折点意味着混乱、不确定和无序，变化就像生一场病，只有预警与防范机制强大的公司才能成功地应对。

危机作为一种客观存在，一个企业的生存发展史上多少都会遇到一些危机。只要能正视，冷静分析，认真对待，能明白危机的多棱性与转化性，然后妥善化解，这同样于企业有好处。就像每年得一次感冒，反而更利于人身体增强免疫力，提高肌体功能，让生命更健康更优质地生长发展一样。 大凡从事企业的人都知道，人才、技术、产品和营销等因素是企业现阶段的核心竞争力指标，而这些因素背后的企业文化则是一个企业长寿的生命力指标。很多看上去很红火很景气很热闹的企业，常常在突然间就倒下再也起不来了。究其原因，大多是缺乏危机意识所致，或者是危机管理出了问题。

实战指南

【实战案例】

海尔集团董事长张瑞敏说：“要做一个伟大的企业，对待成就永远都要战战兢兢，如履薄冰。”2003年海尔集团全球营业额突破800亿元，折合97亿美元，是1984年创业时的22988倍。2003年同比增长约90亿元，平

均增长速度70%。海尔品牌价值继续在国内保持领先地位。然而，在这样的业绩面前，无论是张瑞敏，还是海尔的普通员工，他们谈论最多的不是荣誉和业绩，而是外部竞争环境的变化带给他们的压力和挑战。

早在1998年，海尔的年营业额接近200亿元的时候，张瑞敏就在思考这样一个问题：如何推倒企业内部的“墙”，让每一个员工都像他一样充分感受到市场的压力。那一年，张瑞敏引用了两个成语——“战战兢兢，如履薄冰”。

1998年9月8日，张瑞敏开始在海尔内部推行“内部模拟市场”，让上道工序与下道工序之间进行商业结算，下道工序变成上道工序的市场。他打破原来的管理框架，到2002年年底，他先后调整组织结构达四十余次。通俗地理解，张瑞敏发动的这场“运动”是要把海尔的3万名员工，都变成一个个“小老板”。他的企业管理理想是到2008年把每一名员工都变成一个合格的“小老板”——就让这些“老板”们亲身感受市场的压力吧。

海尔的高速发展以及不断地在国内外获得各种各样的荣誉，给人以“盛世海尔”的印象。几年前，张瑞敏“战战兢兢，如履薄冰”的话在企业界广为流传，也许正是这种危机意识造就了今天的海尔。

【运用指南】

俗话说：商场如战场。市场每天都在发生变化，一个企业要想屹立不倒，就要时刻做好准备，时刻进行防范。“冰冻三尺，非一日之寒”，事物变化总有前兆。作为企业的领导管理者，要时时保持头脑清醒，保持高度警觉性，善于“见微知著”，敢于“居安思危”。如此，方能引领企业规避各种风险，保持健康永续的发展，才可在激烈的市场竞争中立于不败之地。那么，应该如何保持危机意识呢?

1. 树立危机意识

要培养企业全体员工的忧患意识，企业领导人首先就要具备强烈的危机意识，把危机管理工作做到危机到来之前，并为企业应对危机做好组织、人员、措施、经费上的准备。

2. 成立危机管理小组

危机管理小组的成员必须是对团队具有控制力的人员，包括团队主要领导管理者、公关、安全、生产、后勤、人事、营销等部门的人员，能够很快决策并使其有效执行。小组的管理者必须由团队资深人士担任，并且能够控制和带动整个小组。这个人不一定非是总裁，在危机期间，总裁要继续负责团队营运。而小组管理者必须24小时全天候专心应付。大部分的劳资问题和营销争端都潜藏着危机，所以在危机小组成员中最好要有法律顾问。此外，在危机管理小组中必须包括与政府和新闻界关系良好的成员，小组中的成员应保证其畅通的联系渠道。当危机发生时，该机构自然转型为危机领导核心。

3. 找出潜在危机并评估其可能造成的风险和影响

定期进行团队运营危机与风险分析，针对目前团队运营的各层面，包括生产、制造、服务、品牌、营销等各个环节进行分门别类的危机分析。风险和影响的评估应从每个单独的对象群体来考虑，包括对内对外，因为任何一个和团队有接触的对象，都可能受到团队危机的影响，也可能影响到危机的产生和处理。

4. 依据潜在危机拟订危机管理计划并付诸模拟训练

对于一个企业来说，有效的危机管理可以防止危机的出现或改变危机发生的过程。危机管理计划要步步为营，针对每一个对象群所可能引发的潜在危机而研究拟出，最后的成果可以提炼为一本《危机处理手册》。它能为危机管理小组提供资料，让其知道如何去控制危机状况。当然，手册中的所有指导方案都必须在法律允许的范围之内，并有相当大的运作弹性。新加坡的一家观光饭店曾研拟了160种不同的危机状况，而最后编辑出来的《危机处理手册》更达400页之多。

不定期举行针对不同对象的危机爆发模拟训练。团队是否能真正具有快速处理危机的能力?实践是最好的试金石。成熟的团队之所以能有良好的危机处理能力，与其平时进行的危机模拟训练是分不开的。这与消防员

的消防训练、部队的军事演习在本质上是相通的。逼真的演练可以测试和检验所拟订的危机处理计划的可行性和可靠性。

5. 为处理危机广结善缘

在分析完各种可能带来危机的环节和对象后，可能已经发现了潜在“敌人”。更重要的是找到危机发生时最需要的朋友和后盾，然后就应该开始和他们建立关系。把握时机，从现在就开始广结善缘。对于重要组织和特定单位，你应该想尽办法贴近它们，同时累积团队声誉以争取友谊并影响大众。另外，你还要根据团队可能发生的危机，与处理危机的有关单位建立联系，形成网络，并事先让他们了解可能出现的危机以及可能寻求的帮助。这些单位包括：政府、司法机构、新闻媒体、同行、相关科研机构、银行、保险公司、医院等。

6. 做好危机传播方案，控制不利报道可能引发的风险

首先，对企业内部的媒体公关人员进行培训。在企业发生危机时，企业能否冷静自如、坦诚大度地面对媒体、巧妙地回答媒体的问题，是化解危机公关的一个重要关键。预先对企业领导者和公关人员进行这方面的培训是非常重要的。所以，在确定团队的对外发言人之后要对其进行专业训练。发言人必须有在任何情况下与任何媒体打交道的心理准备，因此他们必须接受训练，了解媒体的运作和属性，有充分的思想准备。

其次，建立并维护良好的媒体合作平台，正确地对待和利用媒体。公关专家帕金森认为，危机中传播失误所造成的真空，会很快被颠倒黑白、胡说八道的流言所占据，“无可奉告”的答复尤其会产生此类问题。过时的不当消息都会引起人们猜疑，并导致不正确的报道，使公众怀疑企业对某些信息采取了掩盖手段。因此，定期与媒体进行沟通，获得媒体的信任与支持是十分必要的。

最后，加强企业内部传播流程管理。适当时候进行危机预演，让内部人员熟悉发生危机时必须要做的事情，而不是去散播小道消息。

第十二章　战守
——掌握主动权，出其不意

曾国藩和胡林翼两人在攻守作战方面极重主客之说，力求掌握战争中的主动权。论防守时，强调控制重点，选择枢纽之地厚集重兵把守。曾、胡还指出，兵机是时常变化的，作战时必须“奇”“正”相辅，灵活应对。运用到企业管理中来，就是做事要分清主次，在与对手竞争时要掌握主动权，出其不意。

曾胡治兵语录·战守

【原文】

凡出队，有宜速者，有宜迟者。宜速者，我去寻敌，先发制人也；宜迟者，敌来寻我，以主待客者也。主气常静，客气常动；客气先盛而后衰，主气先微而后壮。故善用兵者，每喜为主，不喜作客。休、祁诸军，但知先发制人一层，不知以主待客一层，加之探报不实，地势不审，敌情不明，徒能先发而不能制人。应研究此两层，或我寻敌先发制人。或敌寻我以主待客。总须审定乃行，切不可于两层一无所见，贸然出队。

师行所至之处，必须多问、多思。思之于己，问之于人，皆好谋之实迹也。昔王璞山带兵，有名将风，每与敌遇，将接仗之前一夕，便各营官齐集，与之畅论敌情、地势，袖中出地图十余张，每人分给一张，令诸将各抒所见，如何进兵，如何分枝，某营埋伏，某营并不接仗，待事毕后专派追剿。诸将一一说毕，璞山乃将自己主意说出，每人发一传单，即议定之主意也。次日战罢，有与初议不符者，虽有功亦必加罚。其平日无事，每三日必传各营官熟论战守之法。

一曰扎营宜深沟高垒。虽仅一宿，亦须为坚不可拔之计。但使能守我营垒安如泰山，纵不能进攻，亦无损于大局。一曰哨探严明。离敌既近，时时作敌来扑营之想。敌来之路、应敌之路、埋伏之路、胜敌追击之路，一一探明，切勿孟浪。一曰痛除客气。未经战阵之兵，每好言战，带兵者亦然。若稍有阅历，但觉我军处处瑕隙，无一可恃，不轻言战矣。

用兵以渡水为最难。不特渡长江大河为难，即偶渡渐车之水、丈二之沟，亦须再三审慎。恐其半渡而击，背水无归，败兵争舟，人马践溺，种种皆兵家所忌。

隘路打胜仗，全在头敌。若头敌站脚不住，后面虽有好手，亦被挤退。

（曾语）

战守机宜，不可纷心。心纷则气不专，神不一。

交战宜持重，进兵宜迅速。稳扎猛打，合力分枝，足以括用兵之要。

军旅之事，守于境内，不如战于境外。

军事之要，必有所忌乃能有所济，必有所舍乃能有所全。若处处设备，即十万兵亦无尺寸之效。

防边之要，不可处处设防。若处处设防，兵力必分。不能战亦不能守。惟择其紧要必争之地，厚集兵力以守之，便是稳固。

碉卡之设，原所以省兵力，予地方官以据险慎守之方。有守土而无守之之人，虽天堑不能恃其险；有守人而无守具，虽贲获无所展其长。

有进战之营，必须留营作守。假如以十营作前茅为战兵，即须留五营作后劲为守兵。其留后之兵，尤须劲旅，其成功一也。不可争目前之微功而误大局。

有围城之兵，须先另筹打仗之兵。有临阵打仗之兵，必须安排后劲，或预杜抄后之敌，或备策应之举。

扼要立营，加高加深，固是要着。惟须约束兵丁，不得滋扰。又须不时操练，使步法整齐，技艺精熟，庶战守皆能有备。

（胡语）

右揭战守之法，意括而言赅，曰攻战，曰守战，曰遭遇战，曰局地战，以及防边之策，攻城之术，无不独具卓识，得其要诀。虽以近世战术之日新月异，而大旨亦不外是。其论夜间宿营，虽仅一宿，亦须深沟高垒，为坚不可拔之计，则防御之紧严，立意之稳健，尤为近世兵家所不及

道者也。（按：咸、同时战争两方多为不规则之混战，来去飙倏，不可端倪，故扎营务求坚固，以防侵袭）。

曾、胡论兵，极重主客之见，只知守则为主之利，不知守反为客之害。盖因其时所对之敌，并非节制之师、精练之卒，且其人数常倍于我，且兵器未如今日之发达，又无骑、炮两兵之编制，耳目不灵，攻击力复甚薄弱。故每拘泥于地形、地物，攻击精神未由奋兴，故战术偏重于攻击防御，盖亦因时制宜之法。近日普法、日俄两大战役以后，环球之耳目一新，攻击之利，昭然若揭。各国兵学家举凡战术战略，皆极端主张攻击。苟非兵力较弱，或地势、敌情有特别之关系，无复有以防守为计者矣。然战略战术须因时以制宜，审势以求当，未可稍事拘滞。若不揣其本，徒思仿效于人，势将如跛者之竞走，鲜不蹶矣。兵略之取攻势，固也，必须兵力雄厚，士马精练，军资（军需、器械）完善，交通利便，四者均有可恃，乃足以操胜算。四者之中，偶缺其一，贸然以取攻势，是曾公所谓徒先发而不能制人者也。普法战役，法人国境之师，动员颇为迅速，而以兵力未能悉集，军资亦虞缺乏，遂致着着落后，陷于防守之地位。日俄之役，俄军以交通线仅恃一单轨铁道，输运不继，遂屡为优势之日军所制，虽迭经试取攻势，终归无效。

以吾国军队现势论，其数则有二十余镇之多，然续备、后备之制尚未实行。每镇临阵至多不过得战兵五千。须有兵力三镇以上，方足与他一镇之兵相抗衡。且一有伤亡，无从补充。是兵力一层，决难如邻邦之雄厚也。今日吾国军队，能否说到精练二字，此稍知军事者自能辨之。他日与强邻相角逐，能否效一割之用，似又难作侥幸万一之想。至于军资、交通两端，更瞠乎人后，如此而曰吾将取战略战术上最利之攻势，乌可得耶！鄙意我国数年之内，若与他邦以兵戎相见，与其为孤注一掷之举，不如采用波亚战术，据险以守，节节为防，以全军而老敌师为主，俟其深入无继，乃一举而歼之。昔俄人之蹴拿破伦于境外，使之一蹶不振，可借鉴也。

（蔡按）

【译文释要】

出兵作战，有应当快的，有应当慢的。应当快的，是指我方寻求敌人作战，要先发制人；应当慢的，是指敌人来找我方交战，我方以主待客。主方的特点是常静，客方的特点是常动；客军的士气是先盛而后衰，主军的士气是先低而后高。所以，善于用兵的人，总是喜欢做主方而不喜欢做客方。休、祁诸军，只知有先发制人一层，而不知还有以主待客一层，再加上所得到的情报不实，地形、地势不清楚，对敌情也不够了解，因此只能先发而不能制人。应当仔细地研究这两层：或者我方寻敌，先发制人；或者敌方寻我，我方以主待客。一定要考虑成熟以后再行动，切不可在对这两层毫无主见时，就冒然出兵。

行军所到之处，必须多问，多思考。自己独立思考，并广泛地向别人询问，都是好谋的具体表现。过去王璞山带兵，颇有名将之风，每次与敌军相遇之际，在交战的前一天晚上，他都要传令各营齐集，与他们畅谈敌情、地势，并从衣袖中拿出十几张地图，分给每个与会者，让众将对如何进兵，如何分派，某营埋伏，某营并不参战，只是等到战斗结束后专门负责追剿之类的问题各抒己见，畅所欲言。待诸将一一说完之后，王璞山才说出自己的方案，然后每人发一份传单，上面写的就是已经议定的主意。第二天战斗结束后，如果发现谁的所作所为与当初议定的不符合，即使有功也必会受到处罚。在平日无事的时候，王璞山每三天必定要传召各营营官，熟论战守之法。

第一，扎营应当深沟高垒，严密防范。即使只住一夜，也必须要求把营寨建得坚不可摧，以防万一。只要能把我们的营寨守得安如泰山，纵然不能进攻，也无损于大局。第二，哨探严明。也就是说，必须严密地布置岗哨和侦察敌情。既然与敌人相距甚近，就应当时刻做好防备敌人前来偷袭的准备。敌人来的道路，我军应敌的道路，可以设埋伏的道路，以及打胜仗后追击逃敌的道路，都要一一探明，千万不可鲁莽，粗心大意。第三，要彻底清除夸夸其谈、华而不实的作风。未经战火洗礼的士兵，经常

喜欢主战，带兵的将领也是这样。如果稍有阅历，就会觉得我军处处有弱点，没有一个方面可以倚仗，于是便不敢轻易主张开战了。

用兵最难的事就是横渡河流。不但是横渡长江、黄河困难，即使是偶尔横渡能淹没车辆的小河或丈二之沟，也必须再三慎思。唯恐在半渡之时会被敌军突袭，背水作战，没有退路；败兵争夺舟船，自相残杀；人马相互践踏，纷纷沉溺于水中；凡此种种，都是兵家所忌讳的。

在狭隘的险道上打了胜仗，其关键在于敌人的先头部队。如果敌人的先头部队被打垮了，后面即使有精兵强将，也必定会被挤退。

（以上为曾国藩语）

战守机宜，不可心乱。心乱就会使得状态不佳，精神不集中。

交战应当老成持重，进兵应当迅猛快捷。稳扎猛打，事前集中优势兵力，临阵妥善地分派兵力，这几句话足以概括用兵的诀窍。

战争这种事情，在境内防守，不如到境外作战，把战火烧到敌方领土上来减轻己方人民的灾难。

军事的关键，是必须要有所顾忌，才能有所成功；必须要有所舍弃，才能有所保全。如果处处设防，即使有十万大军也不会建立尺寸之功。

防守边境的关键，是不可以处处设防。如果处处设防，那么兵力必定会分散，以至于既不能战，又不能守。只要选择几处最为紧要的势所必争之地，厚集兵力严加防守，就可以确保稳固。

设置碉堡、关卡，原本是为了节省兵力，给地方官提供据险慎守的方法和手段。有需要守卫的地方却没有称职的守卫者，即使是天堑也不能依赖；有称职的守卫者却没有合适的守具，即使是最优秀的勇士也无法发挥其特长。

有负责进攻的部队，就必须安排足够的留守部队。假如以十营的兵力作前锋出战，就必须留下五营的兵力作后卫留守。而且负责留守的部队，尤其需要劲旅，他们的功劳与冲锋陷阵的前锋是一样的。千万不可因为争夺眼前的小功，而贻误了大局。

有负责围城的兵力，就必须另外安排负责打仗的兵力。有临阵打仗的兵力，就必须安排负责殿后的精兵，或者预先防范偷袭我后方的敌军，或者准备策应各路人马。

在要冲之地建营，加高城墙，加深护城河，固然是很重要的事情。此外，还必须严格约束士兵，不允许骚扰百姓。同时，必须时常操练军队，使之步法整齐，技艺精熟，这样一来，才能使战和守都有点基础和把握。

(以上为胡林翼语)

上边所揭示的战守之法，言简意赅，发人深思。曾国藩和胡林翼二人对攻战、守战、遭遇战、局地战以及防边之策、攻城之术，无不独具卓识，得其要领。尽管近世以来战术日新月异，发展迅速，但是主旨仍然没有超出曾胡两人对此的认识。他们论夜间宿营时说，即便是只住一夜，也必须深沟高垒，作坚不可摧的打算，其防御的紧严，立意的稳健，尤其是近世兵家所不能比的。(按：咸丰、同治时期，战争双方多是不规则的混战，来去迅速，令人防不胜防，因此，扎营务求坚固，以防敌人偷袭。)

曾、胡二人论兵，极为重视主客之说。只知道防守，对主方防御客方的进攻是有利的；不知道防守，那么主方将反过来被客方所击败。大概因为当时所面对的敌人，并不是纪律严明的节制之师，更不是训练有素的精兵强将，而且敌方的人数常超过我方一倍以上，再加上当时的兵器远不及今天先进，又没有骑兵、炮兵的编制，消息也不灵通，因而军队的攻击能力相当微弱。所以，总是拘泥于地形、地物，进攻精神难以激发起来。所以他们二人的战术偏重于攻势防御，大约也是因时制宜之法。自从普法战争、日俄战争以后，全世界都耳目一新，攻击战的优势，昭然若揭。各国的军事家，只要提到战略战术，都极端地主张攻击。如果不是因为兵力较弱，或地势、敌情特殊等缘故，就没有人会再考虑防守的事了。然而，战略战术必须因时制宜，因地制宜，必须根据具体的情况做出妥当的决策，

绝不可以有丝毫的拘滞。如果不考虑自己的实际情况，只是一味地模仿别人，势必就会如同跛足者与健步如飞的人赛跑，很少有不失败的。用兵的谋略采取攻势，是必然的，但是必须兵力雄厚，士马精练，军资(指军需品、器械等)完善，交通便利，这四个条件都可以依赖时，才能稳操胜券。如果，四个条件之中偶尔有一个不具备，就冒然采取攻势，这就是曾先生所说的只能先发而不能制人的军队。在普法战争中，法国的边防部队动员颇为迅速，但是因为兵力未能全部集结，军用物资也有匮乏之忧，以致招招落后，陷于防守者的地位，处处被动挨打。在日俄战争中，俄军由于交通线仅依赖一条单轨铁路，运输不继，因而屡次被占据优势的日军所制，虽然再三尝试运用攻势，可始终没有奏效。

从我国军队现在的形势来看，其数量有二十余镇之多，然而续备、后备军制度尚未实行。每个镇临战之时，最多只能抽出五千士兵投入战场。这样，我们必须有三镇以上的兵力，才能与别人一镇的兵力相抗衡。而且一旦有了伤亡，便无从补充。可见，兵力方面，我们绝不像邻国那样雄厚。今天我国的军队能不能谈到“精练”二字，这是稍懂军事的人都能自己判断的。将来一旦与强大的邻邦军队交锋，我军能否有所作为，似乎又难以作侥幸其万一取胜的想法。至于军资、交通两方面，我们更是无法与列强相比拟。在此形势下，说我军将采取战略战术上最有利的攻势，可能吗?我认为，在数年之内，若我国与其他国家兵戎相见，与其拚死孤注一掷，倒不如采用波亚战术（即游击战，指诱敌深入，利用开阔的地形拉长其战线，在持久战和消耗战中伺机歼灭敌人），据险固守，节节设防，以保存自己的实力，并使敌人士气低落为主要目的，等到敌人孤军深入、后援不继时，再一举歼灭他们。当年，俄国人先诱敌深入，然后发动反攻，一鼓作气，将不可一世的法国皇帝拿破仑赶出国门外，并消灭了他的60万大军，使之一蹶不振。这种做法，值得我们借鉴。

（以上为蔡锷按语）

【曾胡治兵实例】

1. 以静制动，以主待客

曾国藩说："守城尤贵于静，务深思深虑。"他评述双方将领的特点时说道："林启容守九江，黄文金守湖口，乃以悄寂无声为贵。江岷樵守江西省城，亦禁止击柝列炬。己无声而后可听人之声，己无形而后可伺人形。"

曾国荃围攻安庆时，曾国藩反复开导他"慎以图之"，他的理由是，"贼以积劳之后远来攻扑，我军若专守一'静'字法，可期万稳"。故围城者必须"神不外散，力不歧分"。他甚至认为，在挂车河一带打援的多隆阿部也应作"坚守之计，任贼诱敌搦战，总不出队与之交仗，待其晒过数日之后，相机打之"，因为援军"军行太速，气太锐，其中必有不整不齐之处，只有一'静'字可以胜它"。

咸丰六年，曾国藩作《陆军得胜歌》，提出"陆军真秘诀"说："他呐喊来我不喊，他放枪来我不放；他若扑来我不动，待他疲了再接仗。"这便是曾国藩从"以静制动"的原则出发所作的规定。

曾国藩认为，"凡用兵最重'气势'二字"。"'气敛局紧'四字，凡用兵处处皆然"。他还引述了历史上的许多战例，来论证蓄气的重大意义："大约用兵无他妙巧，常存有余不尽之气而已。孙仲谋之攻合肥，受创于张辽；诸葛武侯之攻陈仓，受创于郝昭：皆初气过锐，渐就衰竭之故。陆抗之拔西陵，预料城之不能遽下而蓄养锐气，先备外援，以待内之自蔽：此善于用气者也。"他试图通过这些例子来说明，当两军对垒之时，"善静者善养己之锐气，躁动者必将再衰三竭，虽未战而静者已先胜一筹"。所以，曾国藩说："凡行兵，须积蓄不竭之气，留有余之力，《左传》所称再衰三竭，必败的道理。"

曾国藩还提出了"以主待客"的原则。

曾国藩说："兵不得已而用之，常存不敢为先之心，须人打第一下，我打第二下也。"他在这里所说的"打第一下"、"打第二下"，并不是

从战争谁正义或是谁不正义的角度来说的，而是指在具体战役的战斗中，谁先动手，何时动手的问题，也就是说在战斗中何者为主、何者为客的问题。那么什么是所谓的“主客”呢?曾国藩又罗列道：“守城者为主，攻者为客；守营垒者为主，攻者为客；中途相遇，先至战地者为主，后至者为客；两军相持，先呐喊放枪者为客，后呐喊放枪者为主；两人持矛相格斗，先动手戳第一下者为客，后动手即格开而即戳者为主。”而对于要如何处理主与客之间的关系?他又说道：“凡出队有宜速者，宜迟者。宜速者，我去寻贼，先发制人者也；宜迟者，贼来寻我，以主待客者也。主气常静，客气常动。客气先盛而后衰，主气先微而后壮。故善用兵者，最喜作主，不喜作客。”

曾国藩在评论湘军将领的时候说过：“近日诸名将，多礼堂好先去寻贼，李希庵（李续宜，字希庵）好贼来寻我。休、祁、黟诸军但知先发制人一层，不知以主待客一层。”

以主待客，既能够以逸待劳，养精蓄锐以应敌，又能够以静审势，乘机以破敌。所以，曾国藩认为，以主待客是致敌而不致于敌的最为稳健的方略。

曾国藩甚至还把这套“主客论”进而推到了战略问题上。他批评江南大营之所以失败，是因为他们对于“内外主客形势全失”。向荣、和春只专注于金陵一隅，而不顾对金陵上游的争夺，在江北，就连与江浦、六合紧连的和州、无为一带也不去占领，安庆、庐州就更不在他们的战争全局的投影之内；在江南，对与江南大营毗邻的皖南地区，也未加以控制，以巩固大营的后方。这叫做全失内外之势。与此同时，向荣、和春又根据朝廷的旨令，“援浙、援闽、援皖、援江北，近者数百里，远者二三千里，援军四驰，转战不归”，被太平军各个击破。这叫做全失主客之势。江南大营的内外、主客之势之所以全失，曾国藩认为，这是因为向荣等“不能从大处落墨，空处着笔也”。

曾国藩作战之所以喜欢强调后发制人，应该说是与当时战争中的主客观条件有关的。蔡锷曾分析说：“其时所对之敌，并非节制之师、精练之卒，且其人数常倍于我，”“兵器未如今日之发达，又无骑、炮两兵之编制，耳目不灵，攻击力复甚薄弱，”“所以战术偏重于攻势防御，大概有因时制宜的法则。”

2. 虚实交用，适时奇变

老子的《道德经》在论述用兵之道时，说要“以奇用兵”，因为奇兵的优点是隐蔽性好，能够出其不意、变幻莫测。当然，虽然说用奇兵比用正兵好，但有时也要用正兵，威风凛凛，气吞山河，使敌不敢进犯。

《道德经》中说：“用兵有言：吾不敢为主，而为客；不敢进寸，而退尺。是谓行无行，攘无臂，扔无敌，执无兵。”大意是说，我不敢先发进攻，而是采取守势；不敢冒进一寸，而要后退一尺。这就叫做：虽然有阵势，却像没有阵势可摆；虽然有奋臂进击，却像没有手臂可举；虽然可以牵制敌人，却像没有敌人可以牵制；虽然手持兵器，却像没有兵器可持。

老子的这一用兵思想对曾国藩影响很大，还成了他攻防战守的主要理论基础。曾国藩说：“凡用兵主客奇正，夫人能言之，未必果能知之也。”其中的主客之说，在上文中已经说过了，就是要以退为进，不轻易出击，保存实力，后发制人。

那么，何为奇，何为正呢?这主客奇正之间又有什么样的奥妙，又是如何体现出来的呢?

所谓正兵，就是在中间排队迎敌者；所谓奇兵，就是从左右两旁抄出，以突袭为目的的士兵。曾国藩曾说：“屯宿重兵、坚扎老营与贼相持者为正兵，分出游兵，飘忽无常，伺隙狙击者为奇兵。意有专向、吾所恃以御寇者为正兵，多张疑阵、示人以不可测者为奇兵。旌旗鲜明，使敌不敢犯者为正兵，羸马疲卒、偃旗息鼓、本强而故示以弱者为奇兵。建旗鸣鼓、屹然不轻动者为正兵，佯败佯退、设伏而诱敌者为奇兵。”

既然知道了何为“主客”，何为“奇正”，那么什么时候为主，什么时候又为客，什么时候用正兵，什么时候又用奇兵呢？这要视具体情况而定。曾国藩对此曾说：“忽主忽客，忽正忽奇，变动无定时，转移无定

势，能一一区别之，则于用兵之道思过半矣。”曾国藩曾言道：“吴竹庄带彪勇并义武营驰剿新昌，甚好甚好，有重兵以镇守，有轻兵以驰剿，正合古人奇正互用之法。”可见“变动无定时，转移无定势”，这才是用兵的最高智慧和最高境界。

一般地说，在战场上，以正兵为主，奇兵为辅。但根据战争形势的变化，有时候用兵的重点方向，或者说，军事指挥人员的主要着笔处，不在正兵，反在奇兵，这是因为“凡战者以正合，以奇胜”。出奇之所以能制胜，主要是乘敌不意，攻敌不备。《孙子》说：“奇正之变，不可胜变也。”奇正互用，忽正忽奇，正取此意。

曾国藩说：“行军本非余之所长，兵贵奇而余太平，兵贵诈而余太直。”“平、直”二字，可以说概括了曾国藩战略战术思想的主要特点。但是，平直并不等于用兵呆拙。曾国藩在极主稳慎的同时，也很注意机动灵活，讲求变化多端。他指示下属说：“兵事喜诈而恶直也。”“古人用兵，最重‘变化不测’四字。”又说：“行兵最贵机局生活。”

关于稳慎与灵活的关系，曾国藩在一副箴弟联中说得很明白：

打仗不慌不忙，先求稳当，次求变化；

办事无声无息，既要精到，又要简捷。

稳慎与变化，有先后之序；精到与简捷，须同时并求。这就是曾国藩对战略原则的总的要求。

为了力求机局多变，曾国藩又提出了“虚虚实实”之法。他说：“兵法最忌‘形见势绌’四字，常以隐隐约约，虚虚实实，使贼不能尽窥我之底蕴。若人数单薄，尤宜如此诀。若常扎一处，人力太单，日久则形见矣；我之形既尽被贼党觑破，则势绌矣，此大忌也。”

有一次，湘勇统领张连兰所部三百人驻扎在牛角岭，前后左右没有增援部队，曾国藩听说后便立即写信加以制止，认为他的做法太过呆板了，正犯了“形见势绌”的毛病，结果五旗失守。后来他们没有吸取这次教训，又把第三旗驻扎在这里，曾国藩写信告诉他们，这就更呆板了。

曾国藩说：“用兵当深思熟虑，不能驻扎，就应退守，然后，军队

合到一起，等敌人来时，就联合起来与之决战，只要有一次得胜，锐气就会振作起来。大凡敌我交战，胜负常在须臾之间，即使救兵在八里之外，也不能援救；假使是雨雪泥泞天气，即使在四里之外，也不能援救。再加上将士精神心血，也是有一定的限度的，假若时时刻刻兢兢业业，夜夜提防，不过十天，就会疲劳不堪。疲劳之师，就会产生暮气，肯定没有战斗力。”从这里可以看出，曾国藩所担心的一是怕孤军无援，二是怕劳师无力。

《淮南子·兵略》云：“用兵之道，示之以柔而近之以刚，示之以弱而乘之以强，为之以歙(收敛)而应之以张，将欲西而示之以东……若鬼之无迹，若水之无创。”这种方法说的是在表面上不显得斗志昂扬，迎敌时却勇猛顽强；表面上显得弱小无力，攻敌时却威力无比；部队将要向西行动，却虚张向东的声势。总之要无形无迹，变幻莫测，让敌人摸不着头脑。

正是出于这种战略战术的考虑，曾国藩对张连兰说：“必须变动不测，时进时退，时虚时实，时示怯弱，时示强壮，有神龙矫变之状，老湘营昔日之妙处，全在于此。”

事实上，湘军在与太平天国军队交战中始终都处于弱势，就算是鼎盛期也不过30万人，若是没有正确的战略和战术，是不可能取得最后的胜利的。

而为了避免曾国藩所说的“形见势绌”，就必须要采取“变化不测”的方针。曾国藩曾指出曾国荃“行军太缺少变化”。他说：“世事变化反复，往往出乎意想之外。所谓道高一尺，魔高一丈，不饱历事故，焉知局中之艰难哉！……余之拙见，总宜有呆兵，有活兵，有重兵，有轻兵，缺一不可。”特别“宜多用活兵，少用呆兵，多用重兵，少用轻兵”。

曾国藩的虚实结合，还主要体现在示形上。他在《陆军得胜歌》中具体地说：“起手要阴后要阳，出队要弱收队强。初交手时如老鼠，越打越强如老虎。”之所以“起手要阴”，要“如老鼠”，就是为了麻痹敌之心意，而蓄养己之气力，“先为不可胜，然后伺间抵隙，以待敌之可胜”。

这就是“气敛局紧”的意思。所以，曾国藩对此断言道：“凡用兵之道，本强故示弱者多胜，本弱故示强者多败。”本强而示弱，是用兵之虚；而且虚的目的，是充分发挥己之实(实力)，“越打越强如老虎”。这种虚实结合，终归是形虚而实实，正如《孙子》所说，’兵之所加，如以碫投卵者，虚实是也”，“形人而我无形，则我专而敌分”。

曾国藩还很注意重兵与轻兵，呆兵与活兵之辨。他说：“进退开合，变化不测，活兵也；屯宿一处，师老人顽，呆兵也。多用大炮辎重，文员太众，车船难齐，重兵也；器械灵活，马驮辎重，不用车船轿夫，风驰电击，轻兵也。”他指出：“我的拙见，总宜有呆兵，有活兵，有重兵，有轻兵，缺一不可。”但他主张“宜多用活兵，少用呆兵；多用轻兵，少用重兵”。或者“半活半呆，半剿半守，更番互换，乃能保常新之气。”“至军务之要，亦有二语，曰坚守已得之地，多筹游击之师而已。”他批评向荣、和春的江南大营之败，在于“以重兵株守金陵，不早思变计”，即不知于“空处着笔”，运用轻兵、活兵之妙。所以，他坚决反对曾国荃屯兵金陵城下，“以数万人全作呆兵，图合长围”。他反问道：“今岂肯以向、和为师，而蹈其覆辙乎?”

于是引发了他与曾国荃之间是否从金陵撤围的一场争论。1862年10月13日开始，李秀成率大队救援天京，与湘军激战于雨花台。11月26日，太平军解围失利，从天京撤走。经过这一番风险和惊恐，曾国藩认为自己“长一分大阅历”。

他检查说：“弟(指曾国荃)之骤进，余之调度，皆轻敌而不能精审。”他根据雨花台湘军东西无援军的情况，正确地指出：“若长扎雨花台，以二三万劲旅屯宿该处，援贼不来，则终岁清闲，全无一事；援贼再来，则归路全断，一蚁溃堤。此等最险之着，只可一试再试，岂可屡屡试之，以为兵家要诀乎?”因此，他主张湘军向太湖方向退兵。这个退兵计的核心，是变屯于坚城之下的重兵、呆兵为轻兵、活兵。

曾国藩向曾国荃明确指出：“弟统二万人，不筹出一支结实可靠之活兵在外纵横驰击，而专以合围攻坚为念，似非善计。”他说，向太湖西岸退兵，“环湖之十四府州县处处震动，贼则防不胜防，我则后路极稳，较之株守金陵者，有死活之分，有险易之别，但无赫赫之名耳”。针对曾国荃贪功求名的心理，他还劝导道：“吾兄弟誓拼命报国，然须常存避名之念，总从冷淡处着笔，积劳而使人不知其劳，则善矣。”他对曾国荃不但谕之以理，而且动之以情：此次退兵，“即所以保全局而救阿兄也”；否则，“余之公局固坏，而弟以重兵屯宿该处，如余之株守南康，和、张之株守金陵，弟之私局亦必坏”，届时“恐求退而不得，求保芜湖、金柱而不得”。

虽然曾国藩一再申明自己的看法并劝导曾国荃，但猎名心切的曾国荃还是没听他的调度，未向太湖方向游击。曾国荃最后之所以能够取得围攻金陵的胜利，是由于太平军已成强弩之末，无力解围，再加上曾国藩不断派鲍超等部驰骋长江两岸，南北冲击，以解曾国荃金陵围军的后顾之忧，而并非曾国藩变重兵、呆兵为轻兵、活兵之计为失策。

虚实、正奇、呆活、轻重，以及战场上如何具体运动，关键还取决于能否见机审势。曾国藩曾概括地说：“用兵以审势为第一要义。”同治元年三月，曾国荃部将南渡长江以进金陵时，曾国藩指示说：“以你军目前的情势来看，若在下游采石渡江，隔断金陵、芜湖两贼之师，下窥秣陵关，这就得势。若在上游三山渡江，使巢、和、西梁留守之师与分攻鲁港之兵隔气，这就失势。”——这是在用兵地点上审势之一例。“至于进兵金陵早迟，亦由弟自行审察机势。机已灵活，势已酣足，早进可以；否则不如迟进。”——这是在用兵时间上审势之一例。

但他在另一处说：“审机审势，犹在后来，第一先贵审力。审力，知己知彼的切实工夫。”“古人说，兵骄必败。老子说，两军相对，哀者胜。不审力，这就是骄；审力而不自足，这就是老子所说的哀。”审力，是指战员的基本功；审机审势，则是对指战员的更高要求。

咸丰五年，湘军水师被分割为外江、内湖两部分，进击无力，陆师围攻九江，也久攻不下，当时曾国藩驻扎于南康，一筹莫展。太平军则趁机西上，第三次攻克武昌。八月，罗泽南至南康、湖口之下一看，“自知兵

力不足以图功”，便毅然率勇扬长而去，弃赣奔鄂。曾国藩后来多次提到这一事例，盛赞说：“有识者皆佩服罗山用兵识时务，能取远势。余虽私怨罗山之弃余而他往，而未尝不服其行军有伸有缩，有开有合也。”

领导与管理现代应用

1.积极主动：掌握竞争的主动权

毛泽东在建国后总结自己的战略战术思想时说：“打仗并没有什么神秘，打得赢就打，打不赢就走，你打你的，我打我的。”所谓“打得赢就打，打不赢就走”，说的是军队的灵活机动；“你打你的，我打我的”，说的则是作战要积极主动。

指导战争的一条重要原则，就是力避被动，力争主动，这是军队获得行动自由，争取战争胜利的根本条件。这与曾国藩的“或我寻敌先发制人，或敌寻我以主待客”的战争思想是一致的。

对于企业领导者来说，若是对手过于强大而自己的力量薄弱，那么在相当长的一段时间内，企业都会处于战略被动地位。如何从被动中争取主动，变被动为主动，这就是一个关键性的问题。毛主席在阐述红军是如何变被动为主动的时候，说道：“敌人认为我在哪里，要到哪里打，这由敌人决定；但是，我要打敌人哪里，那就由我决定。我们是不打则已，要打，就要看准，用五个指头吃它的一个指头”。

善于带兵打仗的人，大多都善于调动敌人，而不为敌人所调动。“我打我的”，一个重要原则就是要善于调动敌人，牵着敌人的鼻子，变“你的”主动为被动。你打你的阵地战，我打我的运动战；你打你的持久战，我打我的速决战；你打你的分进合击，我打我的诱敌深入。

在企业营销中，强大的对手与弱小的对手双方都没有绝对的主动权，双方的优势与劣势都是相对的，往往是一方强中有弱，一方是弱中有强，因而争夺主动权的争斗便更加激烈。强大对手欲通过速战速决，取得绝对的主动权；弱小的对手则一般通过持久作战，以争取局部主动，并由局部主动的积累转弱为强，赢得绝对主动权。

在有强大对手存在的情况下，企业并不是无能为力和无所作为的。尺有所短，寸有所长。只要善于发现对手的劣势，发挥自身的强势，发挥主观能动作用，同样可以获得主动地位。

总之，方法是千变万化的，关键就在于企业领导者要化被动为主动，掌握竞争主动权。

2.竞争合作：在竞争与合作中达到双赢

一个企业想要生存，要想有所发展，就必须通过市场竞争去实现。并且只有通过竞争，经济才能发展，社会才能进步。

对公司而言，人们往往把竞争看作是通过挤垮或打败竞争对手，来发展壮大自己的主要手段。在这种意识下，当一些公司掌握了对手的软肋后，往往将其置于死地，自己独享市场。例如，有的强势企业用价格大战，把竞争对手中的一些弱势企业置之死地，以扩大自己的市场份额，赢得更多利润。

实际上，这种将竞争对手彻底打垮的竞争方式，虽然得胜一方暂居优势，获得一时的利益。然而，其负面影响也不可低估，它迫使一些弱势企业倒闭、破产，大量职工失业，加剧了社会矛盾。从社会全局来看，是得不偿失的，它与构建社会主义和谐社会的目标背道而驰。即使从竞争得胜企业本身的利益来看，也未必是好事，因为倒闭、破产企业的大量职工失业，失去了谋生手段，必然造成社会购买力下降，市场萎缩，并不利于竞争得胜企业的持续发展。所以，当你控制了竞争对手时，你可以选择放其

一马，将其变为自己的队友，通过联合兼并，与其他有关企业进行合作互利，以取得更快更高的发展。

在这样的市场条件下，一种新的理念被管理者所认同，即把原来你死我活的“零和游戏”发展为既竞争又合作的“竞合”观念，与竞争对手实现合作共赢。以现在的市场竞争条件而言，从竞争到竞合，是对竞争理念的一次飞跃。这里最重要的是，公司管理者首先在认识上要跟上时代潮流的发展，改变原来那种为了竞争取胜，就必须把竞争对手置之死地的陈旧观念。从另一种高度来重新审视市场经济下的竞争规律，推行与竞争对手合作共赢、共同发展的理念。

俗话说：团结就是力量。企业间实行同盟，在全球经济一体化和激烈的买方市场竞争形势下具有许多优点：

第一，双发乃至多方合作，能够解放思想，拓宽发展思路。视竞争对手如“恶狼”的营销观念已成过去，现代大市场营销观认为：同行并非冤家。有一条经营信条：自己想赚更多的钱，必须得分一块蛋糕给对手吃。拜竞争对手为师，能更好地帮助企业理清发展思路。

第二，有利于扩大企业规模，实行规模经营，降低成本，提高市场竞争力。

第三，有利于企业间优势互补，形成综合竞争优势。如惠普企业与微软企业结盟，惠普给予微软的操作系统视窗NT以支持，而微软则向企业推荐惠普的网络计算机(NETPC)。

第四，有利于企业处理专业化和多样化的生产关系。如日本本田企业将70%的零部件发送给中小企业生产，自己只负责主要零部件和整车的组装，这减少了许多中间环节，节省了交易费用，提高了经济效益。

第五，能促进产品销售，提高品牌知名度，有利于名牌战略的实行。

在市场经济下，虽然我们强调要寻找到竞争对手的软肋来打击他，但并不一定要将其置于死地。相反，寻求合作，会更有利于自身的发展。

3.快速行动：速度决定竞争的成败

国际新闻集团总裁罗伯特·默多克说："必须快速行动，除了快速做出决定并且以决定为基础采取行动外，没有其他方法可以击败你的竞争对手。懒散是失败者的专利，只有快速才能生存。"曾国藩曾说："出兵作战，有应当快的，有应当慢的。应当快的，是指我方寻求敌人作战，要先发制人。应当慢的，是指敌人来找我方交战，我方以主待客。"胡林翼也说："交战应当老成持重，进兵应当迅猛快捷。"由此可见，不论是带兵打仗还是市场竞争，速度都是先发制人、击败对手的一大法宝。

美国思科公司总裁约翰·钱伯斯在谈到新经济的规律时总结出一个"快鱼法则"，即当今市场竞争不是大鱼吃小鱼，而是快鱼吃慢鱼。新经济时代，"以快制胜，效率第一"是市场竞争的重要经营策略。速度快、效率高对于企业生存和发展有重要意义，然而要做到"快"，就必须不遗余力地提高企业的全面执行能力。

让我们不妨来看看戴尔公司是如何做的。

对绝大多数企业来说，库存就是安全的保证，这意味着即使对客户的预测出现了很大的偏差，只要库存足够就仍然能够满足客户需求。但是没有一家企业能够达到戴尔公司的速度。

戴尔将组装和供应链变成了地球上效率最高的组织。十几年前，戴尔的库存为20～25天，现在，已经没有仓库了，虽然每天生产近8万部电脑，但是工厂的库存不超过两小时，整个运营的时间最长也只有了两小时，戴尔的全球供应链始终在超常运转。对戴尔首席执行官罗林斯来说，库存就像是鱼，他说："你保存的时间越长，它就会腐烂得越快。由于产品周期短，计算机零部件每周要贬值半个到一个百分点，降低库存是财务需要。"

戴尔模式对财务有深远影响，甚至成为了一种竞争武器。平均而言，

计算机制造商在PC购买前30天就要向供应商付款，但是戴尔的按订单生产模式，使他们能立即得到客户的付款，戴尔立即从供应商处获得零件并在4天内发货，戴尔要等到收到客户款后36天才向供应商付款，因此，戴尔的现金周转时间是负36天，这意味着公司的运营资金是负值，根本不需要运营成本。实际上，是供应商为戴尔的运营提供了资金。

惠普没有透露自己的现金周转周期，但是由于平均库存为6周，现金周转周期一定是正数。戴尔每年的库存周转107遍，这与惠普和IBM相比都是巨大的优势。制造业的基本法则就是：库存周转越快，成本就越低。因此，罗林斯得意地表示，戴尔与竞争对手相比有内置的优势。IDC副总裁罗杰·凯伊表示："各种业界评估显示，接近零库存带给戴尔的成本优势高达8个百分点，这在一个商品化的领域是十分巨大的，惠普PC业务的利润率仅仅为1%，只要戴尔能取得一两个百分点的优势就能让惠普的PC部门喘不过气来。"

这就要求，为了争得戴尔的采购，供应商必须要找到解决方法，要足够灵活，成本具有竞争力。最重要的是快，要足以和戴尔的速度相比。戴尔采购主管加尔文表示："那些总是很守时的供应商得到了我们的大部分业务，做不到的供应商业务就越来越少。"

在同一起跑线上，谁能更灵活、更快速、执行更坚决，无疑将拥有更多的竞争优势。无论是强大的企业还是弱小的企业，在近似于物竞天择的商场竞争中都将面临生存的危机，要想逃避死亡的追逐，它们就只有一条路：始终比竞争者跑得快。那么，管理者如何去提升自我团队的速度呢？

1．注重效率

时间就是金钱，效率就是生命。想要让企业在激烈的竞争中，更快、更好的将事情做好，以便获得自我的竞争优势，对企业的领导、管理者来说，首先就要想办法去提高自我和全体员工的工作效率。这就要求企业的领导、管理者，乃至企业中的每一个成员都必须注重时效，树立正确的效率观。因为这样，就能在单位时间里把更多的工作做好，能使自己获得更多可供支配的时间，去处理更重要和更急迫的工作。

2. 设立正确的目标

企业的执行目标对企业的员工而言，既是他们奋斗的目标，更是他们前进的方向。可以说，没有正确的目标便没有有效的执行。由此，企业的领导者、管理者要想提高企业整体的执行力，首先要做的便是设立一个正确的目标。事实上，许多的企业并不缺少目标，而是无法完成他们预先设定的目标。其中一个最根本的原因就是，那些目标太模糊而且过于繁多，使得人们不清楚目标到底是什么，不知道到底该先干什么，后干什么，这种情况的结果就是导致目标的流产。而那些真正有执行力的管理者会采取有效的措施来保证公司目标的最终实现。他们在设定目标时不仅注重实事求是，而且更加注重目标的明确性和具体性，在制定了目标之后，还把这些目标排出了优先顺序。只有明确、清晰的目标才能指明企业的发展方向，才会使每个人都明白自己的任务，并一一实现这些目标。

3. 比竞争对手更快、更有效地利用信息

21世纪是以信息的快速传递为主要特征的时代，信息的重要性毋庸置疑。在这个信息时代里，企业要在竞争中取胜，就必须关注信息技术的发展和影响。企业如何利用信息来增强自身的竞争力，已经显得日益重要。对于企业而言，必须主动地预测信息技术力量，企业才能主导后续的发展；相反，如果疏于回应信息技术的发展，企业必将被迫接受由别人引发的变革，并发现自己已经处于竞争劣势。

4. 简化战略规划

过于冗长的决策方案通常内容复杂，使得执行人员在具体执行时抓不着重点，甚至遗漏本需执行的内容，最终使得执行的结果达不到预期的目标，导致决策方案无法取得理想的效果。由此可见，过于冗长的决策方案对于企业的发展没有任何意义，只会把决策方案计划弄得过于复杂化，难以执行，最终成为执行的障碍。

一个优秀的决策方案不应当太长，其核心应该能精简到一页纸上。一份好的决策方案应能在半个小时之内用平实的语言将其描述出来。世界上根本不存在所谓的复杂的决策方案，存在的只是对一项决策方案的复杂认

识。决策方案本身并不复杂，所有的决策方案最终都可以被总结为几项简单的要素。任何决策方案都可以用几个要素进行总结，实际上，也就是这几个要素定义了该决策方案所包含的主要概念和行动。因此，确认要素也就成了决策方案制定过程中的一个重要环节，因为它能够帮助领导者对自己的决策方案进行更加清晰的认识，能够帮助他们判断一项决策方案的优劣原因，同时还能为开发出必要的备选决策方案提供基础。

实战指南

【实战案例】

案例一：

1989年，Sun公司为了打破英特尔对微处理器市场的垄断，曾决定以全新的SPARC芯片为招牌，以UNIX操作系统为后盾，联合多家著名的半导体公司，如日本的东芝公司、富士通公司，以及美国德州仪器公司等共同组成SPARC联盟，力图抢占英特尔公司的市场份额，一举把英特尔打入深渊。

有了如此众多的实力雄厚公司的加盟，Sun公司信心陡增，公开宣称，要将SPARC发展成公开的市场标准，凡是参加SPARC联盟的半导体公司，都可获得Sun授权生产SPARC芯片。Sun公司认为SPARC芯片基于的RISC架构优于英特尔处理器基于的CISC架构，可以大量生产，获取大量的利润再进行产品的改进投资，以此吸引消费者，最终称霸微处理器市场。

一时间，市场上有关RISC即将取代C1SC的宣传甚嚣尘上，SPARC联盟也大有取代英特尔成为微处理器市场的新霸主之势。

然而，Sun没有想到，SPARC联盟的举动招惹了微软的利益。多年来，电脑软件业的巨子美国微软公司开发的作业系统都是以CISC架构为基础的，加之Sun公司的UNIX系统本身就是微软公司WindowS NT系统的天

敌，微软公司便毫不犹豫地站到了英特尔一边。本来英特尔就够强大了，如今又多了一个微软，这是SPARC联盟最不愿意看到的。微软与英特尔结盟后的反击措施则更为有力，他们利用自己的实力向电脑制造商游说，说明SPARC联盟有许多潜在问题，要求电脑厂家不要生产Sun兼容电脑。在公开场合，微软与英特尔联合发表声明，声称坚决维持原有的个人电脑市场标准，决不会让SPARC联盟得逞；暗地里，英特尔也加快了基于RISC架构的860微处理器的研制工作，并于1989年2月间正式推出。

这几项反击措施打得SPARC联盟措手不及。这就使得SPARC芯片因没有足够的软硬件支持而难以迅速扩大市场的份额，也就没有足够的利润去持续投资来改进产品，进而无法保持其技术领先优势，市场份额就无法进一步扩大。这样一来，就出现了SPARC与英特尔僵持不下的局面。

到了1990年，僵局终于被打破。微软公司发布了Windows3.0，其优良的操作性能令个人电脑用户趋之若鹜，这就给了SPARC以致命的一击，终于甘败下风。

案例二：

美国英特尔公司生产的主要产品是电脑微处理器，这使得他们面对的直接采购客户是电脑生产厂商。但是英特尔清楚，由于自身处于整个产业链的上游，离最终消费者较远，使得下游的采购客户处于主动地位。如果不能掌控消费者就无法掌控自己的客户，不能掌控客户就会存在被替换的风险，甚至是被淘汰的可能。对此，英格尔从两个方面入手：一方面与消费者深入沟通，发现其需求并提高产品性能，在技术上领先，以超越竞争对手；另一方面去拉拢自己的采购客户，来帮助自己进行宣传。大家在看一些电脑产品广告时经常会发现，在广告中或结束时总是会加入一段英特尔的宣传广告——告诉消费者，此电脑产品使用的是英特尔处理器。而在电脑平面广告中和使用了英格尔处理器的电脑上也总会看到英特尔的logo，这就是英特尔的抓顾客策略。他们同使用英特尔芯片的电脑厂商进行协定，厂商在为电脑产品做广告宣传时加入英特尔的宣传内容，英特尔则分摊一定的广告费或是给予产品价格的优惠。当然，这样做的效果

起初并不明显，因为消费者购买电脑时主要还是看电脑厂家的信誉与产品质量、价格等，并不关注电脑配件是什么品牌。但是，慢慢地情况就发生了变化，人们在买电脑时就会问：是英特尔处理器吗？直到现在，消费者购买的电脑都理所当然地要装配英特尔处理器。英特尔经历了几十年的发展，在同业纷纷倒下之时，一枝独秀，成为微处理器行业的霸主。此时已经不需要英特尔向企业去推销产品，而是每一个电脑厂商都会主动来找它谈合作。

【运用指南】

企业或公司与竞争对手之间并非只能是敌对的关系，相反，合作往往能为双方带来更大的竞争优势，这也是现代企业和公司所追求的双赢。在这种方式的竞争中，企业与公司才能更快速、更稳健地走向强大。但是反与其他企业合作也是不够的，要明白企业生产的产品最终是要投入市场的，所以，能否占领市场还取决于消费者。

很多企业常感叹经营辛苦，销售困难，其中两个主要原因就是消费者难留，客户难抓，大多数企业的顾客或客户的忠诚度都很低。导致这一现象的症结所在就是企业对两者缺乏有效的掌控，因此，掌控力就是当下企业经营时该掌握的一种市场竞争能力。因为，在市场中掌控就意味着拥有主动权，主动权则代表着一家企业生命力的旺盛指数。

首先，要掌控消费者的需求。

与最终消费者保持沟通是身处产业链任何一环的企业都必须去做的事情，这样做首先可以让消费者知道你，增加掌控力度，同时你也可以知道消费者的真正需求。

苹果公司曾经推出的Macintosh（麦金塔）电脑及操作系统之所以会败给微软的Windows，并不是因为苹果公司的技术不如微软。相反，这款电脑的性能十分卓越，只不过它虽然征服了客户，征服了经销商，但就是没有征服消费者，才会最终输给了Windows。其失败的主因就是苹果太过于迷信技术，对于相对专业的经销商与客户的意见很重视，而没有考虑消费者想要的是什么样的产品，忽视了对消费者的研究。

苹果公司以完全称得上卓越的产品来对抗Windows这个被业界称为仅是合格的产品，结果却因为没有把握住消费者真正的需求——方便、容易使用，而败给了Windows这个虽然性能平平，但却非常容易操作的系统。由此可见，消费者的需求对与企业产品来说是十分重要的。

其次，要掌控客户命脉，成为客户的依靠。

了解消费者，生产出好的产品，抓住顾客，自然会受到下游厂商的欢迎，但是，欢迎不等于忠诚。虽然抓住了消费者需求，可以解决产品销售问题，但因为供需关系的特定结构决定了下游企业更换上游合作伙伴很容易，而上游企业要抓牢下游采购客户则相对困难。在非垄断行业中，当合作遭遇利益纠葛的时候，合作客户或渠道商往往会毫不犹豫地对企业反目。或是企业遭遇困境时，客户也多是为了保全自己而采取落井下石的背弃做法，更多的时候是客户或经销商翅膀硬了开始客大欺厂。所以，企业想要牢牢掌控客户，就必须抓住客户的命脉——最终消费者。

当获得最终消费者的认可，最终消费者企业产品的依赖度越高，渠道商与下游厂商对你的威胁则越小。这样，不仅帮助客户赚钱，丰足了他的口袋，同时也弱化了他的独立能力，对企业慢慢形成依赖，最终企业就成为了客户赚钱的拐棍，客户就会对你不离不弃。做到这一点就会大大降低企业的合作转换成本，有效控制风险。

具体一点的方法就是为下游客户提供一些帮助，如提供销售建议、信息共享、联合销售、加速现金流动、减少库存风险、给予技术支持等。一面帮客户赚钱，一面帮客户省钱，这样一来客户对企业必然形成依赖。

参考文献

[1]蔡　锷.曾胡治兵语录 [M].北京：长征出版社，2008.

[2]苏　晓.曾国藩胡林翼治兵语录 [M].北京：中央编译出版社，2009.

[3]中　石.曾国藩谋人谋事之道 [M].北京：当代世界出版社，2010.

[4]林　乾.曾国藩用人智慧全鉴 [M].长沙：湖南文艺出版社，2011.

[5]樵　子.内圣外王：曾国藩用世方略 [M]. 北京：京华出版社，2002.

[6]侯书森.曾国藩权谋人生 [M].北京：中国华侨出版社，2001.

[7]伊　力.曾国藩智谋全书 [M].北京：中州古籍出版社，1995.

[8]李世化.管理越简单越好全集 [M].北京：石油工业出版社，2010.

[9]孙　颢.中国谋略之统御术 [M].北京：中国华侨出版社，2010.

[10]白　山.拿来就用的管理学 [M].北京：中国物资出版社，2010.